S

ANTONINA BAKARDJIEVA ENGELBREKT,
ANNA MICHALSKI & LARS OXELHEIM (REDAKTÖRER)

EU och nationalstatens återkomst

EUROPAPERSPEKTIV 2019

ÅRSBOK FÖR EUROPAFORSKNING INOM
EKONOMI, JURIDIK OCH STATSKUNSKAP

SANTERUS
FÖRLAG

NÄTVERK FÖR EUROPAFORSKNING

De svenska universitetens institutioner för juridik, statskunskap och ekonomiska ämnen samarbetar i tre nätverk för Europaforskning. Dessa arrangerar gemensamma arbetsmöten för behandling av pågående forskning. Samarbetet syftar till att bättre utnyttja nationella resurser och internationella kontakter. Härtill kommer uppgiften att göra viktiga forskningsresultat tillgängliga på svenska för en bredare allmänhet. Publiceringen av Europaperspektiv är ett led i denna senare strävan.

Nätverket för Europarättsforskning leds av Antonina Bakardjieva Engelbrekt vid Juridiska institutionen vid Stockholms universitet. Ordförande i styrelsen för Nätverket för Europaforskning i statskunskap är Anna Michalski vid Statsvetenskapliga institutionen vid Uppsala universitet. Nätverket för Europaforskning i ekonomiska ämnen leds av Lars Oxelheim vid Lunds universitet. Närmare information om verksamheten finns på Europaperspektivs hemsida http://www.europaperspektiv.se, från vilken det även finns länkar till respektive nätverks hemsida:

Juridik – http://www.snef.se
Statskunskap – http://www.snes.se
Ekonomi – http://www.snee.org

2:a upplagan

ISSN 1403-3879
ISBN 978-91-7359-146-1
© 2019 Respektive författare/Santérus Förlag
Omslagsidé: Sven Bylander, London, England
Inlaga: Santérus Förlag

Santérus Förlag ger också ut böcker under förlagsnamnet
Santérus Academic Press Sweden
info@santerus.se
www.santerus.se

Tryck: BOD, Tyskland 2019

Innehåll

5

Förord

År 2019 ser ut att vara ett avgörande år för det europeiska sam-
arbetet. För första gången någonsin förväntas ett land lämna EU.
Flera av unionens medlemsstater trotsar öppet gemensamt fattade
beslut och ifrågasätter till och med EU:s grundläggande värderingar.
Euroskeptiska, nationalistiska och populistiska partier växer sig allt
starkare och mobiliserar sina krafter inför Europaparlamentsvalet i
maj. Är det som vi bevittnar ett uttryck för nationalstatens återkomst
och vad betyder det i sådana fall för EU:s förmåga att hantera de
många utmaningar som unionen står inför?

De olika kriser som har präglat EU under de gångna åren kommer
med stor sannolikhet att fortsätta pröva unionen och dess medlems-
stater under många år framöver. Det finns en inbyggd oförutsägbar-
het i alla former av kriser och utmaningar. Vi kan därför inte förvänta
oss att det går att hitta snabba och enkla lösningar på de komplexa
politiska problem som EU står inför, såsom internationell migration,
säkerhetspolitiska spänningar i EU:s närområden, tilltagande kli-
matförändringar och ökade sociala och ekonomiska skillnader såväl
inom EU som globalt. Samtidigt är det just dessa typer av globala
och långsiktiga problem som EU förväntas vara förmögen att lösa.
Medlemsstaterna har gått samman och överlämnat beslutandemakt
till EU på grund av att de ansett sig sakna förmågan att kunna hantera
gränsöverskridande kriser på egen hand. Utvecklingens komplexitet
och långsiktighet har dock tillsammans med två specifika fenomen
kommit att få en allt större inverkan på unionens möjligheter att
utforma sin egen framtid. Det första fenomenet rör det internatio-

nella systemets omvandling som sätter unionen på svåra prov (denna fråga diskuteras utförligt i *Europaperspektiv* 2018). I synnerhet riskerar EU att försvagas då USA under president Donald Trump frångår de principer som understödjer den liberala världsordningen, vars strukturer och samarbetsmönster har främjat unionens tillblivelse och utveckling. EU framstår 2019 som den ivrigaste förkämpen för multilateralt samarbete genom internationella organisationer vars nyckelroll hotas av en nyfunnen merkantilism och nationell egoism. Det andra fenomenet rör populismens framväxt. Med sin explosiva blandning av euroskepticism, etablissemangskritik och förkastande av global styrning utgör den politiska populismen ett existentiellt hot mot europeiskt samgående (populismen har behandlats i flera utgåvor av *Europaperspektiv*, se exempelvis 2014 och 2018). Populismen har växt sig allt starkare inom EU:s medlemsländer men kan också sägas vara global då populistiska strömningar och ledare återfinns i nästan alla världens hörn. För EU har populismen blivit kännbar till följd av framväxten av politiska partier på både europeisk och nationell nivå som agiterar mot att unionen tilldelas ytterligare befogenheter. Istället menar dessa partier att de flesta, om inte alla, av EU:s politikområden borde åternationaliseras och därmed återbördas till medlemsländerna.

Mot bakgrund av de kriser som unionen har gått igenom under 2010-talet och dess konsekvenser väcks frågan om var befogenheterna att möta framtida utmaningar bör ligga: hos EU eller medlemsländerna? Denna fråga är på intet sätt ny i diskussioner kring europeiskt samgående men tycks på grundval av de svåra utmaningar som EU och dess medlemsländer står inför ha aktualiserats på nytt. Storbritanniens beslut att lämna EU (Brexit) har inte bara tydliggjort den höga graden av ekonomisk, politisk och social sammanflätning mellan medlemsländerna och unionen, det har också framhävt vikten av en balanserad, dock inte okritisk, diskussion kring EU-medlemskapet. I fallet Brexit var konsekvenserna av ett utträde okända både för de som kampanjade för att Storbritannien skulle lämna EU och de som var emot. Ytterligare en sak som förenade de två motståndarlägren i debatten var deras oförmåga att föra en saklig och konstruktiv diskussion om EU-medlemskapets för- och nackdelar. Av vikt är också somliga medlemsländers vägran att genomföra politiska beslut, till exempel den planerade omfördelningen av asylsökande mellan medlemsländer. Enskilda medlemsstater har även gått så långt som att ifrågasätta unionens grundläggande värden. Är detta agerande ett utslag av att nationalstaterna i Europa återigen ser sig nödgade att värna om sin suveränitet? Eller kan det snarare förklaras av att de utmaningar som unionen står inför kräver ett tätare samarbete och en djupare integration samtidigt som medlemsländerna känner en djup ambivalens inför en sådan utveckling? Klart är dock att det centrala dilemmat som ett politiskt, ekonomiskt och socialt samgående utgör, i termer av att hantera det inneboende spänningsförhållandet mellan överstatlighet och nationellt självbestämmande, kräver att politiker engagerar sig i en öppenhjärtlig dialog med medborgarna. Politiker på nationell nivå har ett minst lika stort ansvar att delta i detta samtal som politiker på europeisk nivå. Kampanjen inför Europaparlamentsvalet under våren 2019 utgör ett ypperligt tillfälle att diskutera Europafrågor i allmänhet och hur EU ska möta pågående och kommande utmaningar i synnerhet.

Tidigare utgåvor av *Europaperspektiv* har på olika sätt behandlat frågan om unionens relation till sina medlemsländer. I denna utgåva ställs frågan på sin spets genom att nationalstaten och dess möjliga återkomst sätts i fokus. I centrum står spänningen mellan ett samarbete baserat på mellanstatliga principer och en mer djupgående integration mellan de europeiska staterna. Något absolut svar har dock aldrig kunnat ges eftersom det saknas en mall på hur ett färdigställt EU ska se ut. I själva verket har en stor dos av pragmatism präglat EU:s utveckling med resultatet att något entydigt integrationsmönster hittills inte gått att skönja. Inte desto mindre har unionens befogenheter både vidgats och fördjupats under årens lopp, inte sällan framkallat av ett behov att finna lösningar på kriser och utmaningar. Då vi nu går mot 2010-talets slut och ett nytt ledarskap ska utses till de politiska befattningarna i EU:s institutioner efter valet till Europaparlamentet i maj 2019 är det hög tid att ånyo ställa frågan om hur den politiska makten ska organiseras i unionen och hur dess politik ska utformas och genomföras. I detta sammanhang är relationen mellan den nationella och den europeiska nivån i det flernivåsystem som kännetecknar EU:s politiska styrning helt central och det väcker en rad frågor. Hur ska efterlevnaden av EU-rätten säkerställas om fler medlemsländer åberopar undantag med hänvisning till nationell suveränitet? Sker det en "av-europeisering" av den politiska och ekonomiska utvecklingen inom EU och vad innebär Brexit för EU:s framtid? Vad betyder det för EU och utvecklingen inom områden som migrations-, skatte-, arbetsmarknads-, samt regional- och strukturpolitik att nationella intressen i allt högre grad främjas på bekostnad av det gemensamma? Hur påverkas EU-samarbetet av regional separatism i EU:s medlemsstater?

Dessa frågor och andra behandlas av författarna i 2019 års utgåva av *Europaperspektiv*. Boken anlägger ett mångvetenskapligt perspektiv och i vart och ett av kapitlen erbjuder författarna sin analys av EU och nationalstatens återkomst inom ett specifikt område med utgångspunkt i rådande forskning. Denna utgåva är den tjugoandra i ordningen av *Europaperspektiv* som ges ut gemensamt av de tre nätverken i Europaforskning i ekonomi, juridik och statsvetenskap vid svenska universitet och lärosäten. Undertecknade har fungerat som bokens redaktörer. Som företrädare för vart och ett av dessa nätverk har vi fastställt bokens tema och därefter valt ämnen och författare. Samordningen av det redaktionella arbetet med boken har utförts av Karin Leijon vid Statsvetenskapliga institutionen i Uppsala. Bokens upplägg behandlades på ett seminarium med författarna i Stockholm den 31 maj 2018.

Stockholm, Uppsala och Lund i januari 2019

Antonina Bakardjieva Engelbrekt, Anna Michalski och Lars Oxelheim

Inledning

Ända sedan de första stegen togs mot europeiskt samgående i början av 1950-talet har förhållandet mellan nationalstaten och EU stått i fokus. Detta förhållande har på olika sätt definierat formen och omfattningen av det europeiska integrationsprojektet under alla år. I synnerhet har möjligheterna till djupare integration mellan unionens medlemsstater uttryckts i termer av ett spänningsförhållande, mellan å ena sidan mer överstatliga inslag i form av ökade befogenheter till EU och å andra sidan utökat mellanstatligt samarbete mellan nationella regeringar. I själva verket har EU sedan sin tillblivelse omfattat båda formerna av samgående, vilka har tagit sig uttryck i fördragen, de gemensamma institutionerna och utformningen av EU:s faktiska politik. Dock verkar det i grunden naturliga och balanserade spänningsförhållandet på senare tid ha utmanats av enskilda medlemsstaters egenintressen, ackompanjerat av ett allt mer högljutt ifrågasättande av fundamenten i EU-samarbetet. Detta väcker frågan om vilken form av nationalstatens återkomst vi bevittnar. Är det ett bestående fenomen som EU måste förhålla sig till under lång tid framöver eller rör det sig snarare om en övergående trend?

Vi kommer i denna bok att reflektera över förhållandet mellan EU och dess medlemsstater. Det främsta skälet till att lyfta frågan om nationalstatens återkomst härrör från medlemsstaternas tilltagande egoistiska agerande inom flera politikområden, vilket kan förstås i ljuset av de senaste årens kriser som drabbat EU. Tendenser till ekonomisk nationalism i syfte att slå vakt om arbetstillfällen i det egna medlemslandet växer sig starkare i den ekonomiska krisens spår. Samtidigt vägrar länder som Polen och Ungern att genomföra gemensamt fattade beslut inom det migrationspolitiska området med hänvisning till att det kränker deras suveränitet. Storbritanniens beslut att lämna unionen (Brexit) har föregåtts av långa diskussioner om att EU undergräver medlemsstaternas autonomi i avgörande politiska frågor. Runtom i Europa tycks tanken om nationalstaten som ett skydd mot yttre hot och garant för nationella ekonomiska intressen återuppstå på nytt, trots att dess historia är starkt förknippad med krig och lidande på den europeiska kontinenten. Uppenbart är dock att statsskuldskrisen, flykting- och migrationskrisen, de polska och ungerska regeringarnas utmaning av EU:s värdegrund samt växande populistiska strömningar runt om i Europa har skapat nya klyftor både mellan EU:s institutioner och medlemsländer och mellan olika grupper av medlemsländer. Populistiska partier har kommit till makten i Italien, Polen och Ungern och utgör ett numera framträdande inslag i stort sett alla medlemsländers politiska landskap. Ungerns premiärminister Victor Orbán och Italiens inrikesminister, tillika vice premiärminister och ledare för högerpopulistiska Lega Nord, Matteo Salvini, har uttalat en vilja att bilda en politisk allians på europeisk nivå i syfte att skydda medlemsstaternas gränser och verka som en motpol till det liberala etablissemanget inom EU. Italiens regering utmanade under 2018 den gemensamma politiken på europeisk nivå genom att lägga fram en statsbudget som flagrant bröt mot EU:s budgetregler för att sedan delvis revidera densamma. Därtill inrymmer traditionella politiska partier, till exempel i Storbritannien, starkt euroskeptiska falanger som påverkar sittande regeringars politik. De nya populistiska vindarna har eldat på befintliga EU-skeptiska grupperingar med följden att EU:s politik och maktbefogenheter ifrågasätts i grunden.

Det finns dock en motsatt trend. Inre och yttre utmaningar såsom Brexit, Rysslands aggressiva maktpolitik, samt USA:s president Donald Trumps angrepp på den liberala världsordningen och internationella organisationer har bidragit till att föra EU:s medlemsländer närmare varandra. Medlemsländerna har trots allt lyckats enas kring politiska lösningar och initiativ som tidigare ansetts omöjliga. Ett uttryck för detta är att sammanhållningen mellan de 27 regeringarna representerade i Europeiska rådet under Brexitförhandlingarna hittills har varit exemplarisk. Vi står därmed inför en paradox: å ena sidan ifrågasätts EU:s värden och målsättningar i grunden av en grupp medlemsländer och av framträdande politiska strömningar, å andra sidan fördjupas integrationen mellan medlemsländerna inom en rad politikområden. Tiden är alltså inne för att åter undersöka det komplexa förhållandet mellan nationalstaten, här i egenskap av medlemsstat i EU, och unionen i syfte att urskilja och förstå konturerna av nästa steg i den europeiska integrationsprocessen.

Nationalstatens ursprung och betydelse

I ett historiskt perspektiv är nationalstaten en relativt modern form av statsbildning. Begreppet brukar hänföras till fördragen som stadfäste den Westfaliska freden 1648 där mindre politiska enheter gavs legitimitet i förhållande till den katolska kyrkans och mångkulturella imperiers makt. Nationalstaten är nära sammankopplad med principerna för statssuveränitet. Dessa principer omfattar dels en extern dimension som handlar om statens territoriella okränkbarhet, självständighet och förmåga att ingå internationella avtal och dels en intern dimension som inbegriper tvingande maktbefogenheter såsom berättigandet att skipa rätt, stifta lagar och inneha ett legitimt våldsmonopol. Till dessa principer lades även tanken att staten är oskiljaktig från nationen, som i sin tur utgörs av en majoritetsbefolkning med en gemensam, nationell, identitet. Nationalstaten syftar därmed på en politisk enhet som grundar sin legitimitet i kontroll över ett definierat territoriums inre angelägenheter, autonomi från yttre makter och deras erkännande samt folkligt stöd från en (relativt) homogen befolkning. Nationalstaten särskiljer sig därmed från både vasallstater som inte innehar suveränitet och mångkulturella imperier där många nationer och etniciteter ingår.

I Europa undergrävdes nationalstatens legitimitet av auktoritära regimers appell till nationalism och idén om det rättmätiga folkets territoriella anspråk. Dessa ideologiska rörelser i Tyskland och Italien bidrog till det andra världskrigets utbrott. Elitens och folkets uppslutning bakom nationalism och chauvinism låg även bakom det första världskriget där de stridande parterna till största del utgjordes av kvardröjande imperier. Det är i ljuset av detta historiska arv som vi ska förstå starten på det europeiska integrationsprojektet. Den ursprungliga Europarörelsen motiverades av en stark önskan att kringskära nationalismen eftersom den varit pådrivande i den destruktiva, självförstörande kampen mellan de europeiska staterna vilken i sin tur omöjliggjort varaktiga samarbetsformer. Denna målsättning låg bakom de tidiga försöken att skapa en politisk union i Europa som, enligt vissa förespråkare, till och med borde ta formen av en europeisk federation.

Nationalstaten och europeisk integration

Förhållandet mellan nationalstaten och europeisk integration har alltid varit ambivalent. De tidiga integrationssträvandena motiverades med att egoistiska stater behövde kontrolleras i syfte att förhindra att dessa fullföljde sina nationella intressen till förfång för andra. Grundmotivet bakom den Europeiska kol- och stålgemenskapen var sålunda att avvärja ytterligare krig i Europa. Samtidigt är det EU:s medlemsländer, i egenskap av suveräna stater, som har förhandlat fram unionens fördrag och därmed är fördragens herrar. Det blir extra tydligt i sammanhang där grundläggande maktförhållanden i unionen står inför en förändring, såsom vid fördragsförhandlingar och utvidgningsförhandlingar. Medlemsstaterna uppträder då i egenskap av suveräna stater, vare sig de låter sig företrädas av en särskilt utsedd förhandlare eller inte. Detta kan ses i kontrast till de politikområden inom vilka unionen har exklusiva befogenheter. När det gäller tullunionen, konkurrensreglerna, den monetära politiken, fiskeriresurserna och handelspolitiken har medlemsstaterna lämnat ifrån sig den nationella suveräniteten och därmed godkänt att unionen agerar självständigt i deras ställe.

Det finns flera andra aspekter av denna inbyggda dubbeltydighet beträffande mellan- och överstatlighet i EU. Vad gäller EU:s institutioner är EU-kommissionen, Europaparlamentet, EU-domstolen och Europeiska centralbanken att betrakta som överstatliga institutioner med fördragsfästa maktbefogenheter och egen autonomi. I Europeiska rådet och Europeiska unionens råd (ministerrådet) är medlemsstaterna representerade och förhandlar sinsemellan tills ett beslut är taget. Båda dessa institutioner företräder dock sig själva i ett kollektivt hänseende gentemot de andra institutionerna i EU:s beslutsprocesser. Det tydligaste exemplet på detta är de roller som Europaparlamentet och ministerrådet ikläder sig i unionens lagstiftningsförfarande.

Ovan nämndes de fem exklusiva maktbefogenheter som EU har. Inom det stora flertalet av EU:s politikområden är dock beslutskompetensen delad mellan unionen och medlemsstaterna. Därtill finns det ett antal områden där unionen endast har en stödjande funktion och gemensamma regler inte kan stiftas. En annan intressant aspekt av tvetydigheten som återfinns i unionens uppbyggnad är att det inom ett och samma politikområde förekommer både mellanstatligt och överstatligt beslutsfattande. Detta är påtagligt till exempel i den Ekonomiska och monetära unionen (EMU) där finanspolitiken är mellanstatlig och penningpolitiken är överstatlig – något som ställt till med stora problem i eurozonen och anses utgöra ett verkligt systemfel. Därtill har länderna i eurozonen använt sig av mellanstatliga lösningar, utanför EU:s fördrag, för att möta de stora utmaningarna som statsskuldskrisen medförde. Ett exempel är inrättandet av den Europeiska stabilitetsmekanismen (ESM) 2012. Också i fråga om asyl- och migrationspolitiken råder en blandning av mellan- och överstatlighet vilket kan minska unionens handlingskraft och dessutom göra dess politik på området mindre transparent. Slutligen är det av vikt att uppmärksamma EU-rätten som utgör en oberoende juridisk ordning, placerad någonstans mellan nationell rätt och folkrätten. Betydelsen av EU-rättens autonoma ställning för unionens konsolidering som politiskt system, med tydliga rättsstatliga karaktärsdrag, kan inte nog understrykas.

Vad säger oss denna revy över unionens mellanstatliga och överstatliga egenskaper om EU-samarbetet? Ett konstaterande är att integrationsprocessen inte har följt ett entydigt mönster. Vid vissa tidpunkter har samarbetet fördjupats snabbt medan integrationen under andra perioder gått i stå. En annan observation är att integrationsprocessen är inkrementell och att den skiljer sig åt mellan politikområden. Integrationen har gått längst när det kommer till skapandet av den inre marknaden. Däremot har den gått betydligt långsammare inom utrikes- och säkerhetspolitiken samt migrationspolitiken trots att unionen på dessa områden står inför stora utmaningar och problem som medborgarna förväntar sig en gemensam lösning på. EU:s utveckling har sannerligen inte följt mallen för ett klassiskt statsbyggande med tydligt uppställda befogenheter i en konstitutionell ordning. Det kan ses som en indikation på att EU snarare utvecklas mot ett statsförbund än en federation.

Den vedertagna uppfattningen är att nationalstaten, i form av medlemsstat, har skyddat kärnan i sin suveränitet mot allt för stora intrång från det europeiska samgåendet. Förkastandet av det konstitutionella fördraget i folkomröstningar i Frankrike och Nederländerna 2005 är ett tydligt utslag av detta. Men det finns konkurrerande perspektiv som pekar mot att medlemsstaternas förhållande till Europaintegrationen är mycket mer komplext. Den brittiske statsvetaren Andrew Milward lade i boken *The European Rescue of the Nation State* från 1992 fram tesen att förhållandet mellan nationalstaten och europeisk integration är mindre konfliktfyllt än vad som tidigare antagits och att det istället bör förstås som fruktsamt och ömsesidigt stödjande. I synnerhet menar Milward att de möjligheter som den inre marknaden erbjöd tillät medlemsländerna att kringgå inrikespolitiska stötestenar som tidigare hindrat dem från att genomföra nödvändiga ekonomiska reformer. Ett annat intressant perspektiv framförs av Christopher Bickerton i boken *European Integration: From Nation-States to Member States* från 2012 där han hävdar att medlemsländernas regeringar, och i synnerhet stats- och regeringscheferna i Europeiska rådet, utövar ett kollektivt ledarskap i EU. Detta är särskilt tydligt inom områden som styrs av den mellanstatliga logiken som till exempel utrikes- och säkerhetspolitiken och i hanteringen av de många kriser som EU har gått igenom under 2010-talet. Särskilt relevant för denna årsboks tema är Bickertons argument att den enkelriktade debatten om förekomsten av en konflikt mellan nationalstat och övernationalitet måste lämnas därhän om vi ska kunna förstå formen av den statsbyggnad som pågår inom EU. Denna statsbyggnad har enligt Bickerton i grunden förändrat medlemsstaternas förutsättningar att bedriva politik (ett mer utförligt resonemang återfinns i Bergman och Blomgrens kapitel i denna bok). Vi måste därför fortsätta att utforska relationen mellan överstatlighet och mellanstatlighet från olika perspektiv.

Alternativa perspektiv på makt och suveränitet inom EU

I takt med att den europeiska integrationsprocessen har fördjupats har också dess form tagit sig olika uttryck. För att bättre förstå integrationens skiftande dimensioner kan man med fördel använda sig av de olika perspektiv som tidigare forskning erbjuder. Några av de mest tongivande ska vi kortfattat diskutera här. Ett tidigt, men fortfarande relevant perspektiv, framlagt av den amerikanske statsvetaren Ernst Haas på 1950-talet, är det funktionalistiska, som ofta går under benämningen nyfunktionalism. Denna teoribildning ämnar förklara det europeiska samgåendet med hjälp av den så kallade "spillover" -mekanismen som innebär att integrationen sprider sig (spiller över) från ett policyområde till ett annat. Ett exempel på en sådan spridning är hur införandet av tullunionen och gemensamma regler om import och export ledde till ökad handel över gränserna och att transnationella aktörer, såsom företag, även började efterfråga gemensamma regler i andra närliggande politikområden. Detta resulterade i den gemensamma handelspolitiken och därmed ett djupare och mer utbrett överstatligt samarbete. På samma sätt tänkte sig nyfunktionalismen att nationella tjänstemän som deltar i EU:s policyprocesser skulle förändra sitt beteende och bidra till att fördjupa integrationen. Tjänstemännens upprepade interaktion med varandra och med EU:s representanter i Bryssel antogs påverka deras synsätt och bidra till att skifta deras lojalitet från nationen till ett nytt politiskt center på europeisk nivå.

Logiken bakom nyfunktionalismen ter sig fullt rimlig när man betraktar fördjupningen av den inre marknaden där gemensamma

17

regler inom en sektor gjorde samarbete önskvärt och möjligt även inom andra politikområden. Däremot har det funktionalistiska synsättet stött på svårigheter när det kommer till att förklara varför integration i områden såsom utrikes- och säkerhetspolitik, migration och inre säkerhet varit långsam och präglats av starka motstridigheter. När det gäller de nationella tjänstemännen så har dessa inte permanent flyttat över sin lojalitet till det europeiska planet. Istället har tjänstemännen utvecklat en inbäddad, dubbel, lojalitet som innebär att de behåller sina nationella identiteter och är beredda att försvara nationella intressen i EU:s institutioner samtidigt som de tar visst intryck av gemensamma europeiska normer och intressen. Inte heller har utvecklingen sedan 2000-talet och framåt pekat mot att medlemsstaternas betydelse har minskat. Tvärtom, Europeiska rådets ställning i EU och dess roll i arbetet med att hitta lösningar på de kriser EU har gått igenom har varit och är fortsatt helt central. I själva verket pekar utvecklingen mot att en kollektiv verkställande makt växer fram, med medlemsländernas regeringar i spetsen, till vilken EU:s institutioner ömsom agerar självständigt, ömsom fungerar som stöd.

Ett andra alternativt synsätt på samarbetet inom EU som växte sig starkt från år 2000 och framåt, företrädd av empiriskt inriktade forskare som till exempel Helen Wallace från Storbritannien eller italienaren Claudio Radaelli, lägger fokus på styrningen inom EU:s policyprocesser. Dessa tar olika former beroende på graden av integration som policyområdet kännetecknas av. EU:s formella maktbefogenheter inom ett policyområde ger därmed upphov till olika besluts- och samarbetsformer. Också de policyinstrumenten som används för att genomföra de politiska besluten, och de faktiska utfallen, kan enligt detta perspektiv förklaras med hjälp av styrningsformerna som kännetecknar politikområdet. För att konkretisera detta resonemang kan EMU tas som exempel. Penningpolitiken är en del av unionens exklusiva befogenhet för de länder som har euron som valuta. Medlemsstaterna har avhänt sig den nationella befogenheten att reglera priset på valutan. Ansvaret ligger istället hos den Europeiska centralbanken som följer de riktlinjer som finns inskrivna i EU:s fördrag. Däremot ligger makten över den ekonomiska politiken i all väsentlighet kvar hos medlemsländerna även om de har åtagit sig att följa stabilitets- och tillväxtpaktens regler om sunda statsfinanser. Därtill följer av medlemskapet i eurozonen att länderna ska sträva efter att förbättra sin ekonomiska konkurrenskraft för att, om möjligt, jämna ut de alltför stora skillnaderna dem emellan. I detta syfte lanserades Lissabonstrategin år 2000, följt av sin efterträdare, Europa 2020, år 2010. Både stabilitets- och tillväxtpakten samt Europa 2020 kännetecknas i all väsentlighet av styrning genom erfarenhetsutbyte, en styrform som vanligtvis kallas för den öppna samordningsmetoden eftersom den bygger på (mer eller mindre) frivillighet.

För att göra bilden av EU:s olika styrformer komplett kan regleringen av den finansiella marknaden också nämnas. Denna ingår i en av den inre marknadens fyra friheter – den för kapital – och ligger därmed inom EU:s delade befogenheter. I och med att samarbetet inom den inre marknaden fördjupats har EU stiftat ett stort antal lagar som reglerar den finansiella marknaden. Dessa lagar har tillkommit genom det ordinarie lagstiftningsförfarandet enligt vilken kommissionen utarbetar ett lagstiftningsförslag som behandlas av ministerrådet och Europaparlamentet. Den EU-lag som slutligen antas tar ofta formen av ett ramdirektiv som sedan införlivas i nationella regelverk som styr finansmarknaden och dess aktörer. Styrningsperspektivet har fördelen att det på ett konkret sätt beskriver vad som verkligen sker i EU:s policyprocesser. Däremot fångar perspektivet inte den politiska dimensionen i samarbetet, vare sig på nationell eller på europeisk nivå, och heller inte normativa aspekter såsom tillståndet för demokratin inom EU.

Förhållandet mellan nationalstaten och EU har också diskuterats i ljuset av den rättsliga integrationsprocessen. EU är en rättsgemenskap där nationell rätt inom i stort sett alla områden är underordnad EU-rätten. EU-domstolen är den institution som ytterst är ansvarig för att uttolka EU:s lagar och regler samt lösa rättsliga tvister mellan exempelvis kommissionen och medlemsstaterna. I litteraturen brukar det påpekas att EU-domstolen lyckats driva på integrationsprocessen framförallt under perioder av politisk splittring mellan medlemsländerna. Exempelvis kan nämnas de välkända domarna från 1960-talet där EU-domstolen slog fast grundläggande principer för EU:s rättssystem, som EU-rättens direkta effekt och principiella företräde framför nationell rätt. Dessa principer har varit avgörande för integrationsprojektets utveckling under perioder då medlemsstaterna varit obenägna att delegera beslutandemakt till EU.

Forskningen är delad i sin syn på EU-domstolens roll i förhållande till spänningen mellan unionen och medlemsstaten. Enligt nyfunktionalismens synsätt är EU-domstolen en stark överstatlig domstol med en tydlig agenda: att fördjupa integrationen. Även om medlemsstaterna ansett att denna överstatlighet gått för långt och velat begränsa EU-domstolens makt har detta i princip varit omöjligt då en sådan fördragsändring kräver enhällighet. Men enligt ett konkurrerande synsätt, intergovernmentalism, så har EU-domstolen istället varit ett verktyg för de stora medlemsländernas intressen. Oavsett vilket av perspektiven som bäst fångar EU-domstolens agerande står det klart att många aktörer har varit kritiska till domstolen, inte minst Storbritannien. EU-domstolen har utmålats som en institution som hotar den nationella suveräniteten. Kärnan i kritiken mot EU-domstolen handlar om att domstolen ägnat sig åt juridisk aktivism genom att göra långtgående tolkningar av EU:s fördrag och rättsakter som resulterat i en fördjupad integration och en utökad överstatlighet som begränsat medlemsstaternas politiska handlingsutrymme.

Rättsvetaren Dieter Grimm och statsvetaren Fritz Scharpf har även varnat för att EU-domstolen inte visar tillbörlig hänsyn till nationella politiska och rättsliga traditioner när den avgör frågor som av medlemsstaterna betraktas som hemmahörande på den (nationella) politiska arenan. På sikt anser Grimm och Scharpf att ett sådant agerande hotar att undergräva hela EU:s legitimitet då medlemsstaternas politiska ledare får svårt att rättfärdiga EU-domstolens avgöranden inför sina medborgare. Denna farhåga kan delvis sägas ha besannats i och med Storbritanniens beslut att lämna EU. Även om forskningen pekar på att det finns flera anledningar till att britterna 2016 röstade för ett utträde ur EU så har den offentliga debatten i Storbritannien länge dominerats av synsättet att EU, med EU-domstolen i spetsen, kränker medlemsstaternas autonomi i avgörande politiska frågor. Den tidigare Brexit-ministern Dominic Raab formulerade vass kritik

mot den överstatliga domstolen i följande citat från *Financial Times*
2016; "Den underminerar de grundläggande principerna för vår
demokrati – nämligen att det brittiska folket ska kunna hålla de som
stiftar våra lagar ansvariga" (vår översättning).

EU-domstolens största bedrift är att den lyckats förmå medlems-
staternas egna domstolar att lojalt tillämpa EU-rätten på nationell
nivå. På så sätt har EU:s fördrag inte stannat vid att vara den typ
av internationella överenskommelser som aldrig efterlevs på hem-
maplan. Istället har domstolarna gemensamt sett till att EU-rätten
blivit en integrerad del av 28 olika nationella rättsordningarna. De
nationella domstolarnas acceptans av EU-rätten brukar lyftas fram
av bland annat nyfunktionalister som stöd för att EU:s rättssystem i
princip antagit karaktären av ett nationellt rättsystem. Men även om
medlemsstaternas domstolar i stor utsträckning följer den överstat-
liga domstolens beslut så finns det även bland nationella domstolar
ett visst motstånd mot EU-domstolens tolkningar av EU-rätten,
något som nyfunktionalismen haft svårt att förklara. De högsta
domstolarna i flera medlemsländer har öppet visat att de inte fullt ut
accepterar principen om att EU-rätten alltid ska vara överordnad all
nationell lagstiftning. Den tyska författningsdomstolen har ett flertal
gånger (Solange I och II, Brunner) markerat att det finns en gräns
för hur mycket beslutandemakt som kan överlämnas till EU. Den
tyska konstitutionen är fortfarande den yttersta garanten för att den
liberala demokratins värden upprätthålls. Även Danmarks högsta
domstol trotsade EU-domstolen genom att vägra att åsidosätta en
dansk lag som bröt mot EU-rätten i målet Ajos från 2016. Den högsta
domstolen ansåg bland annat att den saknade stöd i grundlag för att
åsidosätta den nationella bestämmelsen. Att inte tillämpa den danska
lagen ifråga skulle nämligen innebära att domstolen gick emot det
danska parlamentets uttryckliga vilja. Juridiska bedömare hävdar att
den danska domstolen därmed undergrävde en av EU-domstolens
viktigaste principer, nämligen att nationell lagstiftning är underord-
nad EU-rätten.

Integration och nationalstatens återkomst?

Är det verkligen så att vi bevittnar nationalstatens återkomst i Europa? Vad skulle det i så fall innebära för europeisk integration? Skulle det kunna försämra EU:s möjligheter att möta de inre och yttre utmaningar som unionen står inför, eller är nationalstatens återkomst i själva verket en nödvändighet för att återskapa stabiliteten och styrkan i de nationella demokratiska processerna och i medlemsländernas handlingskraft?

Dessa frågor är komplexa och kommer att sysselsätta många forskare och politiker framöver. Även om denna årsbok inte kan ge några definitiva svar, ser vi det som viktigt att vi, i en tid då politiska strömningar och aktörer öppet motsätter sig europeisk politik samt ifrågasätter grunderna för det europeiska samarbetet, återigen uppmärksammar de drivkrafter som påverkar förhållandet mellan medlemsländerna och unionen. Integrationen i EU påverkas självfallet av att vissa medlemsländer på ett öppet och demonstrativt sätt motverkar gemensam politik och vägrar att genomföra de politiska beslut som EU antagit. Samtidigt måste unionen på ett klarsynt sätt värdera innebörden av att medlemsländerna har olika åsikter samt att de har varierande ekonomisk och, till viss del politisk, förmåga att anpassa sig till EU:s politik och dess politiska och administrativa processer. Med åren har unionen blivit större och allt mer mångskiftande. EU måste på något sätt hitta en balans mellan likriktning och respekt för olikhet, mellan olika normer och föreställningar, och mellan fördelningen av makt till den nationella respektive den europeiska nivån.

Vad gäller allokeringen av makt vet vi att detta inte är något nollsummespel: när EU blir mer handlingskraftig förstärks samtidigt den nationella förmågan att möta utmaningar. Samtidigt vill inte medlemsländerna se en långtgående integration inom alla politikområden och meningarna går isär om hur EU:s politik ska utformas. Vissa medlemsländer har tydligt markerat att EU måste stärka sin förmåga att möta de stora och svåra utmaningarna som unionen står inför, medan andra rentav motsätter sig en förstärkning av EU:s politiska handlingsförmåga. Ytterligare andra tvivlar på att en sådan förstärkning är möjlig. Klart är dock att i kölvattnet av Storbritanniens beslut att söka utträde ur EU och de omvälvande förändringarna i omvärlden har unionen tagit några viktiga steg framåt när det gäller att förstärka sin handlingskraft inom EMU, säkerhets- och försvars-politiken, den sociala dimensionen samt handelspolitiken. Inom flera områden försvarar EU, som en av de få kvarvarande internatio-nella aktörerna, den multilaterala regelbaserade världsordningen och internationella organisationer, såsom Världshandelsorganisationen (WTO), mot illiberala och destruktiva krafter. I detta sammanhang är det intressant att notera Tysklands förbundskansler Angela Merkels och Frankrikes president Emmanuel Macrons uttalande i Meseberg-deklarationen från juni 2018:

> Frankrike och Tyskland delar ett starkt åtagande att inte bara bevara Europeiska unionens framgångar men att också ytterligare stärka deras samarbete inom den Europeiska unionen med en ständig uppmärksam-het riktad mot att säkerställa enigheten mellan dess medlemsstater och handlingskraft. Den Europeiska unionen kommer att leva upp till sina värden och vara en stark röst för skyddet av de mänskliga rättigheterna och en kraft som försvarar, reformerar och förstärker multilateralism (vår översättning).

I *Europaperspektiv 2019* analyseras förhållandet mellan unionen och nationalstaten i sammanlagt nio kapitel. Kapitelförfattarna belyser vad nationalstatens eventuella återkomst betyder i relation till den politiska, ekonomiska och rättsliga integration inom EU. Hur kan demokratin på europeisk och nationell nivå stärkas? Vilka vägar framåt finns det för den europeiska integrationsprocessen? Kan en splittring av euron i flera valutor stärka både den gemensamma valutan och EU på sikt? Vad kan förklara paradigmskiftet från libe-ralisering av den inre marknaden till en hårdare reglering av EU:s skatterätt? Hur bör EU agera när en medlemsstat upprepade gånger bryter mot unionens grundläggande värderingar? Kan kraven om att upprätta en katalansk eller skotsk självständig stat förenas med tan-ken om ett integrerat Europa? Bör EU ha en gemensam flyktingpo-litik eller är det bättre om medlemsstaterna själva styr det området?

23

Är det EU eller medlemsstaterna som ytterst garanterar skyddet för grundläggande rättigheter vid beslut om sanktioner mot enskilda inom EU-rättens område? Hur ska vi förstå Brexitförhandlingarna och hur ska EU lyckas undvika att flera medlemsländer väljer att lämna unionen? Dessa är några av frågeställningarna som behandlas i boken.

I bokens första kapitel noterar *Torbjörn Bergman* och *Magnus Blomgren* att diskussionen om hur relationen mellan medlemsstaterna och EU:s institutioner bör utformas löper som en röd tråd genom unionens utveckling. Men istället för att bara återupprepa ståndpunkterna i denna klassiska diskussion, mellan å ena sidan de som anser att betoning ska ligga på mellanstatliga principer och å andra sidan de som anser att unionen ska ha ett betydande inslag av överstatlighet, analyserar författarna aktuella debatter inom fyra viktiga politikområden: ekonomi, försvars- och säkerhetspolitik, migration och den sociala pelaren. I Bergman och Blomgrens analys av hur medlemsstaterna ställer sig i dessa frågor framkommer det att debatten handlar ganska lite om ett val mellan de två ytterligheterna överstatlighet och mellanstatlighet. I stället försöker de nationella politiska eliterna hitta pragmatiska lösningar på olika problem. Medlemsstaternas ledare använder sig av en inkrementell strategi som innebär att de i förhandlingar är relativt överens om att åtgärder behövs, men däremot är de osäkra på vägen dit. Således implementeras reformer stegvis, de utvärderas successivt och harmoniseringen sker ofta frivilligt.

Bergman och Blomgren menar att detta förhållande väcker en rad normativa frågor kring den demokratiska utvecklingen inom EU. Den mellanstatliga respektive den överstatliga positionen har det gemensamt att de har tydliga kedjor för medborgarnas inflytande över de politiska institutionerna. Däremot leder den tredje, inkrementella, strategin till att systemet utifrån ett demokratiskt perspektiv blir långt mer komplext. Författarna poängterar att eftersom denna tredje position är den mest realistiska beskrivningen av hur EU fungerar, och att denna "hybrid" av överstatlighet och mellanstatlighet sannolikt kommer att bestå, bör vi i mycket högre grad diskutera vilka demokratiska principer som ska råda inom detta komplexa flernivåsystem. Bergman och Blomgren landar i att

24

det demokratiska system som präglar många europeiska stater, med en singulär kedja av delegering och ansvarsutkrävande, rimmar illa med den inkrementella integrationsprocessen som kännetecknar EU. Författarna argumenterar för att det istället krävs ett system som bygger på ett Madisonskt synsätt med maktdelning i fokus, där olika politiska institutioner kontrollerar varandra i syfte att undvika en alltför stark centrering av makt. I sina slutsatser lyfter Bergman och Blomgren fram att den stora utmaningen består i att förena ett system, där majoriteter såsom de uttrycks i allmänna val får genomslag, med ett annat system där maktdelningen mellan EU och medlemsstaterna är tydlig. Hitintills saknas en konstruktiv diskussion om vad som bör och kan göras för att forma en sådan legitim europeisk politisk ordning som också innefattar en demokratisk ordning inom medlemsstaterna. I kapitlets avslutande rekommendationer framhåller Bergman och Blomgren att EU-hybriden endast kan fungera demokratiskt om politiker och medborgare förmår att se länken mellan den nationella och den europeiska nivån. Det innebär att vi behöver kunna diskutera de politiska frågor som avgörs på respektive nivå samtidigt. Den nationella demokratin kan nämligen inte förstås utan dess koppling till EU och tvärtom.

I bokens andra kapitel analyserar *Andreas Moberg* hur EU, genom EU-kommissionen, hanterat den domstolsreform som den polska regeringen påbörjade hösten 2015 och den utmaning av EU:s värdegrund som denna reform inneburit. I korthet innebär reformen bland annat en tvångspensionering av domare i Polens högsta domstol. Moberg betraktar reformen som ett exempel på nationalstatens återkomst eftersom Polen framhärdar med sin lustration. Detta trots att fler och fler röster, såväl inom EU som bland internationella organisationer, höjs för att få landet att avbryta reformen då den ses som ett hot mot rättsstatsprincipen och domstolarnas oberoende. Kapitlet inleds med en beskrivning av spänningsförhållandet mellan överstatlighet och mellanstatlighet inom EU. Utifrån denna bakgrund beskriver och analyserar Moberg artikel 7 EUF, som innehåller bestämmelser om att en medlemsstat kan förlora sina rättigheter, främst rösträtten i ministerrådet, helt eller delvis om landet bryter mot EU:s grundläggande värderingar.

Efter att ha placerat in rättsstatsprincipen i historisk kontext, för att belysa hur den kommit att bli ett grundläggande värde för EU-samarbetet, presenteras och analyseras kommissionens EU-ram för att stärka rättsstatsprincipen som antogs 2014. Fallet med Polens domstolsreform är första och hittills enda gången som EU-ramen använts och det ger därmed en första möjlighet att analysera dess styrkor och svagheter. Moberg diskuterar därefter de erfarenheter som man kan dra av Polen-fallet mot bakgrund av det spänningsförhållande mellan överstatligt och mellanstatligt beslutsfattande som byggts in i artikel 7 EUF. Analysen läggs sedan till grund för ett antal policyrekommendationer kring hur EU bör hantera nationalstatens återkomst, i termer av att en medlemsstat ifrågasätter de gemensamt beslutade grundläggande värdena för EU-samarbetet. Moberg argumenterar för att kommissionen bör lämna EU-ramen därhän, till förmån för de traditionella mekanismerna för hantering av fördragsbrott med en potentiellt större roll för EU-domstolen. Det vore även önskvärt om kommissionen och rådet kan få till stånd ett bättre samarbete i frågor som rör skyddet för unionens grundläggande värden.

Magnus Henrekson, Tino Sanandaji och *Özge Öner* argumenterar i bokens tredje kapitel för att det 2019 finns så stora och systematiska skillnader i antalet flyktingar som kommer till EU:s olika medlemsländer att det inte är meningsfullt att prata om en EU-gemensam flyktingpolitik. De överenskommelser som ingåtts och de fördrag som undertecknats gällande EU:s gemensamma flyktingpolitik lämnar ett stort handlingsutrymme till de enskilda medlemsländerna, vilket ger länderna möjlighet att reglera flyktinginvandringen och ändå följa internationella avtal. Henrekson, Sanandaji och Öner pekar på att medlemsländerna själva har ansvar för gränskontrollerna, myndighetsbedömningen av asylansökningarna och de regelverk som avgör vilket ekonomiskt stöd och vilka välfärdstjänster som flyktingarna är berättigade till. De åtaganden medlemsländerna gjort på EU-nivån är med andra ord i hög grad frivilliga; flyktingpolitiken bestäms huvudsakligen på nationell nivå.

Författarna utgår i sin analys från flyktingkrisen hösten 2015 som de menar tydliggjorde dels de inneboende svagheterna i EU som ett federalt projekt och dels nationalstatens fortsatta betydelse då

EU misslyckades med att hantera ökningen av antalet asylsökande inom ramen för en gemensam flyktingpolitik. Flera medlemsländer införde gränskontroller genom att hänvisa till den undantagsmöjlighet Schengenavtalet ger när länder upplever ett allvarligt hot mot den allmänna ordningen och den inre säkerheten. Så var även fallet i Sverige, det land som tagit emot i särklass flest flyktingar per capita under 2010-talet.

Författarnas jämförande analys av antalet flyktingar som respektive medlemsstat mottagit utmynnar i frågan om EU framdeles bör sträva efter att utveckla och genomdriva en gemensam politik på flyktingområdet. Att flyktingfrågan orsakat så stora spänningar mellan medlemsländerna visar enligt Henrekson, Sanandaji och Öner att EU inte är en optimal region för flyktingmottagande. Motståndet har en reell grund och bör därför beaktas för att undvika att uppifrån påtvingade åtgärder hotar hela EU-gemenskapens existens. Författarna drar därför slutsatsen att flyktingpolitiken i huvudsak bör utformas på nationell nivå, i samarbete med den regionala och lokala nivån där de praktiska integrationsåtgärderna i form av utbildning, matchning till jobb och så vidare genomförs. Men Henrekson, Sanandaji och Öner drar också slutsatsen att EU ändå kan fylla en viktig roll. Exempel på detta inkluderar flyktinghjälp till länder som drabbats av krig eller naturkatastrofer, avtal på flyktingområdet med tredje land, räddningsaktioner i Medelhavet och kontroll av EU-ländernas gemensamma yttre gräns. Avslutningsvis understryker Henrekson, Sanandaji och Öner att nationalstaten även framdeles är den lämpligaste enheten för att reglera flyktingflödet, handlägga asylprocesserna och svara för gränskontrollen mot andra EU-länder. Detta garanterar att agerandet är i linje med den nationella opinionen.

Temat i bokens fjärde kapitel, som är skrivet av *Rikard Forslid* och *Sten Nyberg*, är Brexit och förutsättningarna för EU-gemenskapens sammanhållning. Inledningsvis belyser författarna EU:s utveckling i relation till de ekonomiska och politiska krafter som verkar för internationell integration respektive autonomi. EU växte fram i konkurrens med den europeiska frihandelssammanslutningen (EFTA) och trots att EU-samarbetet innebär en viss överstatlighet, vilket flera av de tidigare EFTA-länderna var skeptiska till, kom fördelarna av en stor integrerad marknad till sist att överstiga nackdelarna.

Mot bakgrund av den starka gravitationen mot en stor marknad diskuterar Forslid och Nyberg om en union som EU kan bli hur stor som helst. En tydlig motkraft är att expansion för med sig ökad heterogenitet, vilket innebär att en enhetlig politik blir allt sämre anpassad till lokala preferenser. Samspelet mellan dessa krafter, som författarna analyserar med stöd av litteraturen om optimal statsbildning, påverkar förutsättningarna för EU:s sammanhållning och riskerna för att en medlemsstat ska begära utträde ur unionen. Därefter diskuterar författarna vad som kan hända om ett land faktiskt lämnar unionen med utgångspunkt i Brexitförhandlingarna och de centrala tvistefrågorna, handel och migration. Analysen lyfter fram parternas incitament att positionera sig politiskt och retoriskt samt hur förhandlingsprocessens utformning påverkar möjligheten att nå ett mindre skadligt utfall. Den viktigaste policyslutsatsen som följer av detta är att handelshinder är det sämsta sättet för EU att påverka Storbritannien. Det är inte heller ett lämpligt verktyg för att avskräcka andra länder från att lämna EU. Baserat på sin analys och tidigare forskning drar Forslid och Nyberg slutsatsen att anledningen till att britterna valde att rösta för Brexit hänger samman med att grupper i Storbritannien, liksom i andra länder, upplever sig vara för-lorare på globaliseringen och den marknadsintegration som EU:s inre marknad innebär. Författarna diskuterar därefter hur handelsteorin kan hjälpa oss att förstå Brexit och redovisar hur medborgarnas atti-tyder till EU utvecklats i olika länder. Medan Storbritanniens skepsis till EU är av gammalt datum ser Forslid och Nyberg inte några mot-svarande mönster för andra länder. Författarna drar slutsatsen att ris-ken för fler "exits" har minskat i ljuset av Brexitförhandlingarna, som tydligt visat att även ett så pass stort land som Storbritannien har haft svårt att nå ett ekonomiskt fördelaktigt utträdesavtal. I kapitlets avslutande del lyfter Forslid och Nyberg fram några rekommenda-tioner kring hur utträdesförhandlingar bör bedrivas för att minska risken för ogynnsamma utfall. I takt med att unionen blivit allt mer heterogen menar författarna att det är viktigt att EU visar lyhördhet gentemot berättigad kritik och även förtydligar vilka fördelar som finns med medlemskapet. På så sätt kan EU:s politik anpassas för att minska risken för att flera medlemsstater ska välja att lämna unionen.

I det femte kapitlet i boken analyserar *Cécile Brokelind* EU:s arbete med att motverka urholkandet av medlemsstaternas bolagsskattebaser. Fenomenet uppmärksammades särskilt i samband med avslöjandet om att multinationella företag, såsom Apple, i princip undsluppit att betala bolagsskatt genom fördelaktiga skatteavtal med irländska skattemyndigheter.

Med utgångspunkt i att den alltmer globaliserade världsekonomin möjliggör för multinationella företag att utnyttja skillnader i olika länders skattesystem för att betala mindre skatt, beskriver Brokelind hur EU har försökt hantera detta problem. Trots svårigheterna att träffa en politisk överenskommelse, då medlemsstaterna inte har delat samma syn på behovet att reglera denna skattekonkurrens, lyckades EU införa en uppförandekod 1997 i syfte att minimera konkurrensen. Men skattekonkurrensen på global nivå har dock intensifierats på senare år tack vare digitaliseringen. Digitaliseringen och globaliseringen har försvårat för länder att beskatta företag då dessa inte längre uppfyller villkoren för att anses vara beskattningsbara på territoriet där deras försäljning sker.

Mot denna bakgrund analyserar Brokelind förändringen i medlemsstaternas preferenser gällande vilken stat som bör ha makten att beskatta internationella företag. Till en början följde EU den modell som Organisationen för ekonomiskt samarbete och utveckling (OECD) föreskrev, nämligen att den stat i vilken företagets huvudsäte är registrerat, innehar beskattningsrätten. Men EU:s synsätt har kommit att förändras, nu anser man att beskattningsmakten bör ligga hos den stat i vilken ett företags försäljning sker. EU har därför under senare år antagit flertalet lagar som förkroppsligar denna protektionistiska inställning. Vidare redogör Brokelind för hur multinationella företag har kunnat utnyttja skillnaderna i skattesystemen mellan medlemsstaterna för att maximera sin vinst. Författaren visar även hur kommissionen använt sig av EU:s statsstödsregler i syfte att begränsa denna typ av bolagsskattekonkurrens, som urholkar medlemsstaternas skatteinkomster. Brokelind presenterar därefter tesen att medlemsstaterna, genom EU, har lyckats försvara sina intressen som består i att skydda sina egna bolagsskatteinkomster under förevändningen att skydda finansieringen av välfärden. Men de åtgärder som EU använt sig av för att förhindra skattekonkurrens kan anses strida mot EU:s grundprincip om fri rörlighet och konkurrens. Brokelind menar att detta kan ses som ett tecken på att nationalstatens återkomst påverkar den politiska och ekonomiska utvecklingen inom unionen då EU bidrar till att stärka medlemsstaternas suveränitet. I ljuset av denna utveckling föreslår Brokelind att EU och medlemsstaterna bör enas kring en gemensam skattepolitik för gränsöverskridande transaktioner, t.ex. direktivförslaget om en gemensam bolagsskattebas och gemensam konsoliderad bolagsskattebas, i syfte att undvika att enskilda stater skyddar sin suveränitet med protektionistiska åtgärder.

Fredrik N G Andersson diskuterar i bokens sjätte kapitel den gemensamma valutan eurons problem och framtid. Andersson påpekar att utmaningen för euron inte är nationalstatens återkomst utan att nationalstaten aldrig försvann. För att vinsterna med en gemensam valuta skall överstiga kostnaderna måste euroländerna förenas i en politisk union som gemensamt utformar regler för bland annat skatter, arbetsmarknad och välfärd. Länderna har dock varit ovilliga att lämna ifrån sig makten över den ekonomiska politiken. Andersson visar att inom många områden har länderna agerat efter sitt nationella intresse istället för det gemensammas bästa vilket gett upphov till skillnader i den ekonomiska utvecklingen. Dessa skillnader har i sin tur bidragit till politiska konflikter mellan medlemsländerna som försvårar hela EU-samarbetet. Vidare beskriver Andersson de reformförslag som EU-kommissionen lagt fram och som är tänkta att stärka euron. Andersson är kritisk till dessa reformer, som han menar är alltför bakåtblickande, och i sin analys kommer han fram till att de inte heller är tillräckliga för att återställa den ekonomiska balansen i euroområdet.

Utifrån analysen diskuterar Andersson därefter om euron bör splittras i två eller fler valutor när länderna i praktiken visat sig ovilliga att säkra eurons framtid genom en politisk union. Han finner att det vore den mest rimliga utvecklingen, nämligen att något eller några länder lämnar euron. Ett sådant scenario skulle kunna bidra till att minska det sociala och ekonomiska tryck som byggts upp inom euroområdet och som 2019 försvårar EU-ländernas samarbete. Att splittra euron är dock inte enkelt och riskerar att bli väldigt kostsamt på kort sikt. Men Andersson landar ändå i att de långsiktiga vinsterna troligen är större än de kortsiktiga kostnaderna. Kapitlet mynnar ut i rekommendationen att EU och medlemsstaterna måste förbereda en vänskaplig skilsmässa där de kortsiktiga kostnaderna av att splittra euron begränsas genom att delningen av euroområdet sker under så kontrollerade former som möjligt. På så sätt kan mindre euro leda till mer Europa i framtiden.

I bokens sjunde kapitel tar sig *Jane Reichel* an en av de mest omdebatterade frågorna inom konstitutionell EU-rätt, nämligen hur rättsstatsprincipen och grundläggande rättigheter ska garanteras inom EU-rättens tillämpningsområde. I en demokratisk rättsstat förutsätts det offentligrättsliga maktutövandet tillämpas under rättsstatsprincipen, vilken Reichel definierar som begränsad och kontrollerbar, genom krav på lagbundenhet och förutsebarhet samt konstitutionella regler till skydd för grundläggande rättigheter. Genom att EU-rätten har anspråk på att tillämpas med direkt effekt och med företräde på nationell nivå, har det varit nödvändigt att utveckla EU-rättsliga skyddsregler som kan uppställa gränser för hur rätten kan tillämpas i enskilda fall. Utgångspunkten är att ju mer ingripande åtgärder som kan vidtas med stöd av EU-rätten, desto större är behovet att kunna fastställa klara och entydiga gränser för dess tillämpning. Den övergripande fråga som Reichel diskuterar i kapitlet är vem som ytterst garanterar rättsstatsprincipen och skyddet för grundläggande rättigheter vid beslut om sanktioner mot enskilda inom EU-rättens tillämpningsområde, EU eller medlemsstaterna? Är det möjligt för medlemsstaterna att förlita sig på att EU kan garantera säkra former för beslut som är betungande för enskilda i en tid när rättsstatsprincipen utmanas öppet i flera medlemsstater, såsom Ungern?

Reichel inleder med att redogöra för hur EU-rätten under 2010-talet antagit allt fler regler med innebörden att sanktioner och andra betungande beslut mot enskilda ska genomföras. Samtidigt har utvecklingen i vissa EU-medlemsstater inneburit att EU-domstolen accepterar att EU-rätten inte alltid kan tillämpas som avsett.

Följaktligen har nationella domstolar kunnat vägra att överlämna brottsmisstänkta som begärts utlämnade i enlighet med den europeiska arresteringsordern samt vägra föra över asylsökande i enlighet med Dublinförordningen. I andra fall är det mer oklart hur EU:s regler förhåller sig till nationella rättsstatsprinciper och när EU:s principer ska tillämpas istället för de nationella. Reichel analyserar i kapitlet två olika typsituationer: betungande beslut som fattas av nationella myndigheter och domstolar i en gränsöverskridande situation samt de fall där EU-rätten innehåller regler om sanktioner mot enskilda som tillämpas inom en medlemsstat. Utifrån resultatet av sin undersökning konstaterar Reichel att svaret på frågan om medlemsstaterna kan lita på EU påfallande ofta är "det beror på", vilket i praktiken betyder att rättsstatsprincipens innehåll och effekt varierar från situation till situation. Baserat på denna slutsats är Reichels rekommendation att EU bör lagstifta om gränserna för offentligt maktutövande inom EU-rättens tillämpningsområde, i syfte att garantera enskildas och företags rättssäkerhet.

Malin Stegmann McCallion diskuterar i bokens åttonde kapitel hur europeiseringsprocesser kan förstås i en tid då nationalstaten verkar få mer inflytande i integrationsprocessen. Utgångspunkten är att medlemsstaterna både kan påverkas av EU (top-down europeisering) och utöva ett självständigt inflytande över unionen (bottom-up europeisering). I kapitlet behandlas medlemsstaternas olika strategier för att möta förändringstrycket från EU. Stegmann McCallion visar hur medlemsstater kan försöka bromsa samarbetet genom att exempelvis blockera politiska beslut i ministerrådet. Den strategin utmärker Polens och Ungerns agerande i migrationsfrågan då de har vägrat att implementera omplaceringsmekanismen av asylsökande.

Stegmann McCallion analyserar därefter om en möjlig lösning på de många utmaningar som EU-samarbetet står inför skulle kunna vara differentierad integration, det vill säga att de medlemsstater som vill fördjupa samarbetet tillåts att göra det medan de som inte vill har möjlighet att stå utanför. EMU och Schengensamarbetet är exempel på differentierad integration. Den slutsats som Stegmann McCallion drar är att även om differentierad integration kan fungera inom vissa områden så riskerar det att leda till att EU:s politiska system blir mindre transparent. Om medlemsstaterna får välja vilka områden som de ska delta i, och i vilken omfattning, kan det bli ännu svårare för medborgarna att urskilja vilket inflytande respektive medlemsland har på europeisk nivå och vem som är ansvarig för vilka beslut. Dessutom finns det en risk att ytterligare uppdelningar mellan medlemsstaterna resulterar i att de utvecklar än mer skilda intressen vilket i sin tur försvårar det övergripande europeiska samarbetet. I ljuset av denna analys avslutar Stegmann McCallion med att rekommendera EU och dess medlemsländer att fundera noga kring vilken typ av differentierad integration som är önskvärd. Stegmann McCallion efterlyser också en mer nyanserad offentlig debatt om EU. Nationella politiker bör undvika att systematiskt beskylla EU för impopulära beslut som de själva varit med och fattat. Istället bör politiker och media sträva efter att diskutera politikens sakinnehåll samt synliggöra för medborgarna hur de kan påverka EU-politiken.

I bokens nionde och avslutande kapitel analyserar *Niklas Bremberg* förhållandet mellan regional separatism och europeisk integration. Kapitlets huvudsakliga frågeställning är hur EU utmanas av att politiker och medborgare i vissa regioner i EU:s medlemsstater strävar efter att upprätta egna nationalstater. Bremberg redogör i kapitlet för den statsvetenskapliga forskningen om regional separatism, nationell självständighet och europeisk integration såsom den har utvecklats från 1990-talet och framåt. Olika sätt att se på frågan om den europeiska integrationens effekter på regional separatism diskuteras liksom olika tolkningar av hur EU-rätten och EU:s utvidgningspolitik kan tillämpas och förstås i den händelse en region skulle bli en självständig stat genom secession.

Kapitlet analyserar därefter två fall där frågan om självständighet och EU-medlemskap aktualiserats på senare tid, nämligen Skottland och Katalonien. En jämförande analys av dessa fall är av särskild relevans, enligt Bremberg, i och med att ett eventuellt självständigt Katalonien av allt att döma skulle behöva ansöka om EU-medlemskap trots att en överväldigande majoritet av medborgarna vill vara en del av EU medan Skottland är på väg att mista sitt EU-medlemskap som en konsekvens av Brexit trots att en majoritet av medborgarna i Skottland röstade emot att Storbritannien ska lämna EU. Bremberg belyser således de politiska och normativa utmaningar som regional separatism ställer EU inför. Avslutningsvis diskuteras i kapitlet hur regionernas ställning inom EU skulle kunna stärkas och hur kraven om secession skulle kunna hanteras inom ramen för EU:s befintliga medlemsstater. Ett förslag som presenteras är att EU-kommissionen bör initiera en utredning av regionernas ställning inom unionen med det uttalade syftet att undersöka om demokratin i EU skulle kunna fördjupas genom att regionernas ställning stärktes.

Hur ska vi då förstå det eviga spänningsförhållandet mellan EU och dess medlemsstater i en tid när frågan om vilket framtida EU vi vill ha har blivit alltmer brännande på grund av de yttre och inre utmaningar som unionen står inför? I sitt årliga tal om tillståndet i unionen 2018 framhöll EU-kommissionens ordförande Jean-Claude Juncker att: "Vi bör vara mer varsamma om Europeiska unionen, inte svartmåla den, utan försvara vårt levnadssätt". Särskilt verkade Juncker rikta sig till medlemsländerna då han påpekade att det inte enbart är EU-kommissionen och Europaparlamentet som bär skulden för att EU ännu inte lyckats lösa många av de stora utmaningarna som unionen står inför. Den största skulden ligger istället hos medlemsstaterna och deras oförmåga att komma överens i ministerrådet och Europeiska rådet. Detta knyter an till diskussionen om vad som är den möjliga vägen framåt för EU-gemenskapen i en tid när nationalstaten verkar spela en större roll än tidigare. Är detta ett hot som EU bör bemöta genom att satsa på en ny ambitiös reformagenda, tänkt att vitalisera EU-projektet och möjligen förverkliga ett federalt EU? Eller bör EU istället ta ett steg tillbaka, bida sin tid, och låta medlemsstaternas mellanstatliga samarbete få en mer framträdande roll?

Det är viktigt för den fortsatta diskussionen att påminna om att EU och medlemsstaterna historiskt sett alltid har behövt förhandla om balansen mellan de överstatliga och mellanstatliga dragen i samarbetet. Utifrån bidragen i denna bok framträder flera pragmatiska förslag på hur EU kan hantera denna i grunden principiella och existentiella fråga. Dessa kan sammanfattas i att EU inte kan bortse från spänningarna som nationalstatens återkomst ger upphov till utan att dessa måste tas på allvar, vare sig det gäller framtiden för den gemensamma valutan, hanteringen av regional separatism eller hoten mot rättsstatsprincipen. Men istället för att röra sig mot någon av de två ytterligheterna där antingen överstatlighet eller mellanstatlighet tar överhand handlar det om att, inom ramen för den typ av mellanposition som karaktäriserar EU, bestämma sig för vilka demokratiska, rättsliga och ekonomiska principer som ska råda. Det innebär att EU måste koncentrera sig på hur balansen mellan överstatliga och mellanstatliga intressen ska kalibreras för att undvika en slagsida åt endera hållet, eftersom en sådan riskerar att leda till ytterligare splittring inom unionen. Det är en delikat uppgift.

Flera av bidragen i denna bok poängterar vikten av att EU:s institutioner faktiskt tar strid för de gemensamma värderingar som union säger sig värna om. EU bör tydligt deklarera sitt ställningstagande när det gäller såväl grundläggande rättsliga principer som demokratiska rättigheter. EU bör även påminna medlemsstaterna och medborgarna om de vinster som finns med EU-samarbetet. Det är dock minst lika viktigt att EU även ställer som krav på medlemsstaterna att de ska hedra både de formella och informella principerna som de ålagt sig att följa och att de ska sluta använda EU som syndabock för impopulära beslut (eller icke-beslut) som de själva till stor del ansvarar för. Detta är nödvändigt för att inte nationalstatens återkomst, som vi under 2010-talet har sett inom flera viktiga områden, ska ske på hela det europeiska samarbetets bekostnad.

EU-hybriden och den representativa demokratin
Positioner och framtidsperspektiv

av Torbjörn Bergman & Magnus Blomgren

Genom hela den Europeiska unionens (EU:s) historia har dragkampen mellan den traditionella nationalstaten och EU:s institutioner varit central. Mycket talar för, såsom denna boks tema antyder, att denna dragkamp är på väg att intensifieras än mer. Hur bör då EU utformas för att vara så *effektiv* som möjligt? Var ska *makten* ligga inom unionen? Hur ska *demokratin* inom unionen fungera? Alla dessa frågor berör relationen mellan medlemsstaterna och EU:s institutioner. Till synes växande politiska krafter argumenterar för att makt bör återföras till nationalstaten, eller åtminstone inte ytterligare förskjutas till "Bryssel". Andra menar i stället att ytterligare överföring av beslutsmakt till unionens institutioner är den enda möjliga vägen framåt. Samtidigt uppdagas djupa konflikter kring vad EU:s fördrag verkligen innebär när centrala värden utmanas av den politiska utvecklingen i flera medlemsländer. Detta kapitel pekar på hur dessa konflikter konkretiseras i de vägval EU:s medlemsstater står inför. Frågor om effektivitet och makt är centrala, men framförallt fokuserar vi på hur den framtida demokratin bör utformas. Vårt huvudargument är att medan mycket tid och energi ägnas åt att argumentera för att EU inte ska bli en nationalstat alternativt att EU mer borde likna en nationalstat, så bör samtalet om Europas framtid inom ramen för EU handla mer om hur maktdelningen, det som vi nedan kallar EU-hybriden, kan demokratiseras.

Inom både samhällsvetenskaplig forskning och allmän debatt går det att identifiera två huvudsakliga positioner angående hur relationen mellan medlemsstaterna och unionens institutioner bör utformas, antingen efter mellanstatliga principer (på engelska *inter-governmentalism*) eller med ett betydande inslag av överstatlighet (på engelska *supranationalism*). Låt oss nedan renodla dessa två positioner till två idealtyper, en med "minimalistisk mellanstatlighet" och en med "långt gången överstatlighet".

Poängen med denna renodling är dels att närmare definiera de både dominerande och konkurrerande synsätten om vilken framtida utvecklingen som är att föredra, dels att föreslå att det egentligen är mer troligt att lösningen under överskådlig framtid ligger någonstans inom en "tredje position", en bred mellanposition. Denna tredje position är dock betydligt mer komplex, både i fråga om hur den bör utformas och hur den ska kunna leva upp till demokratiska ideal. Den är dessutom mindre utforskad.

Vi har i tidigare forskning och i en lärobok försökt beskriva hur politiken inom medlemsstaterna blir alltmer sammanflätad med EU:s, samt diskuterat de demokratiska konsekvenserna av denna sammanflätning. Vi vet dock av erfarenhet att det kan vara svårt att diskutera EU:s utveckling utan att detta ses som en diskussion om ett "Ja" eller "Nej" till EU. Detta är inte alls vår avsikt. Vi utgår i analysen från ett fortsatt medlemskap, men vi menar också att EU bör utsättas för en kritisk granskning som möjliggör en konstruktiv diskussion om samarbetets framtid.

I detta kapitel mejslar vi därför ut den tredje positionen med skarpare drag än vad som annars är vanligt. För att kunna göra detta renodlar vi även denna position till en idealtyp och ställer den i relief gentemot de andra två. Vi utvecklar en "inkrementell" idealtyp. Denna idealtyp menar vi ger en god bild av tillståndet i EU under 2010-talet. Låt oss dock understryka att vår huvudsakliga poäng är att betona att det finns en avgörande skillnad mellan de tre idealtyperna. Denna är att överstatlighet och mellanstatlighet bägge har en klar demokratimodell medan den inkrementella idealtypen har en mycket mer diffus och komplex modell över hur demokratin bör fungera. Den höga empiriska relevansen, och den ofta outtalade demokratisyn som den tredje idealtypen förknippas med, utgör fokus för vår avslutande diskussion.

Kapitlet är upplagt så att vi börjar med att beskriva de tre idealtyperna. Därefter undersöker vi vilka positioner länder intar i en rad väsentliga framtidsfrågor för unionen (ekonomi, försvar, migration och den sociala pelaren) och diskuterar dessa i förhållande till de tre idealtyperna. Efter denna empiriska genomgång försöker vi teoretiskt förstå implikationerna av de tre olika positionerna, med särskilt fokus på det vi kallar för den inkrementella idealtypen och vilka demokratiska principer som bör vägleda diskussionen kring den politiska utveckling som vi nu ser. I det avslutande avsnittet ger vi vår syn på hur EU-gemenskapen och demokratin kan stärkas i en tid när oförmågan att diskutera hur hybriden ska bli mer demokratisk är framträdande.

Tre idealtyper för relationen mellan medlemsländerna och EU:s institutioner

I den minimalistiska visionen för europeisk mellanstatlighet är EU ett instrument för medlemsstaterna. EU ska ägna sig åt det som medlemsstaterna kommer överens om och som de ger EU:s institutioner i uppdrag att genomföra. För detta kan det krävas överstatliga institutioner, som en kommission och en domstol. Övriga institutioner på den europeiska nivån, som Europaparlamentet (EP), ska dock i den mån de alls behövs ha en begränsad och rådgivande roll. I stället är det medlemsstaternas regeringar som ska driva det gemensamma arbetet framåt. Regeringar agerar i sin tur under ansvar från de nationella parlamenten vilka utkräver ansvar av regeringen för dess del i det europeiska samarbetet. Med utgångspunkt i de tre inledande begreppen effektivitet, makt och demokrati är modellen förhållandevis tydlig. Det europeiska samarbetet ska vara förankrat i det egna nationella parlamentet, där ska också makten att överlåta beslutanderätt till EU ligga. Med denna modell kanske inte det europeiska samarbetet flyter på så effektivt, men när länderna väl är överens är argumentet att de åtgärder som beslutas kommer att ha hög demokratisk legitimitet då det finns en explicit och tydlig förankring i de nationella folkvalda parlamenten.

Ett synsätt som betonar nationalstatsdemokratins överhöghet kan, om det hårdras, utgöra ett underlag för en BREXIT, dvs. att ett land bestämmer sig för att lämna unionen. I vår analys nedan handlar dock mellanstatlighet i stället om medlemsstaternas roll inom unionen; det vill säga, vi lyfter fram förespråkare som föredrar en utveckling där medlemsstaterna behåller sin centrala roll, men *inom* unionen. Överstatligheten ska utifrån detta vara begränsad och i vissa fall (eller områden) kan man vilja återföra den beslutsmakt som tidigare överlåtits till EU:s institutioner till nationell nivå.

Det andra synsättet, långt gången överstatlighet, betonar att för att uppnå effektivitet när det gäller att hantera utmaningar rörande exempelvis ekonomi, säkerhet, migration och socialfrågor behöver medlemsstaterna vara beredda att överlämna mer av beslutanderätt till EU:s institutioner. Detta synsätt benämns ibland också federalism eller nyfunktionalism. Det finns nyansskillnaderna mellan dessa termer, men gemensamt för alla är att utmaningarna bäst kan mötas på samma sätt: genom mer av EU. En av de viktigaste aspekterna av detta synsätt är att det förknippas med en tydlig demokratimodell. Idén är här att integrationen har nått så långt och utmaningarna är så stora att det är dags att utforma en stark centralmakt inom unionen. Den bör vara begränsad, det vill säga inte omfatta precis allt, men inom de områden där unionen getts befogenhet bör det finnas ett beslutskraftigt folkvalt parlament och en europeisk regering. Ingen ska behöva tveka om var det yttersta politiska ansvaret ligger – hos ett direktvalt, folkvalt europeiskt parlament och den regering som bildas på basis av partierna i detta parlament. Med europeiska politiska partier och all-europeiska kandidatlistor kan medborgarna ges inflytande över vad som i praktiken är en ny federal EU-stat.

Dessa två positioner har dominerat debatten om EU:s framtid (se kapitlets avslutande käll- och litteraturförteckning för vidareläsningstips). Det finns förstås andra synsätt på integration än de här nämnda. Inte minst har litteraturen om "governance" fått stort utrymme. Hur viktig än denna litteratur är ger den dock inte någon direkt vägledning om hur EU:s institutioner ska förankras i en union där rösträtt och representativ demokrati är fundamentala inslag i hela samhällsordningen. Den diskussionen finns däremot i debatten mellan de överstatliga och mellanstatliga synsätten. I denna debatt går det att identifiera aktörer som regeringar, politiska partier, eller viktiga beslutsfattare som förespråkar endera positionen (våra två "poler"). Ett exempel är den aktuella vågen av ett växande stöd för (höger-) radikala partier. När dessa partier inte förespråkar ett utträde ur unionen vill de åtminstone se en utvecklig mot en begränsad form av mellanstatlighet. Här hänger betoningen av det nationella arvet (och den vidhängande skepticismen mot immigration) samman med synsättet att mer makt åt EU skapar fler problem än det löser. På ett liknande sätt finns det aktörer som förespråkar mer av överstatlighet, öppna gränser och fri rörlighet inom unionen. De pekar gärna ut områden som klimat och migration där överstatliga lösningar ses som alldeles nödvändiga.

Dessa två idéer om Europas framtid, mellanstatlighet eller överstatlighet, utgör två oförenliga synsätt. Inte desto mindre präglar de bägge det EU vi ser 2019. EU har utvecklats till något av en hybrid. Denna hybrid kan ses som en övergångsfas på väg mot antingen mer av mellan- eller överstatlighet. Vi menar dock att den ensidiga betoningen på antingen mellanstatlighet eller överstatlighet är för begränsande. Denna tudelning (dikotomi) likriktar diskussionen och leder ständigt in i återvändsgränder. I stället argumenterar vi för att oförenligheten, och det spänningsfält som råder mellan överstatlighet och mellanstatlighet, lett till en EU-hybrid som bäst kan förstås utifrån en tredje idealtyp. I vår mening har både den statsvetenskapliga forskningen och den allmänna debatten ägnat alldeles för lite uppmärksamhet åt denna tredje idealtyp. Den bör göras explicit och dess konsekvenser för effektivitet, makt och demokrati bör diskuteras. Vi inbjuder härmed till en sådan fortsatt diskussion.

Den tredje idealtyp som vi skönjer är ett resultat av rådande motsättningar, men den sammanfattar också den faktiska debatten och det faktiska skeendet inom unionen. Den utgör ett outvecklat men ändå förståeligt försök att *balansera* överstatlighet och mellanstatlighet. Som nämnts kallar vi detta den *inkrementella* idealtypen (i kontrast till den mellanstatliga och överstatliga). Den innebär att man i förhandlingar är relativt överens om att åtgärder behövs inom ett avgränsat område, men är osäkra på vägen dit. Således implementeras reformer stegvis, de utvärderas successivt och harmoniseringen sker i viss mån frivilligt. Här har det hitintills handlat

41

mindre om beslutsprocessens (demokratiska) legitimitet och mer om ett pragmatiskt förhållningssätt och strävan efter politiska resultat (output). Den inkrementella idealtypen kan, menar vi, ses som en ganska god beskrivning av många reella och aktuella policyprocesser inom EU. Olika politiska konstellationer har använt sig av strategin för att flytta frågor från nationella politiska konflikter i syfte att nå politiska resultat. Om nu detta, vilket vi menar är troligt, kommer att fortgå, så är det viktigt att vi försöker förstå och hantera denna inkrementella integrationsprocess utifrån demokratiska principer.

Härnäst kartlägger vi den aktuella debatten (2017/2019) om utformningen av ett framtida EU utifrån de tre idealtyperna. Därefter återvänder vi till frågor om effektivitet, makt och demokrati. Vi pekar då på att både den mellanstatliga och den överstatliga idealtypen har fördelen att de lätt kan förknippas med en tydlig demokratimodell, däremot är det svårare att se vilken demokratisyn som förespråkas inom den inkrementella idealtypen. Vi avslutar därför kapitlet med att försöka utröna hur demokratin inom denna idealtyp skulle kunna utformas. I denna avslutande diskussion låter vi oss inspireras av både klassiska idéer om maktdelning och den nutida idéströmning som är känd som nyintergovernmentalism.

De tre idealtyperna och fyra viktiga framtidsområden

I vår empiriska analys väljer vi att titta närmare på debatten och positioner kring fyra olika politikområden: ekonomi, försvars- och säkerhetspolitik, migration och den sociala pelaren. Dessa är politiska områden där det fortfarande är oklart var den politiska makten inom unionen kommer att ligga. De utgör alla viktiga framtidsfrågor för unionen. I tabell 1 skissar vi på rimliga positioner inom dessa fyra politiska områdena utifrån de tre idealtyper för relationen medlemsstater och EU som vi presenterat.

Tabellen och diskussionen nedan tar inte upp argumenten för utträde ur unionen. Vi tar inte heller upp kommissionen och dess

TABELL 1. TRE IDEALTYPER OCH TÄNKBARA POSITIONER RÖRANDE
RELATIONEN MEDLEMSSTATER – EU:S INSTITUTIONER

	Mellanstatlig idealtyp	Överstatlig idealtyp	Inkrementell idealtyp
Ekonomi	Försvara rätten att stanna utanför Eurozonen och hävda den nationella suveräniteten när det gäller skatter och statsfinansiella frågor. Kritisk till EU-kommissionens kontroll av nationella budgetar.	EU-kommissionen ska ha större inflytande över den nationella ekonomin och eurozonen måste ha en gemensam budget och finansminister. Skattesystemen måste harmoniseras och vissa gemensamma skatter på EU-nivån bör införas, exempelvis på ekonomiska transaktioner.	Ser i grunden den ekonomiska politiken som en nationell angelägenhet, men kan se fördelar med ett visst gemensamt samarbete, såsom gemensam valutafond och bankunion
Försvar	Ser försvarsfrågan som en nationell angelägenhet. Kan se ett visst samarbete kring exempelvis försvarsmateriel, men är i grunden kritisk till att EU utvecklar egen försvarskapacitet.	Målet är en regelrätt försvarsunion med gemensam försvarsbudget och interventionsstyrka. För att få snabba beslutsvägar krävs beslut med kvalificerad majoritet i försvar- och säkerhetsfrågor.	Vill stärka det gemensamma försvaret, men inte skapa en övernationell struktur. Vill se ett system parallellt med EU-strukturen.
Migration	Asylpolitiken ska vara nationell, exempelvis vad gäller flyktingkvoter. Samarbetet kring en yttre gräns ska beslutas på mellanstatlig grund.	Fullt ut gemensam migrationspolitik, med gemensamma tvingande kvoter som kan hanteras med hjälp av kvalificerad majoritet. Gemensam myndighet för att hantera yttre gräns, samt gemensam asylförvaltning. Gemensamt program för att integrera flyktingar.	Länderna måste komma överens om asylpolitiken och även gemensamma flyktingkvoter. Beslut ska dock initialt fattas med konsensus och vissa gemensamma system måste upprättas.
Sociala frågor	Sociala frågor berör de nationella välfärdssystemen och beslut kring dessa ska inte flyttas över till EU.	Vill se en starkare unionspolitik på det sociala området, med både gemensamma definitioner och lagar som bestämmer exempelvis minimilön och annan rättighetslagstiftning.	Vill ha ökat samarbete kring sociala frågor exempelvis genom olika former av harmoniseringsstrategier, såsom benchmarking, erfarenhetsutbyte och myndighetssamarbete. Beslutanderätten ska dock kvarstå på nationell nivå.

presidents ståndpunkter mer än i förbigående. De typer av argument som förs fram av dessa aktörer hör regelmässigt hemma i respektive polariserad idealtyp. I stället fokuserar vi på ledande företrädare från de olika medlemsstaterna och hur de ser på debatten om EU:s framtid inom centrala politikområden. I tabell 1 är vår ambition att exemplifiera den typ av argument som kan ses som uttryck för respektive idealtyp. När vi sedan går igenom varje område kommer vi att utveckla och kontextualisera dessa olika positioner, samt identifiera ledande förespråkare för varje position.

Vi kommer att närmare analysera hur åtta länder förhåller sig till dessa politikområden: Frankrike, Tyskland, Ungern, Polen, Italien, Österrike, Sverige och Danmark. Länderna är valda utifrån några enkla principer: 1) gamla och relativt nya medlemsstater, 2) yngre demokratier i öst och etablerade demokratier i väst, 3) länder från den norra såväl som den södra regionen. Syftet med urvalet är inte i första hand att garantera generaliserbarhet baserat på dessa dimensioner, utan det är ett sätt att uppnå en rimlig spridning av länder. För att positionera länderna på de utvalda politikområdena har vi tagit del av diverse olika material där regeringarna som kollektiv eller någon av deras företrädare uttrycker en position i dessa framtidsfrågor. Med tanke på att dessa politikområden hela tiden förändras bör läsaren komma ihåg att det inte är garanterat att dessa positioner är stabila över tid och på så sätt givna för var och ett av länderna. På vissa politikområden är det också uppenbart att länderna ännu inte har en utvecklad ståndpunkt.

En fullfjädrad ekonomisk union?

Frågan om EU:s roll i den ekonomiska politiken är en långdragen historia och en återkommande stötesten som vunnit alltmer aktualitet genom införandet av euron och den allvarliga ekonomiska krisen runt 2008. Denna drabbade många länder, men allvarligast blev situationen i Grekland. Det resulterade i att samarbetet inom det ekonomiska området utvecklades till den så kallade stabilitets- och tillväxtpakten. Denna har karaktären av mellanstatliga lösningar på överstatlig nivå. Samtidigt gjordes åtgärder för att stärka kommissionens roll i att övervaka och samordna nationell ekonomisk politik. Enligt en rad bedömare, exempelvis i OECD Economic Survey, räcker dock inte detta för att på sikt säkra en stabil ekonomisk utveckling. En rad krav har därför rests på att EU-systemet bör stärka sina ekonomiska muskler för att på så sätt lösa obalanser mellan länder inom euroområdet och säkra en effektivare integration. Kommissionen och dess ordförande under perioden 2014–2019, Jean-Claude Juncker, står för ett sådant förhållandevis renodlat överstatligt perspektiv. Några av förslagen handlar om att öka EU:s möjlighet att ta ut skatt, exempelvis på finansiella transaktioner. Med ökade resurser finns också det nödvändiga utrymmet för en gemensam budget för eurozonen. Ytterligare ett förslag handlar om att den stabiliserings-mekanism som nu finns bör övergå till en valutafond, samt att inrätta en post som EU:s finansminister.

En avgörande aspekt av detta politikområde är givetvis i vad mån ett land är med i eurozonen eller inte. I vårt urval av länder har kommissionens idéer stöd av Frankrikes president Emmanuel Macron. I sitt Sorbonne-tal i september 2017 lyfter han fram att euroländerna behöver en gemensam budget, samt en gemensam finansminister som ska vara underställd Europaparlamentet. Detta skulle vara ett stort steg i federativ riktning för (åtminstone) euroländerna. Även om Tyskland inte går riktigt lika långt som Frankrike, så lyfts liknande idéer fram i den så kallade Meseberg-deklarationen, ett gemensamt uttalande av Macron och Tysklands förbundskansler Angela Merkel i juni 2018. Här betonas bland annat att företagsbeskattningen måste harmoniseras, stabiliseringsmekanismen ska bli EU-lag, samt behovet av en gemensam budget för euroländerna. I både Frankrike och Tyskland är eurons framtid en stor fråga. I Frankrike gick Macron till val på att reformera eurozonen och i Tysklands fall har frågan varit omstridd ända sedan Grekland beviljades stödlån efter stats-skuldskrisen 2008. Det finns skillnader i de bägge regeringschefernas positioner, men bägge står ändå för en linje där EU:s inflytande över den ekonomiska politiken bör fördjupas.

Italien som också är medlem av eurozonen framstår som i grunden positivt till att euroländerna utvecklar sitt samarbete. I ett gemensamt uttalande av finansministrarna i Italien och Frankrike betonas vikten av både bankunion och en gemensam budget för eurozonen. Däremot finns inrikespolitiska spänningar, framförallt femstjärnerörelsen, vilken ingår i regeringen, har argumenterat för en folkomröstning om eurons framtid i Italien. Mycket talar också för att regeringen i Rom kommer att utmana EU-kommissionen när det gäller storleken på det nationella budgetunderskottet. Den italienska regeringens kostsamma vallöften överensstämmer dåligt med EU:s krav på budgetdisciplin. Österrike, som också ingår i eurozonen, är mer positiv till de initiativ som kommissionen har tagit på det ekonomiska området. Landet går inte i bräschen för ett utökat ekonomiskt samarbete inom unionen, men motsäger sig inte heller en sådan utveckling.

De övriga fyra länderna i vårt urval står alla utanför eurozonen och det är framför allt två länder som varit något mer avvaktande eller kritiska i sin hållning. Ungern är kritiskt till ett alltför djupt samarbete mellan euroländerna och försvarar möjligheten att stå utanför eurozonen. Ungerns premiärminister Victor Orbán ger uttryck för att en djupare uppdelning mellan länder inom eurozonen och dem som står utanför inte är önskvärd. Således ställer landet sig kritiskt till att eurozonen skulle samordna en gemensam budget eller att det skulle inrättas en EU-finansminister. Även den svenska positionen betonar det mellanstatliga inslaget i den ekonomiska politiken, exempelvis vid inrättandet av en gemensam valutafond. I samband med detta har Sverige också uttryckt kritik gentemot idén om en gemensam finansminister.

De övriga två länderna är svårare att fånga i detta sammanhang. Polen har inte tydligt gett uttryck för sin position i en rad av dessa frågor, men landet är fortfarande inte med i eurozonen och har hitintills visat en ganska avvaktande inställning. Danmark har ett permanent undantag från valutasamarbetet. Däremot är landet positivt till stabilitetspakten och regeringen har uttryck att Danmark i framtiden skulle kunna bli medlem i en bankunion.

En gemensam försvarsunion?

Frågor kring valuta- och finanspolitik har varit kontroversiella inom EU-systemet under många år. På ett liknande sätt har försvarsfrågan varit ett område där länderna historiskt haft svårt att komma överens. Samsynen har dock ökat markant och försvarssamarbetet har intensifierats på en rad områden. Ett viktigt initiativ är det så kallade *Permanent Structured Cooperation* (PESCO). Detta försvarssamarbete syftar till att öka koordineringen mellan länderna inom försvars- och säkerhetsområdet, öka samarbetet och utveckla en gemensam försvarsförmåga. PESCO bygger på bindande avtal, men i mellanstatlig form. Beslut fattas således med konsensus och verksamheten bygger på en rad gemensamma projekt som berör olika aspekter av unionens försvarsförmåga. Tillsammans med PESCO har EU dessutom inrättat en europeisk försvarsfond som syftar till att koordinera länders försvarsbudgetar, samt inköp av försvarsmaterial. Dessutom genomförs en gemensam årlig genomgång och analys av länders försvarspolitik (CARD). Dessa tre olika initiativ är tänkta att höja den gemensamma ambitionsnivån för försvar och säkerhet. Detta har hittills skett i mellanstatlig form och alla medlemsländer är inte med i alla delar.

Enligt en rad länder räcker dock inte detta mellanstatliga samarbete, utan man vill se en ökad roll för EU-systemets olika organ. Det handlar om att EU utvecklas till en regelrätt försvarsunion med en gemensam budget och gemensam interventionsstyrka. För att detta ska vara möjligt krävs snabbare beslutsvägar och således beslut med kvalificerad majoritet i dessa frågor. Inte minst Frankrikes Macron uttalar i sitt linjetal i Sorbonne ett tydligt stöd för en sådan utveckling. Tyskland är möjligen något mer försiktigt, men i grunden positiv till att försvarssamarbetet vidareutvecklas. I den så kallade Meseberg-deklarationen är Tyskland och Frankrike överens om att EU bör utveckla försvars- och säkerhetsarbetet och att röstning med kvalificerad majoritet kan komma att behövas. Även den tyska försvarsministern Ursula von der Leyen har tydligt markerat att en europeisk försvarsunion bör etableras som ett komplement till NATO.

Om vi ser på Polen och Ungern så är båda med i PESCO och båda framstår i grunden som positiva till ett utvecklat försvarssamarbete.

47

Däremot markerar länderna att de ser Nato som den mest centrala säkerhetsordningen. Bland annat innebär det att exempelvis Polen säger nej till ett militärt högkvarter inom EU-strukturen. Det är således lite oklart hur långt de är beredda att gå när det gäller att flytta politisk beslutsmakt till EU-nivån, och om länderna skulle tillåta beslut med kvalificerad majoritet på detta politikområde. Italien är med i PESCO och är positivt till ett utökat försvarssamarbete. Landet är för en gemensam EU-armé.

I Österrike är frågan lite mer komplex. Visserligen är landet också med i PESCO, men i de uttalanden som görs betonas vikten av Österrikes neutralitet. Exempelvis accepterar landet inte en gemensam EU-armé. Det talar för att landet skulle ha svårt att acceptera en utveckling där EU-systemet får ökad formell kompetens att agera inom försvars- och säkerhetspolitiken. Den svenska positionen är snarlik Österrikes. Även Sverige menar att landet är alliansfritt, men är med i PESCO och allmänt positivt till ett utökat samarbete. Det får dock inte ske på ett sådant sätt att medlemsstaternas suveränitet hotas på detta område. Sveriges statsminister Stefan Löfven understryker att en regelrätt försvarsunion inte är önskvärd och att utvecklingen av PESCO bör styras av medlemsstaterna.

Danmark å sin sida, har ett permanent undantag från försvarssamarbetet, vilket gör landet svårt att kategorisera. Danmark är heller inte med i PESCO och betonar tydligt sitt medlemskap i NATO. Däremot har Danmark tillsammans med nio andra länder skrivit på ett avtal för att skapa en europeisk militär styrka *(the European Intervention Initiative)*, vilken ska ligga utanför EU-strukturen. Här handlar det således inte om att försvara mellanstatlighet, utan snarare om vilken försvarsorganisation man prioriterar. Däremot har premiärminister Rasmussen uttalat ett stöd för att övriga EU-länder utvecklar sitt försvarssamarbete, med förbehållet att Danmark inte kan delta i detta på grund av undantaget.

Flyktingar – ett gemensamt ansvar?

Migration har seglat upp och blivit en central fråga inom EU, en som kan påverka hela EU:s framtid. Orsaken är givetvis de ökade flyktingströmmar som påverkar Europa och framför allt händelserna 2015. Det grundläggande problemet i termer av hur makten ska fördelas mellan EU och medlemsländerna är att den inre marknaden förutsätter fria gränser inom unionen, vilket leder till ett gemensamt ansvar för EU:s yttre gräns. Dessutom leder de ökade flyktingströmmarna till frågan om hur de nyanlända ska fördelas mellan länderna – är det en nationell angelägenhet eller en fråga som ska beslutas av EU i en eller annan form. En rad åtgärder har vidtagits och flyktingströmmarna har avtagit, men den politiska krisen är fortfarande högst relevant inom EU-systemet. Det som gjorts har i första hand handlat om att stärka gräns- och kustbevakningen (FRONTEX), upprätta mottagningscenter i Grekland och Italien för att hjälpa dessa länder med mottagandet, samt att utforma en överenskommelse med Turkiet om hur flyktingar ska hanteras. Den stora stötestenen handlar om gemensamma kvoter där medlemsländerna utifrån någon rimlig princip delar på uppgiften att ta emot flyktingar (se även kapitlet av Henrekson, Sanandaji och Öner i denna volym).

Det som gjorts räcker inte enligt en rad länder. Frankrikes Macron menar i sitt Sorbonne-tal att det krävs ökade insatser för att gemensamt kunna sköta gränsövervakning och det krävs ett EU-gemensamt migrationskontor för att skynda på och harmonisera asylprocessen. Enligt Macron skulle det också krävas en gemensam gränspolis. Tysklands position liknar Macrons. De menar att det krävs en gemensam asylpolitik och den yttre gränsen måste försvaras på ett bättre sätt exempelvis genom att göra FRONTEX till en gemensam gränspolis som styrs av EU-institutioner. För att detta ska vara möjligt så krävs det gemensamma flyktingkriterier och en gemensam europeisk asylmyndighet. Både Frankrike och Tyskland har också gett uttryck för behovet av bindande flyktingkvoter inom EU. I Meseberg-deklarationen pekar de två länderna på att detta måste vara politik på EU-nivå och inte individuella avtal, då det skulle splittra unionen.

Även om länder som Ungern och Polen instämmer i att det krävs ytterligare åtgärder för att förstärka den yttre gränsen, så är dessa länder helt emot tanken på gemensamma kvoter. Att EU skulle kunna bestämma mängden flyktingar som ett land ska vara skyldigt att ta emot strider mot den nationella suveräniteten och något de inte kan acceptera. I framför allt Ungern handlar det inte enbart om den principiella frågan om överstatlighet eller mellanstatlighet, utan landet vill också bedriva en flyktingpolitik som står i kontrast med många andra länders politik. Exempelvis, i juni 2018 antog det ungerska parlamentet den så kallade "Stoppa Soros"-lagen som bland annat innebär att det anses kriminellt att hjälpa illegala flyktingar eller för att arbeta för NGO:s som engagerar sig för flyktingar.

Även i Österrike har flyktingfrågan spelat stor roll i den inhemska diskussionen, inte minst rörande EU:s roll. Den österrikiske kanslern Sebastian Kurz talade inför Europaparlamentet i juli 2018 och lyfte fram kampen mot illegal invandring som en prioriterad fråga. Det är framför allt genom att stärka kontrollen vid EU:s yttre gräns som problemet ska hanteras. I andra sammanhang har den österrikiska regeringen argumenterat för ett effektivare samarbete med tredje land för att återförflytta immigranter. Regeringen är kritisk till tvingande flyktingkvoter och att dessa skulle kunna tänkas beslutas på EU-nivå med hjälp av majoritetsbeslut. Situationen i Danmark liknar den i Österrike. I mångt och mycket påverkas landet av de beslut som fattas i andra länder (läs Tyskland och Sverige). Även i Danmark har flyktingfrågan varit en dominerande fråga i den inhemska diskussionen. Danmark har på olika sätt begränsat möjligheten för flyktingar att stanna i landet och regeringen betonar vikten av både gränskontroller och att flyktingar ska få hjälp utanför EU:s gränser. Utifrån detta perspektiv är det inte troligt att Danmark skulle acceptera att flyktingfrågan blir föremål för beslut med kvalificerad majoritet eller bindande flyktingkvoter.

Italien, som är ett av länderna dit flyktingar först anländer, har argumenterat för att det krävs någon form av obligatorisk fördelning av flyktingar, men alltmer övergått till att som land stänga gränserna. Tonläget har dessutom hårdnat i Italien inte minst när vice premiärminister Matteo Salvini från det högerradikala Lega (tidigare

Lega Nord) driver på reformer för att kunna utvisa invandrare. I Italien finns således både ett starkt incitament få mer överstatlighet på detta politikområde och samtidigt ett motsatt incitament att hålla borta EU för att kunna bedriva en alltmer hårdför nationell politik.

Även Sverige har tydligt argumenterat för gemensamma flyktingkvoter, samt att ett nytt asylsystem etableras i Europa. I ett tal på Uppsala universitet i oktober 2017 markerade statsminister Löfven tydligt att han är för en mer gemensam linje, och han öppnade dörren för beslut med kvalificerad majoritet i dessa frågor. Detta är alltså ett område där Sverige bryter mot sitt i andra avseenden relativt kritiska förhållningssätt till att ge EU-institutionernas ökat inflytande och mer beslutskompetens.

En harmoniserad välfärdsstat?

Ett fjärde, och sista område i denna analys, har liksom de övriga varit föremål för många års diskussion. I praktiken rör det effekterna av de fyra friheterna och den harmonisering som sker av de nationella arbetsmarknaderna och därmed följande regler. Grundproblemet är att om det inte finns gemensamma regler på en rad områden inom det sociala området så riskerar vi att få ett "race to the bottom", det vill säga det blir allt svårare att upprätthålla högre krav på arbetsrättsliga regler då det finns länder som konkurrerar med sämre arbetsvillkor. Hittills handlar det om en överenskommelse mellan medlemsländerna och kommissionen om att man ska ha gemensamma ambitioner på detta område med ett 20-punktsprogram som utgångspunkt, samt att kommissionen får möjlighet att övervaka arbetet i de enskilda länderna. Det handlar således än så länge om utbyte av erfarenheter, benchmarking och stöd i harmoniseringsprocessen. Gemensamma lagar kan komma senare, men det är för tidigt att säga vilka dessa blir och hur de kommer att se ut. Detta politikområde är följaktligen betydligt mindre utvecklat än den tre andra som ingår i denna analys. Därför har det också varit betydligt svårare att fånga de olika ländernas positioner på detta område.

Återigen är det Frankrike och Macron som ger uttryck för att EU bör flytta fram positionerna på det sociala området. Visserligen är inte uttalandena särskilt detaljrika, men han menar att EU-länderna måste harmoniseras på det socialpolitiska området. I sitt Sorbonnetal pekar han på att detta bör innebära ett gemensamt golv för vad som ska räknas som acceptabel social standard och regler för minimilöner. Även Tyskland stödjer arbetet med den sociala pelaren och pekar också särskilt på frågan om en harmonisering av det sociala skyddsnätet samt minimilöner.

Ungern och Polen stödjer visserligen arbetet med den sociala pelaren, men markerar också att de inte vill se en utveckling där detta resulterar i gemensam EU-lagstiftning. Samarbetet ska därför ske på frivillig basis och beslutskompetens ska inte flyttas till EU:s institutioner.

Även regeringarna i Österrike och Italien stödjer arbetet med den sociala pelaren, men liksom andra så vill man inte se att detta innebär att beslutskompetens flyttas till EU-nivån. Företrädare för Danmark är inne på en liknande linje. De menar att det danska systemet för arbetsmarknaden är lyckosamt och att man inte vill att det ska hotas av EU. Således vill man inte ha tvingande regler på detta område utan beslutskompetensen ska kvarstå på nationell nivå. En social union är inte önskvärd enligt den danska statsministern Rasmussen.

Om vi slutligen ser på Sverige så har regeringen under lång tid arbetat för att de sociala frågorna ska lyftas upp på EU:s dagordning. Att det var vid Europeiska rådets möte i Göteborg, där den svenska regeringen stod som värd, som den sociala pelaren diskuterades var därför inte en tillfällighet. Det innebär dock inte att Sverige vill att dessa frågor blir föremål för övernationellt beslutsfattande. Istället handlar det om erfarenhetsutbyte och i sitt linjetal i Uppsala betonar Löfven vikten av mellanstatligt samarbetet runt det 20-punktsprogram som precis blivit antaget, utan att detta ska medföra överflyttning av beslutandemakt till EU:s institutioner.

Olika positioner ett uttryck för medlemsstaters specifika intressen

Efter att ha studerat de olika policyområdena kan vi sammanfatta hur argumenten organiseras utifrån de olika idealtypiska positionerna för mellanstatlighet, överstatlighet och inkrementell integration. I tabell 2 återfinns några konkreta argument som förs fram av länderna, vilka är placerade inom varje idealtyp. Tabell 2 består av exemplifieringar (inom parantes) och ambitionen är inte att detta ska vara heltäckande. Notera dessutom att ett land kan hamna i flera olika idealtyper inom samma politikområde.

Länderna är olika tydliga i var de står i de olika politikområden vi här kartlagt. Detta innebär att det ibland är svårtolkat i vad mån ett land kan definieras som att falla under eller nära en idealtyp, särskilt då i fråga om en mellanstatlig eller en inkrementell sådan. I någon mån kan enskilda länders positioner spilla över och förknippas med bägge. Därför har vi varit noga med att enbart definiera ett land som att tillhöra den inkrementella idealtypen när vi kunnat identifiera tydliga uttryck för exempelvis att man vill se gemensamma åtgärder, men utan överstatlighet. På området sociala frågor visar sig dock detta vara mycket svårt och skillnaderna ska inte överbetonas. Mycket troligt är det dock att länder som vi här definierar som att inta en position motsvarande den mellanstatliga idealtypen, i praktiken, i förhandlingar skulle landa i en mer inkrementell position. Ett undantag är dock asylfrågan och idén om tvingande kvoter för alla medlemsländer inom detta politikområde. Där har positionerna varit låsta ett bra tag.

Tabell 2 illustrerar, och genomgången ovan visar, att det inte finns något tydligt generellt mönster i den meningen att länderna konsekvent återfinns inom olika kategorier beroende på politikområde eller ens inom samma politikområde. Undantaget är egentligen enbart Frankrike och Tyskland som i högre utsträckning än de övriga placerar sig i den överstatliga kategorin. Det faktum att Frankrike och Tyskland nästan uteslutande hamnar i den överstatliga kategorin, indikerar att den har viss särställning som färdriktning för de mest centrala länderna inom EU-samarbetet. De övriga länderna hoppar inte sällan mellan mellanstatlig eller inkrementell positionering beroende på fråga och tillfälle.

En möjlig invändning mot vår karaktärisering att de flesta länder saknar en konsekvent linje är att definitionsskillnaden mellan mellanstatlig och inkrementell ofta kan vara hårfin och en tolkningsfråga. Detta är en korrekt iakttagelse, men vår poäng är här främst en annan. Vår poäng att länderna, förutom Frankrike och Tyskland, egentligen inte särskilt ofta följer de två klassiska idealtyperna mellanstatlighet eller överstatlighet. Istället handlar det mesta av debatten i de flesta länder om hur regeringarna försöker balansera mellan dessa poler (och ibland slits emellan dem). Länderna försöker *balansera* överstatlighet och mellanstatlighet på en rad politikområden genom vad som kan benämnas de små stegens strategi. I så måtto fångar vår inkrementella idealtyp mycket av debatten och det faktiska skeendet inom EU under slutet av 2010-talet.

TABELL 2. TRE IDEALTYPER OCH LÄNDERNAS POSITIONER RÖRANDE RELATIONEN MEDLEMSSTATER – EU:S INSTITUTIONER

	Mellanstatlig idealtyp	Överstatlig idealtyp	Inkrementell idealtyp
Ekonomi	Försvara rätten att stanna utanför eurozonen **(Polen, Sverige)** Kritiska till en EU-kärna av euroländer med gemensam budget och finansminister **(Polen, Sverige)**	Vissa gemensamma skatter **(Frankrike, Tyskland)** Stabiliseringsmekanismen blir EU-lag **(Frankrike, Tyskland)** EU-finansminister, under kontroll av EP **(Frankrike)** Skapa en bankunionen **(Italien, Frankrike, Tyskland, Danmark)** Gemensam budget för eurozonen **(Frankrike, Tyskland)**	Stödjer en gemensam valutafond, men behålla det mellanstatliga systemet. **(Tyskland, Sverige)**

Försvar		Snabbare beslutsvägar, bl. a. genom användandet av kvalificerad majoritet **(Frankrike, Tyskland)** Gemensam försvarsunion med gemensam budget **(Frankrike, Tyskland)** Gemensam EU-armé **(Frankrike, Tyskland, Ungern)**	Vill stärka det gemensamma försvaret, men kritiska till att EU skapar övernationella strukturer, ex. att Pesco ska kontrolleras av medlemsstaterna **(Polen, Ungern, Österrike, Sverige)**
Migration	Asylpolitiken ska vara nationell och EU-beslut på området ska fattas av Europeiska rådet **(Ungern, Polen)** Inga gemensamma kvoter **(Ungern, Polen, Österrike)**	Gemensam migrationspolitik **(Frankrike, Tyskland)** Gemensamma flyktingkvoter **(Frankrike, Tyskland, Sverige)** Gemensam gränsövervakning **(Frankrike, Tyskland, Ungern, Polen, Sverige, Italien, Österrike, Danmark)** Snabbare asylprocess genom gemensam asylförvaltning **(Frankrike, Tyskland)** Europeiskt program för integration av flyktingar **(Frankrike)**	
Sociala frågor	Kritiska till att göra dessa frågor övernationella **(Ungern, Polen, Österrike, Italien, Danmark).**	Gemensam definition av vad som menas med social rättvisa **(Frankrike, Tyskland)** Gemensamma minimilöner **(Frankrike, Tyskland)**	Vill ha ökat samarbete kring sociala frågor, men att makten kvarstår hos medlemsstaterna **(Sverige)**

Idealtyperna och demokratin

Givet att det går att identifiera olika idealtyper för den framtida utformningen av relationen mellan länderna och EU:s institutioner och att medlemsstaterna (och andra) betonar dessa olika mycket uppstår frågan om vilka grunder utformningen egentligen bör bygga på? Vår principiella inställning är att EU-systemet förutom att vara effektivt bör vara demokratiskt. Det förekommer ibland förställningar om att detta nödvändigtvis utgör ett oförenligt vägval, men så är det inte för oss. Ett demokratiskt system kan mycket väl vara effektivt. Däremot menar vi att frågan om hur demokratin bör utformas ändå är ett svårt vägval.

Den i dag dominerande synen utgår från att demokrati förknippas med en suverän stat, med en känsla av nationell identitet och samhörighet. En av författarna till detta kapitel, Bergman, diskuterar tillsammans med medförfattare i en bok från 2003 att en parlamentarisk demokrati har en singulär och hierarkisk delegations- och ansvarskedja. I en renodlad modell rapporterar alla agenter till en huvudman (en principal), i detta fall "folket".

I den tänkta parlamentariska demokratin går kedjan från väljare till valda företrädare (lagstiftare) och från lagstiftare till regering, som i sin tur styr staten. I praktiken finns det naturligtvis institutionella variationer. Vissa parlament har två kamrar, andra länder bygger på en federal konstruktion, vissa har ett folkvalt statsöverhuvud med vissa befogenheter och så vidare. Den gemensamma demokratitanken är dock att folket väljer ett nationellt parlament och att parlamenten utser styret i toppen på den representativa kedjan. Denna kedja av delegering och ansvarsutkrävande leder till att folket länkas till det politiska styret i alla EU:s medlemsstater. Ytterst handlar detta om att folket ska kunna välja och delegera till sina politiska ledare, och inte minst om att folket ska kunna avsätta de ytterst politiskt ansvariga.

Åtminstone sedan 1980-talet har det emellertid blivit allt vanligare att forskare och debattörer hävdar att det inte är tillräckligt att politiker styrs av allmän rösträtt eller att demokratin framförallt är rotad i de politiska partierna. I stället har ett maktfördelningsperspektiv vuxit sig starkare. I sin bok från 2011 diskuterar Bergman och Strøm tillsammans med övriga medförfattare hur klassiska ideal om maktdelning åter vunnit mark. Enligt dessa tankegångar bör politiska ambitionerna hos elitpolitiker balanseras mot andra aktörers strävan efter inflytande och kontroll. Enligt denna syn på representativ demokrati bör också valda politiker kontrolleras och balanseras. Det är också önskvärt att upprätthålla en maktfördelning mellan olika politiska nivåer (till exempel mellan en medlemsstat och en union) eftersom det betyder att medborgarnas rättigheter skyddas mot missbruk av en enda (potentiellt tyrannisk) politisk nivå. Således, enligt denna uppfattning, realiseras demokratin bäst i ett politiskt system som bygger in kontroller av de folkvalda, men inte samtidigt avlövar dessa från politisk beslutsmakt. Det behövs därför en uttalad maktbalans.

Likväl är det idén om en enkel representativ kedja som dominerar inom både den överstatliga och den mellanstatliga idealtypen. Denna idé har dock kanske sett sina glansdagar? I Madisonskt präglat tänkande kan i stället ett mer komplicerat beslutsfattande på flera nivåer och med konkurrerande delegations- och ansvarskedjor vara något önskvärt. Ett sådant politiskt system begränsar de enskilda maktinnehavarnas inflytande och skyddar därigenom medborgarna från missbruk och tyranni. Madison-formen av demokrati, kan därför möjligen inspirera en utveckling (och ett erkännande) av den inkrementella positionen inom EU. Utifrån ett sådant normativt perspektiv är dubbla kedjor av representativ demokrati både på EU-nivå och medlemsstatsnivå inget normativt problem. Balanserande institutioner kan vara en strategi att begränsa elitpolitikernas inflytande och undvika missbruk av politisk makt och korruption.

Insikten om en förändrad demokratisyn, en idémässig rörelse från en utbredd betoning på renodlad parlamentarism till mer av maktdelning, är en huvudsaklig beståndsdel i vår avslutande analys nedan. De klassiska idealtyperna (mellanstatlighet och överstatlighet) utgår bägge från ungefär samma demokratimodell, den parlamentariska nationalstatsdemokratin. Företrädarna för mellanstatlighet antar (vanligen implicit) att den traditionella nationalstaten i stor utsträckning kommer att bestå, medan företrädare för överstatlighet förespråkar att en ny stat utvecklas på europeisk nivå. Även om de både är väl förenliga med en tydlig demokratisk princip, ger ingen av dessa positioner en god analys av den EU-hybrid som formats under de senaste 25 åren (sedan Unionen formellt bildades 1993), och särskilt inte för utvecklingen under 2010-talet.

Demokrati, effektivitet och makt inom den inkrementella idealtypen

EU-hybriden är svår att förena med representativ demokrati om man med detta menar den singulära representativa demokratimodellen. Inom hybriden finns ett förhandlingssystem som är svåröverskådligt och hela tiden föränderligt. För att illustrera konsekvensen: Det är svårt för potentiella regeringspartier i ett medlemsland att göra tydliga utfästelser för vilken politik som bör bedrivas på EU-nivån, därför att deras inflytande över processen är begränsat av vad andra länders företrädare vill. Väljarna har därför en liten möjlighet att värdera vilka alternativ som står till buds när det gäller beslut på EU-nivån. Dessutom finns det flera demokratiska representations-kedjor, den nationella, men också överstatliga (Europaparlamentet), regionala och lokala. En *de facto* maktdelning mellan den överstatliga nivån och medlemsländerna är betydande. Allt detta rimmar väldigt illa med bilden av den ideala parlamentariska demokratin.

En möjlig slutsats kan därför vara att för att lösa det demokratiska dilemmat bör utvecklingen gå mot mer av överstatligt beslutsfat-tande, alternativt en mycket starkare betoning av mellanstatliga rela-tioner. Men där är det, som vi har visat, få av aktörerna i EU-systemet som befinner sig. De försöker i stället hitta nya pragmatiska gemen-samma lösningar på viktiga politiska problem utan att skapa mycket starkare överstatliga institutioner eller avgjort försvaga desamma. Den stora skiljelinjen mellan två av våra idealtyper, mellanstatlighet och inkrementalism, ligger därmed inte i den empiriska kategori-seringen. Där kan länder och aktörer ligga ganska nära varandra och det kan vara svårt att dra klara skiljelinjer. Skillnaden ligger framförallt i synen på hur demokratin kan säkras. För att förklara denna slutsats behöver vi först titta lite närmare på ytterligare en viktig inspirationskälla.

Likartade resonemang förs i en litteratur som har kommit att definieras som "*ny*intergovernmentalism". Enligt detta perspektiv, som förs fram av exempelvis statsvetaren Christopher Bickerton, har betydande politisk beslutandemakt överförts från nationell nivå till EU-systemet under 2010-talet. Maktförskjutningen har dock framförallt skett till förmån för mellanstatliga överenskommelser. Medlemsstaterna har mött nya utmaningar, den ekonomiska krisen, livsmedels- och jordbruksproblemen, eller internationell oro och migrationsmönster, inte genom att bemyndiga den (supranationella) kommissionen utan snarare genom att skapa nya mellanstatliga institutioner på EU-nivå. I stället för att ytterligare bemyndiga kommissionen skapades *de novo* Europeiska utrikestjänsten (EEAS), Europeiska myndigheten för livsmedelssäkerhet och Europeiska bankmyndigheten. Denna motvilja att överföra ytterligare beslutsmakt och resurser till överstatliga institutioner kan också ses i skapandet av den Europeiska stabilitetsmekanismen (ESM). Denna fond bygger på ett nytt mellanstatligt fördrag snarare än på bestämmelserna i Lissabonfördraget, vilka i stället kunde ha använts.

Utvecklingen har således lett till fler och viktigare mellanstatliga organ på överstatlig nivå, vilket i sin tur ökar kraven för konsensus på nationell nivå. Tas perspektivet om *ny*intergovernmentalism på allvar så lär det oss att den inkrementella modellen inte enbart är en kompromiss mellan de två motpolerna mellanstatlighet och överstatlighet, utan också en strategi bland europeiska makthavare. Den genomgång av argument och positioner som vi presenterar i detta kapitel pekar i samma riktning.

De som förespråkar ensidig överstatlighet, där den parlamentariska demokratin flyttas till den överstatliga (EU) nivån eller de som styvt förespråkar långt gången mellanstatlighet, gör så utifrån visioner som egentligen saknar relevans på kort och medellång sikt. Istället är vår slutsats, vilken förstärks av den nyintergovernmentalistiska teoribildningen, att EU:s länder och medborgare inom överskådlig tid kommer att få leva med ett system för beslutsfattande som ligger nära den inkrementella idealtypen. Men ett sådant system för politiskt styre präglas inte av någon grundläggande demokratiprincip och frågan är om de små stegens strategi, den inkrementella idealtypen, är förenlig med demokrati? De som förespråkar inkrementella lösningar verkar fortfarande helst vilja undvika demokratifrågor. Eller så försöker de bevara bilden av nationalstatsdemokratin överhöghet, samtidigt som man argumenterar för att det behövs åtgärder på överstatlig nivå, ofta med motiveringen att reformer krävs för att hantera specifika problem. Om vi i stället accepterar att hybriden kommer att bestå för överskådlig tid, vilket är det absolut troligaste, blir diskussionen om demokratin inom hybriden central. Systemet måste kunna leverera lösningar, men det bör också vara och upplevas som demokratiskt.

En demokratisyn som möjligen är förenlig med denna EU-hybrid är, som vi ovan indikerat, det Madisonska perspektivet. En uttalad och genomtänkt maktdelning mellan institutioner och nivåer är i ett sådant perspektiv att föredra. Ett sådant Madisonskt perspektiv ger dock i sig inget direkt eller enkelt svar på hur relationen mellan medlemsstaterna och EU specifikt bör utformas. Det behövs mer innehåll och procedurer för att utveckla en demokratisk modell inom ett inkrementellt styrsystem. Det behövs konkreta förslag för hur EU-hybriden kan vidareutvecklas demokratiskt, samtidigt som den balanserar överstatlighet med mellanstatlighet.

Det teoretiska tomrum som råder mellan de överstatliga och mellanstatliga idealtyperna kan givetvis inte helt fyllas här. Det är dock angeläget att en sådan diskussion tar fart. Till att börja med menar vi att politiker, journalister och statsvetare bör erkänna att den enkla parlamentariska nationalstatsdemokratin inte längre existerar. Likaledes bör idéer om att förvandla EU till mer av en nationalstat noteras men inte ges särskilt stort utrymme. Ett sådant dubbelt erkännande skulle kunna leda till en framåtsyftande diskussion när det gäller frågan om hur framtiden bör te sig och hur medborgare och politiker ska hantera frågor om effektivitet, makt och demokrati inom ett komplext flernivåsystem. I stället för att med kraft och energi diskutera de två ytterligheterna och de relativa fördelarna med det ena eller andra perspektivet, bör forskare, politiker och allmänhet i framtiden främst diskutera hur vi kan balansera överstatlighet och mellanstatlighet i en demokratisk ordning.

Möjliga vägar framåt: Den nationella demokratin måste kopplas till EU-demokratin

I början av detta kapitel pekade vi på att dragkampen mellan nationalstaten och EU:s institutioner har varit en central konflikt genom hela unionens historia. Detta kapitel visar, liksom andra kapitel i denna volym, att idén om nationalstatens suveränitet på senare tid har återkommit med förnyad styrka. Detta medför en återuppväckt kamp om hur vår gemensamma kontinent ska styras. Fokus i detta kapitel har dock inte varit på hur EU:s framtida konstitution och institutioner bör utformas utifrån högtidliga proklamationer. Vårt empiriska fokus har i stället legat på att utröna vilka argument och positioner länderna för fram när de föreslår hur arbetet ska organiseras för att lösa viktiga politiska problem. När sådana lösningar diskuteras hamnar de demokratiska principerna lätt i bakgrunden. Vi menar dock att framtidens lösningar på svåra politiska problem måste vara nära sammankopplade med en klar och tydlig modell över hur medborgarna ska vara med att styra utvecklingen. Denna saknas allt som oftast i diskussionen.

Den inkrementella idealtypen understryker den svåra balansgången inom EU. Den har vuxit fram utifrån de nationella politiska eliternas försök att hitta lösningar på EU-nivå. Problemet med en sådan strategi är att den inte ger medborgarna en rimlig möjlighet att påverka det politiska utfallet. Nu är det dags att diskutera hur detta kan göras inom ramen för en begriplig och tydlig maktdelning.

Vi kan lyfta fram några konkreta exempel på vad som bör diskuteras. För det första, de nationella parlamenten borde bättre samordna sin verksamhet dels med varandra, dels med Europaparlamentet. Kanske bör ett sådant system utvecklas snarare än att EU:s institutioner ges mer makt? Det skulle kunna legitimera Europaparlamentets beslutsfattande, men också den nationella nivåns förmåga att hantera EU-frågor. För det andra, maktdelningen bör göras mer explicit, både vertikalt (medlemsstat vs union) och horisontellt (bland annat nya relationer inom medlemsstaterna). Utifrån en sådan demokrati- och maktdelningssyn är det exempelvis rimligt att förhålla sig skeptisk till vissa av de "reformer" som genomförts i namn av demokratisering.

Ett sådant exempel är försöken att forma unionen i mer parlamentariska termer, i syfte att lösa legitimitetsproblemen och uppmuntra formandet av en europeisk politisk nivå. Konkret tar sig dessa strävanden uttryck i systemet med *Spitzenkandidat* där Europaparlament i praktiken utser kommissionens ordförande. Jean Claude Junker, som varit kommissionsordföranden mellan 2014–2019 har argumenterat att detta är vägen framåt för en mer demokratisk union. Men utifrån ett Madisonskt perspektiv borde dessa försök skrotas. En överstatlig parlamentarism är inte möjlig under överskådlig tid och knappast ens önskvärd. Istället bör maktdelningen mellan institutionerna, som den är formulerad i fördragen, bibehållas och utvecklas snarare än avvecklas. Ett tredje exempel är att ifrågasätta att ländernas befolkningsstorlek har betydelse för en medlemsstats styrka i voteringarna i Europeiska rådet. Rådet skulle, utifrån ett maktdelningsperspektiv, kunna motsvaras vid USA:s "överhus", senaten. Här är det tänkt att delstaternas suveränitet ska försvaras oberoende av dess storlek (det befolkningsmässigt stora Kalifornien har två senatorer, liksom det befolkningsmässigt betydligt mindre New Hampshire). Syftet är att bevara ett legitimt beslutsfattande på unionsnivå. I Europeiska rådet spelar det dock roll hur stor en medlemsstat är och detta blandar principen om folksuveränitet och maktdelning på ett olyckligt sätt. Att jämställa samtliga medlemsstater behöver inte nödvändigtvis minska den politiska styrförmågan i rådet, men det skulle innebära att medlemsstaternas fortsatt centrala roll betonas.

Slutligen, valkampanjer på respektive nivå drivs idag av politiska partier, media och politikexperter som om de vore separata företeelser. De politiska partierna saknar förmåga att visa hur de två nivåerna intensivt hänger samman. Här måste partierna ta ett större ansvar. I analysen av EU:s problem med demokrati, makt och effektivitet är det av yttersta vikt att beakta de dubbla kedjorna: val-väljare-lagstiftare, det vill säga, både den som går via nationella parlament och den som går via Europaparlament. Analysen av demokratin och rekommendationer om hur den ska stärkas måste innefatta bägge dessa kedjor. För att den hybrid som EU utgör ska kunna fungera demokratiskt måste politiker och medborgare förmå diskutera frågor som avgörs i Europaparlamentet och frågor som avgörs i riksdagen mer eller mindre samtidigt. Den nationella demokratin kan inte förstås utan länken till EU och tvärtom. Utmaningen för både forskare och politiker är att analysera och utveckla bägge samtidigt!

En alltför polariserad och orealistisk diskussion som rör sig mellan de två ytterligheterna om en fullt utvecklad federation och en återgång till nationellt självbestämmande, hämmar en konstruktiv diskussion om en legitim europeisk politisk ordning. Det finns gigantiska utmaningar för det demokratiska maktdelningssystem som ska förena folkviljorna inom medlemsstaterna med folkviljan inom unionen. Vår slutats är dock, som statsvetaren Ivan Krastev skriver i sin omtalade bok *Efter Europa,* att om vi inte förmår lösa dessa utmaningar kan legitimiteten för beslutsfattande på EU-nivån urholkas än mer och kraven på medlemsländers utträde blir allt fler.

Källor och litteratur

Vi har tidigare diskuterat sammanflätningen av Sverige med EU (och vice versa) i en bok från 2005, Blomgren, Magnus and Bergman, Torbjörn, red. *EU och Sverige – ett sammanlänkat statsskick.* Lund: Liber förlag. Hur vi ska förstå delegationskedjan i representativa demokratier har behandlats i Kaare Strøms, Wolfgang Müllers och Torbjörn Bergmans bok *Delegation and accountability in parliamentary democracies* från 2003 (Oxford: Oxford University Press). Utgångspunkten för vårt resonemang kring den Madisonska demokratimodellen är Torbjörn Bergmans och Kaare Strøms bok *The Madisonian Turn*, publicerad 2011 (Ann Arbor: University of Michigan Press). I denna bok diskuterar författarna hur klassiska ideal om maktbalans åter har vunnit mark.

Den klassiska debatten mellan de som förespråkar överstatlighet respektive mellanstatlighet finns exempelvis beskriven på svenska av Jacob Westberg i boken *EU:s drivkrafter: en introduktion till teorier om europeisk integration.* (2., kompletterade uppl. Stockholm: SNS förlag, 2008). En bred internationell introduktion till integrationsteori och hur EU fungerar återfinns i en avancerad lärobok av Michelle Cini, Michelle & Pérez-Solórzano Borragán, Nieves (red.), *European Union politics*, (Femte uppl. Oxford, 2016).

Christopher J. Bickerton, Dermot Hodson och Uwe Puetter introducerar nyintergovernmentalismen och kritiserar de tidigare integrationsteorierna i *The new intergovernmentalism: states and supranational actors in the post-Maastricht era* (Oxford: Oxford University Press, 2015). I "Europe's deliberative intergovernmentalism: the role of the Council and European Council in EU economic governance" beskriver Uwe Puetter hur maktförskjutningen i EU-systemet har skett via mellanstatliga överenskommelser och inte genom att överföra makt till de överstatliga institutionerna (*Journal of European Public Policy* 19:2, 2012).

Kommissionen och Junckers syn på EU:s framtid uttrycks tydligt i Junckers årliga tal om tillståndet i unionen. En utmärkt källa till Frankrikes position är president Macrons tal, "Initiative pour l'Europe", som han höll på Sorbonneuniversitetet i september 2017. Den tredje juni 2018 publicerades en intervju med den tyska förbundskanslern Merkel, betitlad "Europa muss handlungsfähig sein – nach außen und innen", i *Frankfurter Allgemeine Sonntagszeitung*, där hon gav efterlängtade svar om sin syn på EU:s framtid (se webbadressen: https://www.bundeskanzlerin.de/Content/DE/Interview/2018/06/2018-06-04-merkel-fas.html).

Senare samma månad träffades Merkel och Macron och gjorde ett gemensam uttalande om EU:s framtid i den så kallade Meseberg-deklarationen (se webbadressen https://www.bundeskanzlerin.de/Content/EN/Pressemitteilungen/BPA/2018/2018-06-19-meseberg-declaration.html).

Den svenska positionen beskrivs tydligt i statsminister Löfvens linjetal betitlat "Vårt Europa – vårt gemensamma ansvar", som han höll på Uppsala universitet i oktober 2017 (Regeringskansliet). Även Moderaternas partiledare Ulf Kristerssons tal "Svenska intressen i europeisk förändring" är en relevant källa som visar på att det i det stora hela finns en enighet mellan Socialdemokraterna och Moderaterna i synen på EU:s framtid (Europaportalen 2018). Empiri om den svenska positionen har också inhämtats från riksdagens EU-nämnd.

Övrig empiri har främst inhämtats från nyhetsartiklar och de olika ländernas officiella hemsidor för regering och parlament.

Vad gör EU om nationalstatens återkomst sker på rättsstatsprincipens bekostnad?

av Andreas Moberg

I detta kapitel placeras nationalstatens återkomst in i det spänningsförhållande som genomsyrat EU-samarbetet från första dagen; gränsdragningen mellan det som beslutas av varje medlemsstat på egen hand och det som beslutas gemensamt inom det institutionaliserade EU-samarbetet. Nationalstatens återkomst kommer att exemplifieras med hjälp av den konflikt mellan Polen och EU som eskalerat sedan 2015. I december 2017 föreslog Europeiska kommissionen (kommissionen) att rådet skulle fastställa att det föreligger en klar risk för att Polen allvarligt åsidosätter rättsstatsprincipen. Kommissionens förslag innebar slutet på en drygt två år lång dialog, mellan kommissionen och Polen, där parterna hade diametralt motsatt uppfattning i fråga om hur väl rättsstatsprincipen efterlevdes. Polens uppfattning var att de förändringar man vidtagit skulle betraktas som lustration i syfte att trygga rättsstatsprincipen, emedan kommissionen menade att Polen gravt åsidosatt densamma.

Som kommer att framgå nedan, är enskilda medlemsstaters ifrågasättande av EU:s gemensamt beslutade värdegrund inte en ny problematik – tvärtom kan den spåras flera decennier tillbaka i tiden. Det som är nytt med Polen-fallet, och som gör det särskilt intressant att studera, är att det utgör det första fallet där artikel 7 i fördrag om Europeiska unionen (EUF eller EU-fördraget) aktiverats.

Polens vägran att acceptera kommissionens återkommande uppmaningar utgör ett tydligt exempel på nationalstatens återkomst. Motsättningen består i att den polska regeringen och kommissionen har vitt skilda uppfattningar om vem av dem som skall ha tolkningsföreträde i fråga om huruvida den polska regeringens arbete med att i grunden förändra det polska rättsväsendet utgör brott mot rättsstatsprincipen, eller förstärkning av densamma.

Det som gör att detta uttryck för nationalstatens återkomst – en enskild medlemsstats ifrågasättande av den EU-gemensamma uppfattningen om vad som utgör kränkningar av rättsstatsprincipen – till en av dagens viktigaste konstitutionellrättsliga frågor är att samarbetet inom EU vilar på de grundläggande principerna om ömsesidigt förtroende och ömsesidigt erkännande. EU:s medlemsstater måste kunna hysa ömsesidigt förtroende för varandras rättsliga system eftersom förtroendet är en förutsättning för att principen om ömsesidigt erkännande skall kunna respekteras och upprätthållas. Principen om ömsesidigt erkännande ligger till grund för såväl den gemensamma inre marknaden som för det gemensamma arbetet med att bygga upp ett europeiskt område med frihet, säkerhet och rättvisa.

Kapitlet belyser hur den polska nationalstatens återkomst tagit sig uttryck samt hur EU, företrätt av kommissionen, valt att svara upp mot Polens agerande. Eftersom EU i många år värnat om rättsstatsprincipen, såväl internt som externt, förväntas unionen agera när denna för samarbetet grundläggande princip hotas. Samtidigt får EU kritik från flera håll för att agerandet inte är tillräckligt effektivt. Det är sålunda rimligt att analysera vad kritiken består i, samt att bedöma om den är befogad. I detta sammanhang är det också rimligt att analysera vad EU:s eventuella ineffektivitet kan bero på. Hur skall EU-gemenskapen kunna bevaras och stärkas under dessa förhållanden?

I relation till Polen är det i första hand kommissionen som agerat för EU:s räkning, även om Europaparlamentet antagit ett flertal kritiska resolutioner. Rådet har inte varit inaktivt, men i jämförelse med de två tidigare nämnda institutionerna har rådets agerande gått relativt obemärkt förbi. Därför fokuserar analysen huvudsakligen på kommissionens åtgärder. Mot bakgrund av att Polen-fallet utgör det första fall där kommissionen tillämpat den "EU-ram till skydd för rättsstatsprincipen" den antog 2014, är analysen också intressant av enbart detta skäl. Det nya ramverket karaktäriseras av att kommissionen intar rollen av övervakningsorgan. Detta är visserligen inte någon ny roll för kommissionen, men i ljuset av hur de grundläggande värdena i artikel 2 EUF tidigare bevakats, så innebär ramverket en tydlig fokusförskjutning från en mellanstatlig logik till en överstatlig logik.

Kapitlet inleds med en beskrivning av spänningsförhållandet mellan överstatlighet och mellanstatlighet, vilken i nästföljande avsnitt används för att beskriva och analysera artikel 7 EUF. Därefter följer ett avsnitt som förklarar hur rättsstatsprincipen blivit ett grundläggande värde för EU-samarbetet. Med denna kunskap i ryggen presenteras och analyseras kommissionens EU-ram för att stärka rättsstatsprincipen, placerad i den kontext då den användes för första, och hittills enda, gången under den drygt två år långa dialog kommissionen förde med den polska regeringen kring domstolsreformen som inleddes hösten 2015. Analysen läggs slutligen till grund för ett antal policyrekommendationer kring hur EU bör hantera nationalstatens återkomst då denna tar sig uttryck genom att en medlemsstat ifrågasätter gemensamt beslutade grundläggande värden för EU-samarbetet.

Spänningsförhållandet mellan överstatligt och mellanstatligt samarbete

EU-fördraget är ett mellanstatligt avtal. Genom avtalet har parterna gemensamt beslutat att skapa ett antal institutioner, och tilldelat dessa specifika kompetenser. Parterna har också, i flera olika situationer, förbundit sig att följa de beslut dessa institutioner fattar. Som exempel kan nämnas att EU-domstolens beslut är bindande för EU:s medlemsstater. De flesta av de beslut som fattas av rådet, liksom av Europaparlamentet, tas som majoritetsbeslut. Det finns olika varianter av majoritet, men det intressanta är att parterna till EU-fördragen valt att låta institutionerna fatta bindande beslut med majoritet – inte enhällighet. Enhällighet är annars den normala metoden att fatta beslut som binder suveräna stater. Det är en naturlig effekt av suveränitetsprincipen i internationell rätt att stater kan besluta på egen hand huruvida de vill ikläda sig en rättslig förpliktelse. Distinktionen mellan enhälliga beslut och majoritetsbeslut kan därför sägas utgöra den tydligaste skiljelinjen mellan överstatlighet och mellanstatlighet. Inom EU är det dock så att skillnaden har blivit ännu tydligare. EU-samarbetet har, ända sedan EU-domstolens berömda avgöranden i målen *Van Gend* och *Costa* i början av 1960-talet karaktäriserats av principerna om EU-rättens *företräde* och *direkta effekt*. Dessa två principer innebär att varje medlemsstat är rättsligt förpliktad att under vissa givna förutsättningar tillämpa EU-rätt, såväl bestämmelser i fördraget som bestämmelser i rättsakter antagna av de institutioner fördraget skapat, i sin myndighetsutövning (vilket inbegriper domstolar).

Kombinationen av majoritetsbeslut och företräde ger EU:s institutioner karaktären av överstatliga institutioner i de politikområden medlemsstaterna tilldelat dem kompetens att agera. Men, medlemsstaterna är "fördragets herrar", och kan således genom att ändra i fördragstexten såväl utöka som minska graden av överstatlighet hos EU:s institutioner. Den vanligaste metoden är att välja mellan majoritetsbeslut eller enhällighet i rådet. Det vanliga är att enhällighet väljs inom områden där nationella intressen av hävd är starka. På så vis behålls kontroll genom veto. En annan, avsevärt mindre vanlig, metod som medlemsstaterna har använt för att behålla kontroll över känsliga frågor är att begränsa EU-domstolens inflytande. Inom den gemensamma utrikes- och säkerhetspolitiken är således EU-domstolens inflytande mycket begränsat. Denna senare variant av spänning mellan det mellanstatliga och det överstatliga återfinns i den fördragsartikel, artikel 7 EUF, som utgör fokus för analysen i detta kapitel. Artikeln anger den rättsliga proceduren för hur brott mot de grundläggande värdena i artikel 2 EUF skall hanteras.

Artikel 7 EUF: en hybrid av överstatlighet och mellanstatlighet

EU-fördragets artikel 7 föreskriver hur EU hanterar situationen då en medlemsstats agerande antingen riskerar att åsidosätta, eller åsidosätter, unionens grundläggande värden som proklameras i artikel 2 EUF. Där anges, bland annat, att unionen ska bygga på värdet "rättsstaten".

I slutänden kan sanktionen för en överträdelse av artikel 2 EUF bli att en medlemsstats rösträtt i rådet begränsas (se artikel 7.3 EUF). Det är förvisso inget ovanligt att institutionerna fattar beslut som binder medlemsstaterna, det görs dagligen genom såväl lagstiftning som dömande. Det som är anmärkningsvärt i artikel 7 EUF är att det är rådet och Europeiska rådet som prövar påstådda överträdelser och beslutar om sanktioner – något som vanligtvis är domstolens uppgift.

Artikeln kan beskrivas som en trestegsraket, där det första steget är en prövning av huruvida det finns "en klar risk för att en medlemsstat allvarligt åsidosätter värden" i artikel 2 EUF. Denna prövning initieras (enligt artikel 7.1 EUF) "på motiverat förslag från en tredjedel av medlemsstaterna, från Europaparlamentet eller från Europeiska kommissionen." Det andra steget är att Europeiska rådet prövar, och beslutar, huruvida en medlemsstat "allvarligt och ihållande åsidosätter" samma värden. Det skall läggas till att det andra steget inte är beroende av att ett fastslående enligt det första steget har skett. Det tredje steget är själva sanktionsbeslutet, som däremot kräver att Europeiska rådet gjort ett fastslående under artikel 7.2 EUF. Bedömningen huruvida de grundläggande värdena i artikel 2 EUF riskerar att kränkas (art. 7.1), alternativt kränkts (art. 7.2), utförs alltså av *rådet* (art. 7.1, med 4/5-dels majoritet) eller *Europeiska rådet* (art. 7.2, med enhällighet). Europaparlamentets samtycke krävs till besluten under 7.1 och 7.2, men inte till beslutet under 7.3. Normalt sett röstar parlamentet före rådet i frågan. När Europaparlamentet röstar om att ge det samtycke som krävs under artikel 7.1 och 7.2 krävs 2/3-majoritet och att minst 50 procent av dess ledamöter röstat (artikel 7.5). När Europeiska rådet beslutat om ett fastslående under artikel 7.2, får rådet, givet att Europaparlamentet samtyckt, med kvalificerad majoritet enligt artikel 7.3, fatta beslut om att tillfälligt upphäva vissa av den utpekade medlemsstatens rättigheter under fördragen. Denna kraftiga sanktion beslutas av rådet med kvalificerad majoritet (i det här fallet innebär kvalificerad majoritet 72 procent av rådsmedlemmarna i de deltagande staterna omfattande minst 65 procent av befolkningen i de stater som röstat).

Kvalificerad majoritet är förvisso en tydlig signal för överstatlighet, men för att ett sådant sanktionsbeslut skall kunna fattas krävs ett enhälligt beslutat mandat från Europeiska rådet, dvs stats- eller regeringscheferna, vilket i sin tur uppvisar tydlig mellanstatlig logik. Det som är intressant i ljuset av distinktionen mellan överstatlighet och mellanstatlighet är inte enbart hur stor majoritet som krävs, eller om det är rådet eller Europeiska rådet som röstar. Det är avsevärt mer intressant att notera att det inte är EU-domstolen som bedömer huruvida värdena i artikel 2 EUF har kränkts eller ej.

Artikel 7 EUF är alltså en processuell bestämmelse där rådet, alternativt Europeiska rådet, skall fatta beslut om huruvida en rådsmedlems agerande strider mot en på förhand stipulerad norm om vad som utgör värdet rättsstaten. I rådet är denna typ av ställningstagande mycket ovanligt. En del av förklaringen står sannolikt att finna i att beslutet i rådet innebär att den mellanstatliga samarbetsformen ruckas i sina grundvalar då en stat sätter sig till doms över en annan. Det är helt enkelt en ovanlig lösning att låta jämlikar döma varandra. Det är avsevärt vanligare att låta oberoende tredje part utföra rättsliga bedömningar. Skälen är många, men ett av de mer uppenbara är att en oberoende tredje part sannolikt har färre incitament att väga in egenintressen i beslutet.

Det skall också påpekas att Artikel 2 EUF är en proklamation som snarare är tänkt att kommunicera en bild av EU-samarbetets grundläggande karaktär utåt, än förplikta de fördragsslutande staterna gentemot varandra. Det är först då den läses tillsammans med artikel 7 EUF som det blir tydligt att den innehåller skyldigheter för medlemsstaterna. Skyldigheten består i att respektera och upprätthålla samtliga de grundläggande värden som nämns i artikel 2, men i detta kapitel är det värdet "rättsstaten" som står i fokus. Sålunda är det rimligt att ställa sig frågan: Vad har EU med skyddet för rättsstaten att göra?

Vad har EU med skyddet för rättsstaten att göra?

När den Europeiska unionen såg dagens ljus i samband med att EU-fördraget trädde i kraft den första november 1993, saknade fördragstexten referenser till rättsstatsprincipen. Några sådana referenser fanns heller inte i vare sig Romfördraget (1957) eller Parisavtalet (1952). Den första referensen till rättsstatsprincipen fördes in i samband med att EU-fördraget reviderades genom Amsterdamfördraget 1999. Under de första 47 åren av samarbete saknades den uttryckliga hänvisning till rättsstatsprincipen som då togs in i artikel 6 EUF (vilken reviderade artikel F). I artikelns första punkt angavs att "[u]nionen bygger på principerna om frihet, demokrati, och respekt för de mänskliga rättigheterna och de grundläggande friheterna samt på rättsstatsprincipen, vilka principer är gemensamma för medlemsstaterna.".

År 2019, då denna volym av *Europaperspektiv* publiceras, fyller artikel 6 EUF 20 år. Numera, sedan ändringarna i Lissabonfördraget trädde i kraft i december 2009, benämns rättsstatsprincipen inte längre "princip". Istället hänvisas till "värdet" rättsstaten som ett av sex värden i EU-fördragets artikel 2. Det deskriptiva "unionen bygger på" från 1999 har ändrats till det normativa "[u]nionen ska bygga på", med konsekvensen att värdena också "skall vara gemensamma för medlemsstaterna".

Man kan undra varför införandet av hänvisningen till rättsstatsprincipen kom 1999, och likaså varför det som var ett deskriptivt konstaterande på nittiotalet förvandlades till ett normativt påbud under de följande tio åren. I *Europaperspektiv* 2018 behandlar Erik O. Wennerström (bland annat) framväxten av EU:s värdegrund. Där lyfter Wennerström fram EU:s stundande östutvidgning samt ett antal enskilda händelser i dåvarande medlemsstater (Österrike, 1999; Italien, 2001) som bidragande orsaker. Till stöd för argumentet pekar Wennerström också på att Nicefördraget, som trädde ikraft i första februari 2003 förändrade rådets möjlighet att sanktionera en medlemsstat för att ha åsidosatt någon av principerna i artikel 6 EUF. I tidigare lydelse krävdes att medlemsstaten "allvarligt och ihållande" åsidosatt principen i fråga. Ändringen som infördes innebar att rådet gavs möjlighet att slå fast att det förelåg "en klar risk" för att en medlemsstat allvarligt åsidosatte någon av principerna. Förändringen var en direkt konsekvens av att EU:s medlemsstater i de två nämnda fallen ansett att det inte gått att använda sanktionsmekanismen eftersom inga åsidosättanden (ännu) hade skett.

Revisionen av artiklarna 6 och 7 i Amsterdam- respektive Nicefördraget är exempel på hur hanteringen av en konflikt mellan medlemsstaterna gradvis förskjuts från det mellanstatliga mot det överstatliga. Förändringarna kan också beskrivas i termer av juridifiering, eller förrättsligande.

Enligt Gunther Teubner (professor emeritus i privaträtt och rättssociologi vid Goethe-Universität i Frankfurt) utgör förstärkta sanktionsmöjligheter ett av flera tydliga kännetecken på juridifiering. Andra tydliga markörer för juridifiering är att begränsa aktörers handlingsfrihet genom ökad reglering och att flytta konfliktlösning till en oberoende tredje part (typiskt sett en domstol). När man studerar EU-samarbete från ett rättsligt perspektiv är det analytiskt sett rimligt att betrakta ökad juridifiering som ökad överstatlighet. Med det menas att de markörer som används för att identifiera en juridifieringsprocess också fungerar för att identifiera en rörelse mot ökad överstatlighet (på bekostnad av mellanstatlighet). En viktig orsak till att sambandet är så starkt är de tidigare nämnda principerna om EU-rättens företräde och direkta effekt. Enkelt uttryckt är det så att mer reglering på EU-nivå innebär mer överstatlighet. Det gäller inte enbart för EU-medborgare, utan också för EU-medlemsstater.

Förhoppningen som lett till fördragsförändringarna var ju uppenbarligen att ett mer reellt hot om sanktioner skulle mana till bättre respekt för, och därmed efterlevnad av, principerna. Även om det naturligtvis är omöjligt att slå fast att den avsedda effekten uteblivit, kan man med fog tillåta sig inta en skeptisk position. Precis som Wennerström anför i sitt kapitel har det vid upprepade tillfällen (Wennerström nämner Danmark 2001; Nederländerna 2010–2012; Frankrike 2010; Ungern 2011 och Rumänien 2012) förelegat möjligheter att använda artikel 7 EUF i syfte att slå fast att det finns en klar risk för åsidosättande av principerna/värdena.

Det förefaller, med facit i hand, som om de genomförda förändringarna inte fick avsedd verkan. Den klart enklaste förklaringen är att beslutet skulle fattas av rådet med en majoritet på fyra femtedelar efter att det erhållit Europaparlamentets samtycke. Så, även om bestämmelsen juridifierats genom att möjligheten införts att sanktionera risken för överträdelse, så är processen som sådan stadigt hemmahörande på den mindre juridifierade, mellanstatliga, arenan eftersom beslutet fattas av rådet och inte av en oberoende tredje part (domstolen).

I sitt årliga tal till Europaparlamentet 2012 bekräftade kommissionens dåvarande ordförande Barroso att även han kände frustration över att de tillgängliga mekanismerna inte var effektiva nog för att motverka hoten mot rättsstaten. Han återkom till samma tema året därpå, och utlovade då också att kommissionen skulle ta fram ett ramverk i syfte att ytterligare effektivisera arbetet med att avvärja och förhindra hoten mot rättsstaten inom EU. Det är egentligen inte anmärkningsvärt men i detta sammanhang bör det likväl betonas att Barrosos förslag ytterligare förstärker sambandet mellan juridifiering och överstatlighet i kraft av att den mest överstatliga av EU:s institutioner föreslår och vidtar juridifierande åtgärder.

En ny EU-ram för att stärka rättsstatsprincipen

I mars 2014 lämnade kommissionen ett meddelande till Europaparlamentet och rådet, betitlat "En ny EU-ram för att stärka rättsstatsprincipen". Kommissionen är i meddelandet tydlig med att den process den nu inrättat utgör ett svar på en direkt begäran från både Europaparlamentet och rådet.

Denna nya "EU-ram för att stärka rättsstatsprincipen" är alltså kommissionens interna processuella ordning, eller ramverk, för hur kommissionen kommer att arbeta med att stärka skyddet för rättsstatsprincipen i EU:s medlemsstater. Ramverket är avsett att hantera hot mot rättsstatsprincipen som är av "systemnatur". Det är alltså inte tänkt att användas vid enstaka händelser, som i sig utgör kränkningar av grundläggande värden, utan att hantera strukturella problem. Kommissionen betonar att ramverket syftar till att nå en

ANDREAS MOBERG

tidig lösning på sådana hot mot rättsstatsprincipen, så att man kan undvika att aktivera endera av mekanismerna i artikel 7 EUF. Det nya ramverket hindrar heller inte att kommissionen använder sina befogenheter under artikel 258 EUF och inleder talan om fördragsbrott i de situationer där rättsstatsprincipen åsidosätts genom en medlemsstats brott mot EU:s lagstiftning; där inbegripet EU-fördragen.

I meddelandet där det nya ramverket presenteras trycker kommissionen särskilt på att rättsstatsprincipen är av särskild betydelse inom EU. Som utgångspunkt krävs respekt för rättsstaten för att individuella rättigheter skall kunna garanteras på ett tillfredsställande sätt, men kommissionen lyfter särskilt fram betydelsen av att samtliga EU-medborgare och nationella myndigheter känner förtroende för rättsordningarna i övriga medlemsstater. Utan detta förtroende rycks själva grundförutsättningen för att EU skall fungera som ett område med frihet säkerhet och rättvisa undan (se även Jane Reichels kapitel i denna bok).

Kommissionens meddelande inleds med en definition av vad som avses med rättsstatsprincipen. Detta är ett positivt grepp, och det skall sägas att det inte är en enkel uppgift att specificera principen i fråga. Kommissionen väljer att bryta ned principen i sex grundsatser, vilka anges härröra från praxis från såväl EU-domstolen som Europadomstolen samt Europarådet genom dess rådgivande organ Europeiska kommissionen för demokrati genom lag (Venedigkommissionen). Kommissionen förtydligar att definitionen inte avser harmonisera rättsstatsprincipens innehåll på unionsnivå genom att särskilt trycka på att enskilda medlemsstater må uppvisa nationella variationer. Kommissionens definition innehåller grundsatserna lagenlighet, rättssäkerhet, förbud mot godtyckligt utövande av exekutiva funktioner, oberoende och opartiska domstolar, effektiv rättslig prövning, däribland respekt för grundläggande rättigheter, samt likhet inför lagen.

Efter definitionen av rättsstaten följer en beskrivning av den nya processen, som är uppdelad i tre steg: *kommissionens bedömning, kommissionens rekommendation* och *uppföljning av kommissionens rekommendation* (bedömning – rekommendation – uppföljning). Under processens första steg arbetar kommissionen med att sammanställa och analysera information som tyder på ett systemhot mot rättsstatsprincipen. Om denna inledande bedömning ger fog för uppfattningen att rättsstatsprincipen är hotad inleds dialog med medlemsstaten i fråga genom att kommissionen skickar ett "yttrande om rättsstatsprincipen". Yttrandet föreslår åtgärder som kan vidtas för att stärka skyddet för rättsstatsprincipen. Om man misslyckas med att nå samsyn i frågorna och/eller myndigheterna i medlemsstaten avstår från att vidta lämpliga åtgärder kommer kommissionen att skicka en "rekommendation gällande rättsstatsprincipen" till den berörda medlemsstaten. Till skillnad från yttrandet så offentliggörs rekommendationen. Den skall specificera och tydliggöra kommissionens skäl för att uppfatta situationen som ett systematiskt hot mot rättsstatsprincipen. Rekommendationen upprättar en tidsfrist och ställer krav på att medlemsstaten vidtar åtgärder och rapporterar dessa till kommissionen. Det tredje steget i processen utgörs av att kommissionen övervakar huruvida medlemsstaten fogar sig i den rekommendation kommissionen utfärdat. Om medlemsstaten inte följer upp rekommendationen till kommissionens godkännande så skall kommissionen i detta skede överväga att aktivera endera av mekanismerna i artikel 7 EUF.

Rådets rättstjänst lämnade, på uppdrag av rådet (allmänna frågor), 27 maj 2014 (på dagen tio veckor efter kommissionen publicerat sitt meddelande om den nya EU-ramen), sitt yttrande över meddelandet. Det är en tunn analys, som egentligen går ut på en enda sak: att förklara att kommissionen genom att skapa EU-ramen brutit mot den för EU-samarbetet fundamentalt viktiga principen om tilldelning av befogenheter. Denna slutsats nås i två steg. För det första utgör artikel 7 EUF det enda förfarande varigenom EU:s institutioner kan hantera eventuella åsidosättanden av artikel 2 EUF, och för det andra tilldelar artikel 7 EUF ingen kompetens till EU:s institutioner att vidareutveckla detta förfarande.

Rådets juridiska avdelning menar att kommissionens roll, som övervakare av att medlemsstaterna lever upp till sina förpliktelser enligt fördraget, inte omfattar de förpliktelser som följer av artikel 2 EUF. Artikeln i fråga etablerar ett antal värden vilka unionen bygger på; däribland rättsstatsprincipen. Enligt rådets juridiska avdelnings

75

syn utgör artikel 7 EUF den enda i fördragen angivna rättsliga grunden för unionen att övervaka tillämpningen av rättsstatsprincipen "som ett unionsvärde som inte avser särskild materiell befogenhet eller sträcker sig utanför dess tillämpningsområde". Underförstått kan man dra slutsatsen att talan om fördragsbrott inte kan föras med stöd av artikel 2 EUF.

Det är okontroversiellt att påstå att artikel 7 EUF är det tänkta förfarandet vid fall av brott mot artikel 2 EUF. Vidare är kommissionen och rådet överens om att artikel 258 EUF inte kan användas för brott mot värdebasen i artikel 2 EUF, utan kräver ett brott mot en konkret förpliktelse i EU-rättens *aquis*. Så långt är både kommissionen och rådet överens, men det skall tilläggas att frågan aldrig prövats av EU-domstolen och att framstående rättsvetare som Dimitry Kochenov (professor i konstitutionell EU-rätt vid universitetet i Gronigen) och Laurent Pech (professor i europeisk rätt vid Middlesex University i London) på goda grunder argumenterat för motsatsen. Men, rådets juridiska avdelning anför i sitt yttrande att artikel 7 EUF skall tolkas som att den också förbjuder alla åtgärder som vidtas i övervakningssyfte, såvida de inte uttryckligen är angivna i artikeln. Eftersom rådets juridiska avdelning fokuserar på att syftet med EU-ramen ligger utanför kommissionens befogenhet behövs heller ingen särskilt noggrann analys av själva ramen. Således är yttrandet helt befriat från referenser till vad kommissionen faktiskt skrivit i sitt anförande.

Rådets slutsats är alltså att kommissionen hade behövt ett uttryckligt mandat, i fördragsartikeln, för att kunna anses ha haft befogenhet att utveckla sitt förfarande. Till att börja med är det värt att notera att rådets juridiska avdelning bygger argumentationen på att kommissionen i sitt meddelande anger att syftet med ramen är att nå lösningar på hot mot rättsstaten, innan artikel 7 behöver aktiveras. Givet den ovan redovisade uppfattningen är det förståeligt att detta syfte kan diskuteras i ljuset av tilldelning av befogenhet, även om rådets juridiska avdelnings tolkning under alla omständigheter måste anses vara snäv. Det framgår dock av kommissionens meddelande att rådet (rättsliga och inrikes frågor) i juni 2013 uppmanat kommissionen att "föra debatten framåt i linje med fördragen om ett eventuellt behov av och formen på en samordnad och systematisk metod för att ta itu med dessa frågor" (där dessa frågor syftade tillbaka på bl.a. respekten för rättsstaten). Uppenbarligen fanns det således knappt ett år tidigare tilldelad befogenhet att utveckla skyddet för rättsstaten, åtminstone enligt rådets uppfattning (vilken inte måste stämma överens med rådets juridiska avdelnings uppfattning, men mer om det nedan). Givet att rådets juridiska avdelning kommer till slutsatsen att varken kommissionen eller EU-parlamentet tilldelats kompetens att skapa en arbetsordning för hur ett "motiverat förslag" under artikel 7 EUF skall tas fram finner jag det inte orimligt att rådets juridiska avdelning kostat på sig en reflektion kring hur det är tänkt att sådana förslag skulle kunna tillkomma.

Givet rådets juridiska avdelnings utlåtande vore det heller inte orimligt att rådet förde talan mot kommissionen inför domstolen med anledning av den befogenhetsöverträdelse som skett. Någon sådan talan har inte förts, vilket kanske kan tolkas som att rådet inte anser att analysen håller sträck.

Rådets juridiska avdelning når alltså sin slutsats genom att betona att kommissionens roll som "fördragens väktare" inte omfattar artikel 2 EUF. Det är alltså inte det faktum att kommissionen skapat en intern arbetsordning för hur den tänker använda sig av den möjlighet fördraget ger kommissionen i artikel 7 EUF som utgör befogenhetsöverskridandet. Det är olyckligt att två EU-institutioner på ett så kapitalt sätt misslyckas med att samarbeta i frågan. Man kan faktiskt, som Peter Oliver (gästprofessor vid Université Libre de Bruxelles, knuten till Bingham Centre for the Rule of Law, tidigare vid kommissionens rättstjänst) och Justine Stefanelli (Juris dr, forskare i europeisk rätt vid Bingham Centre for the Rule of Law) gör, diskutera i vad mån rådets agerande är förenligt med institutionernas skyldighet att samarbeta lojalt (artikel 13.2 EUF).

Varför är det då så svårt att samarbeta internt i frågan? Sannolikt ryms förklaringen i det spänningsfält mellan mellanstatlighet och överstatlighet; mellan låg och hög grad av juridifiering, som identifierats ovan. Det kan beskrivas som att två rättsliga logiker är i spel inom artikel 7 EUF, och att de är omöjliga att förena. Det är inte heller förvånande att rådet verkar företräda den ena, emedan kommissionen propagerar för den andra. En rimlig analys är att rådets juridiska avdelning vill försäkra sig om att interna konflikter kring skydd för rättsstatsprincipen löses genom mellanstatliga förhandlingar, inte genom förhandling mellan en enskild medlemsstat och den överstatligt präglade kommissionen. I sitt utlåtande skissar den juridiska avdelningen på en möjlig mekanism för hur dialogen med medlemsstater som inte respekterar rättsstatsprincipen skulle kunna utformas. I december 2014 beslutade rådet (allmänna frågor) att etablera en egen mekanism till skydd för rättsstatsprincipen genom att rådet och samtliga medlemsstater gemensamt beslutade att genomföra en årlig rättsstatsdialog. Rimligen måste, i konsekvensens namn, rådets juridiska avdelning anse att inte heller rådet tilldelats kompetens att utveckla ett förfarande för att skydda rättsstatsprincipen, men oaktat den juridiska avdelningens bedömning så har denna mekanism sannolikt gjort mer skada än nytta om man betänker den massiva kritik som rådet har fått för dialogens tama utformning och innehåll.

Kommissionens EU-ram har också fått mycket uppmärksamhet bland forskare i EU-rätt. Framstående rättsvetare som Christophe Hillion (professor i europeisk rätt vid universiteten i Oslo och Leiden), och de tidigare nämnda professorerna Kochenov och Pech, är några av dem som analyserat ramverket. Kochenov och Pech är förvånade över rådets rättsliga avdelnings analys, och de ger inte mycket för den slutsats som nås där. De lyfter fram att kommissionen redan 2003 förklarat att EU:s institutioner är skyldiga att övervaka att artikel 2 EUF efterlevs. Vid det tillfället hördes inga invändningar från rådet. På det hela taget är Kochenov och Pech positiva till kommissionens initiativ till att förenkla användningen av artikel 7 EUF, som de menar oförtjänt ha döpts till "the nuclear option". Enligt Kochenov och Pech är kommissionens EU-ram, i kontrast till rådets uppfattning, ett litet steg i rätt riktning även om de påtalar flera svagheter kring otydligt definierade begrepp och att ramverket är alltför tandlöst.

Kochenov och Pech ställer relativt höga krav på vad de förväntar sig att kommissionen skall kunna åstadkomma när det gäller mekanismer för övervakning av medlemsstater under artiklarna 2 och 7 EUF. Även om deras analys av rådets kritik är rimlig, så vill jag, baserat på min egen forskning, kritisera Kochenov och Pech för att ha tagit en alltför extrem position i den andra änden av skalan. De kritiserar rådets rättsstatsdialog i hårda ordalag, men även om dialogen sannolikt förtjänar kritik så kan den inte utvärderas genom att jämföras med ett verktyg som opererar enligt en överstatlig logik. Det är naturligt att ett instrument som bygger på dialog och diplomatiska lösningar framstår som ineffektivt om bedömningskriterierna är hämtade ur en mer överstatlig, eller för den delen, nationellrättslig, kontext. Att rådet och kommissionen valt att hantera arbetet med att trygga rättsstatsprincipen i två separata stuprör utan inbördes kommunikation är dock anmärkningsvärt och förtjänar att starkt ifrågasättas.

Denna skillnad i tillvägagångssätt är också något som Hillion påtalat. Hillion lyfter också fram vikten av att unionen själv respekterar rättsstatsprincipen i sitt arbete för att skydda densamma. Denna poäng är viktig och jag återkommer till den nedan.

De rättsvetare som nämns i detta kapitel är unisont skeptiska mot den mellanstatliga vägens effektivitet, vilket givet dess *track record* är fullt förståeligt. Men, det förefaller som om en del av kritiken förbiser att det handlar om två olika sätt att hantera konflikter, och därför analyserar rådets dialog (mellanstatlig logik) som ett exempel på en mycket dåligt utförd, överstatligt inspirerad, konfliktlösning. Kritiken utgår från att kommissionens ansats utgör det enda sätt man kan hantera konflikten, vilket utgör en brist i analysen givet att EU-fördragets artikel 7 är utformad med kraftig slagsida mot just en mellanstatlig lösning (som visats ovan). Jag vill därför framföra vikten av att förhålla sig nyktert till fördragstexten och inte blanda ihop den egna normativa agendan med den egna analysen. Kochenov och Pech är mycket kritiska mot rådets agerande, men deras kritik saknar denna nyans. De kritiserar rådet för att inte agera tillräckligt mycket som en överstatlig myndighet, men deras stöd för denna kritik ligger enbart i den egna uppfattningen om hur konflikten bör hanteras och saknar tydligt stöd i fördragstexten. Kritiken påminner om hur FN:s säkerhetsråd ofta kritiseras då någon av de fem permanenta medlemsstaterna lägger sitt veto. Det är naturligtvis fritt fram att kritisera fördragets utformning, men att kritisera rådet för att det agerar enligt en traditionell mellanstatlig logik påminner om att skälla på tigern för att den har ränder.

En olycklig effekt av denna typ av kritik är att sprickan mellan kommissionen och rådet blir djupare. Huruvida detta gynnar skyddet för rättsstatsprincipen eller ej återstår att se. Precis som de ovan nämnda rättsvetarna själva säger, så är det osannolikt att medlemsstaterna kommer att revidera artikel 7 EUF, och det betyder att beslutet kommer att ligga kvar i rådet, på den mellanstatliga arenan. Man kan tycka att det är dåligt, att vi borde ha en mer federal struktur på unionen för att bättre kunna hantera denna typ av konflikt, men hur skarp kritiken än är så förändrar den inte fördragets lydelse. Möjligen vore det klokare att fokusera och skärpa kritiken mot rådet och kommissionen för att de inte inser att de är skyldiga att samarbeta lojalt i frågan.

2015 - Året då domstolsreformen inleddes i Polen

Efter denna genomgång av spänningsförhållandet mellan överstatlighet och mellanstatlighet, EU-fördragets artikel 7 och kommissionens EU-ram för att stärka rättsstatsprincipen är det dags att rikta fokus mot lustrationen av det polska domstolsväsendet – detta kapitels exempel på nationalstatens återkomst – som pågått sedan 2015.

Det förslag kommissionen i december 2017 ställde till rådet, som aktiverade artikel 7.1 EUF, är utförligt motiverat och bygger på tre tidigare ställda rekommendationer till Polens regering, vilka lämnats utan åtgärd. Rekommendationerna sammanställer kommissionens dialog med Polen och motiverar de åtgärder kommissionen föreslår. Sammanfattningsvis ger de tre rekommendationerna tillsammans med det motiverade förslaget en tydlig bild av det hot mot rättsstaten som kommissionen har identifierat i den polska administrationens åtgärder under de två gångna åren.

I inledningen av kommissionens motiverade förslag anges grunden för att det föreligger en klar risk för att Polen allvarligt åsidosätter rättsstatsprincipen i den mening som avses i artikel 7.1 EUF. Det handlar å ena sidan om att Polen saknar en "oberoende och legitim

författningsprövning" och å andra sidan om att den polska lagstif-
taren avsevärt ökat systemhotet mot rättsstatsprincipen genom att
anta ny lagstiftning om domstolsväsendet. Kommissionen nämner
fyra olika områden specifikt: lagen om Högsta domstolen (15
december 2017), Lagen om allmänna domstolars organisation (28
juli 2017), lagen om nationella domstolsrådet (15 december 2017)
och lagen om nationella domarskolan (13 juni 2017). I korta ordalag
så anser kommissionen att den polska regeringen kraftigt beskurit
författningsdomstolens oberoende ställning, och på så vis desarmerat
institutet laglighetskontroll samt tagit kontroll över hur domare
utbildas och utnämns, arbetsleds och organiseras. Inom loppet av två
år har domstolsväsendet reformerats i grunden.

Den polska regeringen förnekar inte att man reformerat domstols-
väsendet. Men, den polska regeringen framhåller att den genomfört
en nödvändig lustration av den dömande makten, mot bakgrund av
att de domare som regeringen nu har bytt ut haft ett långt förflutet
som tjänstemän på den tid Polen var en kommunistisk stat och
domarna var politiskt tillsatta.

Låt oss nu titta lite mer i detalj på de händelser som ledde fram
till att artikel 7 EUF, för första gången någonsin, aktiverades den
20 december 2017. Den 25 oktober 2015 hölls val till det polska
underhuset Sejmen. Inför dessa val hade den avgående Sejmen den 8
oktober beslutat att nominera fem nya domare till författningsdoms-
tolen, för att fylla stolar efter avgående domare. Domarna tillsätts
enligt konstitutionen av presidenten, men det beslutet är vanligtvis
att betrakta som en formalitet. Så icke denna gång. När valresultatet
fastslagits stod det klart att PiS (*Prawo i Sprawiedliwość*, "Lag och
rättvisa" på svenska) erhållit en majoritet av sätena i Sejmen. PiS drev
den 19 november igenom en ändring i lagen om författningsdoms-
tolen, vilken gjorde det möjligt att annullera de fem utnämningarna,
vilket också skedde den 25 november, och nominera fem nya domare,
vilket gjordes den andre december. Två ärenden anhängiggjordes
med anledning av dessa handlingar i författningsdomstolen, och kort
därefter, den 3 december och 9 december, avkunnade författnings-
domstolen två domar med innebörden att den avgående Sejmen
inte haft mandat att nominera fem domare, utan endast tre av de

fem samt att den nytillträdda Sejmen inte haft mandat att annullera de fem nomineringarna. Men, innan författningsdomstolen hunnit avkunna dom så hade Polens president tillsatt de fem (ogiltigt nominerade) nya domarna.

Dessa händelser exemplifierar den typ av myndighetsutövning kommissionen ansåg utgöra fog för att den 13 januari 2016 besluta att inleda processen i EU-ramen till skydd för rättsstatsprincipen. Beslutet gav kommissionens vice ordförande Timmermans mandat att inleda dialog med den polska regeringen. De samtal som fördes har inte offentliggjorts, men kommissionen har beskrivit de huvudsakliga ståndpunkter man förde fram och hur dessa bemöttes av den polska regeringen. Frans Timmermans besökte Warszawa vid två tillfällen och träffade såväl ministrar som domare vid författningsdomstolen. Han tog också emot Polens vice premiärminister i Bryssel. Dessutom hölls ett antal möten mellan representanter för den polska regeringen och kommissionen.

Kommissionen beslutade sig, efter sex månader av utredning och dialog med polska myndigheter, för att skicka ett "yttrande om rättsstatsprincipen" till Polen, och den 1 juni 2016 sändes det till den polska regeringen. Ett sådant yttrande är resultatet av att kommissionens bedömning (steg 1 i EU-ramverket) lett till uppfattningen att rättsstatsprincipen är hotad i landet. Yttrandet anmodade Polen att bemöta de omständigheter kommissionen ansåg hota skyddet för rättsstatsprincipen. Polen bekräftade att de tagit del av yttrandet i ett brev daterat 24 juni 2016. I samma brev meddelade Polen kommissionen att man tänkte anta en ändring av lagen om författningsdomstolen och att denna ändring skulle träda ikraft efter presidentens godkännande den 30 juli. Ändringen innebar bland annat att författningsdomstolens ordförande genom lag förpliktades sätta de domare författningsdomstolen i sina domar från december 2015 ansett ogiltigt nominerade i arbete (vilket ordföranden tidigare vägrat göra).

Den polska regeringens svar på kommissionens "yttrande om rättsstatsprincipen" föll sannolikt inte i god jord hos Timmermans. Bara dagar efter att ha mottagit brevet publicerade kommissionen den 27 juli en rekommendation angående rättsstatsprincipen i Polen. Rekommendationen utgör steg 2 i EU-ramen, och detta steg tas endast om yttrandet i steg 1 inte givit avsedd effekt. Rekommendationen innehöll fem konkreta åtgärder, vilka samtliga hade att göra med den polska författningsdomstolen. För det första krävde kommissionen att de polska myndigheterna såg till att genomföra författningsdomstolens utslag från december 2015. Det handlade framför allt om att de tre av de fem nytillsatta domarna skulle avsättas och därefter skulle de tre domare den förra Sejmen nominerat svåras in. För det andra krävde kommissionen att författningsdomstolens utslag från mars 2016, som ogiltigförklarade lagen om ändring av domstolen från december 2015, skulle offentliggöras och till fullo genomföras. För det tredje krävdes att eventuella reformer av författningsdomstolen skulle respektera dess tidigare domar tillika beakta Venedigkommissionens yttrande. För det fjärde krävde kommissionen att det säkerställs att författningsdomstolen även framgent kunde pröva lagenligheten av lagar som förändrade densamma. Slutligen ställdes krav på att regeringen skulle avstå från att offentligt undergräva författningsdomstolens legitimitet.

Kommissionen gav den polska regeringen tre månader att vidta de fem åtgärder man listat i rekommendationen. På dagen tre månader efter att kommissionen publicerat rekommendationen svarade den polska regeringen att man var oenig med kommissionen på samtliga redovisade punkter och inte tänkte vidta några av de förelagda åtgärderna.

Under hösten 2016 fortsatte den polska regeringen sin påbörjade lustration. Man förändrade lagstiftning om domares ställning, samt lagen som reglerar författningsdomstolens organisation och förfaranden. Dessa ändringar trädde i kraft den 19 december. Samma dag nominerade Polens president domaren Julia Przyłebska, en domare utnämnd av den nytillträdda Sejmen, till ny president i författningsdomstolen. Den nominerade kandidatens första åtgärd på jobbet var att låta de tre domare kommissionen menade hade utnämnts i strid med författningsdomstolens domar från december 2015 tillträda sina tjänster och därefter kalla samtliga domare till omröstning i valet av ny president i domstolen. Av 15 kallade avlade sex (de tre domare kommissionen menar vara rättsstridigt utnämnda och tre domare den nya Sejmen installerat) sin röst. Två kandidater fördes därefter fram; Julia Przyłębska och Mariusz Muszyński. Dagen därpå utnämnde Polens president Julia Przyłębska till president i författningsdomstolen.

Samma dag, den 21 december 2016, antog kommissionen en andra rekommendation angående rättsstatsprincipen i Polen. Denna rekommendation upprepade de åtgärder som fortfarande behövdes vidtas enligt den föregående rekommendationen, samt de som tillkommit under hösten – varav förfarandet vid utnämningen av ny president i författningsdomstolen särskilt framhölls. I denna rekommendation gav kommissionen Polen två månader att vidta åtgärder.

Den 20 februari svarade Polens regering. Svaret innehöll, förutom ett tydligt bestridande av kommissionens bedömningar, en intressant förklaring till utnämningarna av nya domare. Enligt den polska regeringen behövdes de lagändringar man genomfört, liksom den nya presidenten för författningsdomstolen, för att domstolen skulle börja kunna fungera igen efter att den stått förlamad på grund av politiska stridigheter, i vilka den förre presidenten varit inblandad. Dessförinnan hade man, den 20 januari, tillkännagivit en omfattande reform av landets rättsväsende, som skulle genomföras under 2017.

Reformen lät inte vänta på sig och en rad lagar och förändringar i domstolarnas sammansättning antogs och genomfördes under våren. Bland annat ersattes även vice-presidenten i författningsdomstolen med Mariusz Muszyński (en av de domare kommissionen, och författningsdomstolen, menade utnämnts rättsstridigt). Den 26 juli antog således kommissionen en tredje rekommendation angående rättsstatsprincipen. I denna rekommendation ansåg kommissionen att det föreliggande hotet mot rättsstatsprincipen avsevärt förvärrats sedan den andra rekommendationen. Denna gång gav kommissionen Polen en månad att vidta åtgärder i linje med vad den föreslagit i rekommendationen. I denna rekommendation hotade kommissionen för första gången uttryckligen med att aktivera artikel 7 EUF, såvida inga åtgärder vidtas, särskilt om de polska myndigheterna på något vis skulle avsätta eller framtvinga pensionering av domare i Högsta domstolen.

Som vi redan känner till hjälpte hotet föga, och den 20 december 2017 överlämnade kommissionen ett motiverat förslag till ett rådsbeslut under artikel 7.1 EUF till rådet. Det motiverade förslaget är ett synnerligen väl genomarbetat dokument, som omfattar drygt 40 sidor. Det innehåller en noggrann genomgång av ett stort antal händelser som under de senaste två åren inneburit att hotet mot skyddet för rättsstatsprincipen i Polen gått från att vara allvarligt till att det föreligger en klar risk att Polen allvarligt åsidosätter rättsstatsprincipen. De tidigare nämnda rättsvetarna Kochenov och Pech har argumenterat för att Polen faktiskt åsidosatt rättsstatsprincipen systematiskt och vid flera tillfällen (det vill säga, de menar att kommissionen borde valt att aktivera artikel 7.2 EUF istället), långt innan kommissionen lämnade det motiverade förslaget, och det är viktigt att framhålla att kommissionen på intet sätt kan sägas ha överdrivit sin bedömning.

Rådet fick alltså det motiverade förslaget den 20 december 2017. Enligt artikel 7.1 EUF får rådet slå fast att det finns en klar risk för att en medlemsstat allvarligt åsidosätter rättsstatsprincipen med en majoritet av fyra femtedelar av dess medlemmar, om Europaparlamentet godkänner det. Europaparlamentet välkomnade kommissionens förslag i en resolution den 1 mars 2018. I samma resolution uppmanas rådet att agera snabbt i frågan. Rådet har i skrivande stund (november 2018) ännu inte fattat något beslut under artikel 7.1 EUF. Vad kan detta bero på?

För- och nackdelar med överstatlig förrättsligad dialog till skydd för rättsstatsprincipen i EU:s medlemsstater

Som framkommit ovan har rådet ännu inte tagit ställning i frågan om huruvida det finns en klar risk att Polen allvarligt åsidosätter rättsstatsprincipen. Den rättsstatsdialog som bedrivits har inte lämnat några konkreta avtryck, över huvud taget. Detta har, som nämnts ovan, kritiserats i skarpa ordalag av framstående forskare och före detta tjänstemän inom EU:s institutioner. Baserat på min egen forskning är min uppfattning att rådets hållning varit enkel att förutse givet grundläggande teori om hur mellanstatliga konflikter hanteras mellan suveräna stater. Observera att jag inte utvärderar rådets agerande i ljuset av någon önskad effekt, jag försöker förstå och förklara varför rådet inte fattat beslut i frågan (huruvida det finns en klar risk för att Polen allvarligt åsidosätter principen om rättsstaten eller ej).

För att diskutera detta vidare krävs ett par utgångspunkter. Som en första utgångspunkt kan konstateras att EU-fördragets artikel 7.1 anger att rådet, på förslag från kommissionen, Europaparlamentet eller en tredjedel av medlemsstaterna, får "slå fast" att en klar risk föreligger. Vidare anger fördraget att detta fastslående skall göras med fyra femtedels majoritet. Fördraget lämnar ingen förklaring till vad principen om rättsstaten omfattar, sådana förklaringar måste rådet hämta från andra källor. Förfarandet som anges i fördraget är starkt präglat av en mellanstatlig logik, och samtliga medlemsstater sitter i samma båt som den de skall "döma".

Om man jämför med andra bestämmelser i Unionsfördragen som handlar om att påtala att en medlemsstat brutit mot regler i fördraget, exempelvis en talan om fördragsbrott (artikel 258 FEUF), föreligger en central skillnad. Även om kommissionen i bägge fallen har möjlighet att påtala brottet ifråga så är det i fallet med fördragsbrottstalan inte de övriga medlemsstaterna som fattar beslut om huruvida den tilltalade medlemsstaten brutit mot fördraget eller ej. Det är den oberoende tredje parten, som inte är en av de 28 medlemmarna i organisationen, vars enda funktion är att tolka och tillämpa reglerna i fördraget, som skall fatta beslut. Det är alltså EU-domstolen.

Artikel 7 EUF och artikel 258 FEUF är två mycket olika vägar till ett beslut med innebörden att en medlemsstat brutit mot sina förpliktelser under fördraget. Denna utgångspunkt är av central betydelse för att kunna förstå, och kanske också formulera om, kritiken mot rådet. Bägge artiklar ingår i fördraget, och på så vis är bägge två lika mycket internationell rätt. Trots att de opererar enligt väldigt olika logiker.

Internationell rätt har många olika konfliktlösningsverktyg. Många av dem saknar inblandning av tredje part. Detta gör att de inte sällan uppfattas som "politiserade". Diskussionen om huruvida EU skall betraktas som en mellanstatlig organisation eller en federal sammanslutning av stater (som USA), kanske till och med en federal stat (som Tyskland), har pågått ända sedan EU skapades. Möjligen kan man ställa frågan om inte rättsstatsprincipen förutsätter en "stat", och således inte kan vara ett grundläggande värde för en sammanslutning av stater, men det är en annan diskussion än den som förs i detta kapitel. Här är det istället fråga om hur väl Polen lever upp till kravet att trygga de värden rättsstatsprincipen innefattar, och det blir en fråga av relevans för övriga medlemsstater framför allt på grund av att EU-samarbetet vilar på principerna om ömsesidigt förtroende och ömsesidigt erkännande av medlemmarnas förvaltning. I denna kontext är det av yttersta vikt att samtliga medlemsstater har förtroende för varandras rättssystem.

En vanlig konsekvens när man sätter rättsliga verktyg i händerna på dem som de faktiskt är ämnade att styra (alltså när man inte lämnar över tillämpningen till oberoende parter) är att verktygen sällan används. Ofta ägnar sig de inblandade istället åt att argumentera för att det inte vore någon idé att använda dem. Typexemplet i kontexten av artikel 7 EUF är att alla inblandade stater redan förefaller bestämt sig för att en utredning under artikel 7(2) EUF är meningslös, eftersom Ungerns premiärminister Viktor Orbán uttryckt att han inte kommer stödja ett sådant förslag. Därför används inte verktyget. Hade man istället haft en oberoende tredje part, med åklagarfunktion och domstol, hade denna inte avstått från att tillämpa bestämmelsen av det skälet. Istället hade frågan underkastats rättslig prövning, och så hade man fått ett svar (inom skälig tid).

När kommissionen som svar på kritiken av den verkningslösa artikel 7 EUF bestämde sig för att anta EU-ramen och därmed förrättsliga förfarandet som kan leda fram till att artikel 7 EUF aktiveras, förstärkte man också den spänning som redan fanns inneboende i artikeln. EU-ramen gav kommissionen en användbar definition av rättsstatsprincipen och ett förfarande som är avsevärt mycket mer transparent än det som anges i fördraget. Vidare satte sig kommissionen i rollen som åklagare under artikel 7 EUF, genom att näst intill kopiera sitt eget arbetssätt för talan om fördragsbrott. Hela processen vreds således flera steg bort från den typiskt mellanstatliga procedur som anges i fördragsartikeln, till en avsevärt mera överstatligt laddad procedur. Detta skedde förutom på en central punkt: Beslutet skall fattas av rådet.

Den transparens, och den *name-and-shame* situation som skapas av kommissionens ram, må vara effektiv för att synliggöra att Polen bryter mot rättsstatsprincipen. Det är dock svårt att se att den underlättar rådets beslut. Sannolikt försvårar den beslutet istället, givet resonemanget ovan.

Kommissionen vänder sig återigen till EU-domstolen

Den andra juli 2018 valde kommissionen att inleda ytterligare ett överträdelseförfarande mot Polen med anledning av reformen av det polska domstolsväsendet. I det första ärendet väcktes talan vid EU-domstolen den 15 mars 2018, och i det ärendet anför kommissionen att Polen underlåtit att uppfylla skyldigheter under fördragen dels genom att lagstifta om olika pensionsålder för manliga och kvinnliga domare, dels genom att ge justitieministern rätt att besluta om förlängning av tjänst. I det andra förfarandet tillsändes den polska regeringen en formell underrättelse med anledning av den lag om Högsta domstolen som antagits, varigenom 27 av 72 domare i Högsta domstolen riskerade att tvingas gå i pension eftersom lagen sänkte pensionsåldern för domare vid domstolen från 70 till 65 år. Den 14 augusti skickade kommissionen ett motiverat yttrande i ärendet till Polen, vilket innebar att Polen hade en månad på sig att vidta åtgärder. Kommissionen anser att den polska lagen innebär att Polen inte uppfyller sina skyldigheter under artikel 19.1 EUF och artikel 47 i Europeiska unionens stadga om de grundläggande rättigheterna. Eftersom Polen inte lyckades övertyga kommissionen om motsatsen stämde kommissionen Polen vid domstolen den 2 oktober 2018.

Intressant nog dröjde det inte mer än 17 dagar innan åtgärden att stämma Polen bar frukt. Samtidigt som kommissionen lämnade in stämningsansökan, ansökte man denna gång – till skillnad från det första fallet – också om att domstolen skulle meddela beslut om interimistiska åtgärder mot Polen. Kommissionen begärde att domstolen skulle beordra Polen att suspendera genomförandet av de lagar man stiftat i syfte att sänka pensionsåldern för domarna i landets högsta domstol. Interimistiska åtgärder syftar till att förhindra att processen som drivs blir ett slag i luften. Kommissionen ville helt enkelt undvika att Polen skulle ges en chans att genomföra de lagar kommissionen anfört strida mot EU-rätten under den tid det tar för domstolen att pröva talan. Domstolen biföll kommissionens fyra föreslagna åtgärder den 19 oktober, och Polen har bekräftat att de tänker följa domstolens beslut. Från ett rättsligt perspektiv är det svårt att överdriva hur uppseendeväckande domstolens beslut är. Beslutet, som fattades av domstolens nytillträdda vice-ordförande Rosario Silva de Lapuerta, är "minst sagt revolutionerande", enligt Daniel Sarmiento (professor i europeisk rätt och förvaltningsrätt vid Universidad Complutense i Madrid). Skälen är många, men framför allt förtjänas att påminna om att beslut om interimistiska åtgärder är ovanliga inom EU-rätten. Oftast används de för att skjuta upp verkställigheten av EU-rättsakter då dessa legalitetsprövas, och riktar sig således mot EU:s egna institutioner. I det här fallet riktar beslutet sig mot en medlemsstat och det är alltid mycket känsligare ur politisk synvinkel. Det skall också noteras att beslutet fattats utan att Polen har givits chans att bemöta kommissionens påståenden, med stöd av artikel 160 (7) i domstolens rättegångsregler. Möjligen är det så att kommissionen uppfattat att domstolen i sin praxis under 2018 tydligt markerat att medlemsstaters ifrågasättande av värdet "rättsstaten" inte kan tolereras. Det finns flera exempel på mål där denna linje framträder, varav två berör Polen och ett Portugal (se bibliografin för referenser). Domstolens ordförande, Koen Lenaerts, kommenterade beslutet med att tydligt uttala att en medlemsstat som inte respekterar EU-domstolens beslut, placerar sig själv utanför EU:s rättsordning. Det förefaller onekligen som om kommissionen får mer gehör för sina argument hos den överstatliga domstolen än hos det mellanstatliga rådet.

Kommissionen bör välja sina slagfält och samarbeta bättre med sina allierade

Kommissionen har således valt att agera mot Polens nedmontering av rättsstaten med hjälp av såväl artikel 7 EUF som artikel 258 FEUF. Som tidigare nämnts opererar dessa alternativ enligt skilda logiker, och i artikel 258 FEUF är rådet inte inblandat. Det vore att rekommendera att kommissionen tonar ned sin närvaro på den starkt politiserade mellanstatliga arenan i artikel 7 EUF, och ökar sin användning av de mer överstatligt präglade instrumenten den förfogar över, varav artikel 258 FEUF utgör det främsta. EU-domstolens beslut om interimistiska åtgärder i det senaste målet stöder denna slutsats. Skälet är framför allt att artikel 7 EUF är ett förfarande som genomsyras av mellanstatlig rättslig logik, vilket inte speglar den roll fördragen ger kommissionen. Det vore också att rekommendera att Kommissionen använde det utomordentligt genomarbetade material man förfogar över efter två års utredning och dialog, vilket utmynnat i fyra rekommendationer om rättsstaten och ett motiverat förslag, till att initiera ett överträdelseförfarande mot Polen grundat på Polens brott mot artikel 2 EUF. Även om kommissionen hittills delat rådets uppfattning att artikel 2 EUF faller utanför artikel 258 FEUF:S omfång, så framgår det tydligt av EU-fördraget att den enda institution som kan avgöra den frågan är EU-domstolen. Genom att inleda ett överträdelseärende skulle frågan få ett definitivt svar.

Mot bakgrund av den forskning och de argument som redovisats i detta kapitel rekommenderas kommissionen att lämna EU-ramen därhän, till förmån för de traditionella mekanismerna för hantering av fördragsbrott. Det förtjänar att understrykas att detta inte betyder att rådet bör avstå från att agera under artikel 7 EUF. Den utmaning EU ställs inför då enskilda medlemsstater, var för sig eller samordnat, utmanar organisationens gemensamt beslutade grundläggande värden behöver hanteras av EU:s samtliga institutioner. Genom att rådet hanterar problematiken med hjälp av dialog och mellanstatlig förhandling, kan eventuell kritik mot kommissionens mer överstatliga agerande balanseras. Genom att varje institution fokuserar på den roll de tilldelats (av medlemsstaterna) i fördraget förstärks legitimiteten för de åtgärder institutionerna vidtar, vilket i syn tur gynnar effektiviteten av de åtgärder EU vidtar för att möta nationalstatens återkomst.

Sammanfattningsvis har det första fallet av användning av kommissionens nya EU-ram visat att den juridifierat proceduren i artikel 7 EUF, och därmed drivit processen i överstatlig riktning. Kommissionens ramverk försvårar därför rådets arbete med att fatta ett mellanstatligt beslut under artikel 7 EUF. Mot bakgrund av dessa erfarenheter vore det klokt av kommissionen och rådet att samarbeta bättre i frågor som rör skyddet för unionens grundläggande värden än vad de gjort i fallet Polen. Till saken hör också att Europaparlamentet har valt att aktivera artikel 7 EUF mot Ungern, och möjligen kommer fler fall att initieras i snar framtid. Detta innebär rimligen att rådet inom de närmsta åren kommer att behöva utföra fler och fler bedömningar av huruvida medlemsstaterna bryter mot de grundläggande värdena i artikel 2 EUF. Med tanke dels på att rådet diskuterat Polenfallet sedan 20 december 2017 utan att nå något beslut i ärendet, dels på att ökad transparens (genom ökad juridifiering) sannolikt försvårar rådets mellanstatliga förhandlingar, vore det olyckligt om kommissionen fortsatte att välja den mellanstatliga artikel 7 EUF framför den överstatliga artikel 258 FEUF.

Källor och litteratur

Flera tidigare bidrag till Europaperspektiv tar upp frågor liknande de som väcks i detta kapitel. Erik O. Wennerströms kapitel "Förmår EU skydda sin värdegrund?" i Europaperspektiv 2018 har redan refererats till, men därtill vill jag gärna peka på Europaperspektiv 2017, *Tilliten i EU vid ett vägskäl*, där flera bidrag – särskilt Joakim Nergelius, Ester Herlin-Karnells och Eva Storskrubbs respektive kapitel – är relevanta för de frågor som väcks i detta kapitel. Joakim Nergelius har också skrivit om majoritetsbeslut i rådet i Europaperspektiv 2001. Slutligen vill jag också nämna mitt eget bidrag till Europaperspektiv 2014, *EU och de globala obalanserna*, som tar upp EU:s förmåga att skydda rättsstatsprincipen i tredje land.

När det gäller forskning kring artiklarna 2 och 7 EUF ställer Jan-Werner Müllers artikel "Should the EU Protect Democracy and the Rule of Law inside Member States?" (*European Law Journal*, Vol. 21, Nr 2, 2015) intressanta frågor, och på samma tema rekommenderas också Wojceich Sadurskis "Adding Bite to a bark: The Story of Article 7, EU Enlargement and Jörg Haider" (*Columbia Journal of European Law*, Vol. 16, 2010).

Vill man fördjupa sig i analyser av kommissionens EU-ram rekommenderas Christophe Hillions artikel "Overseeing the Rule of Law in the European Union, Legal mandate and means" (*European Policy Analysis*, SIEPS, 2016:1 epa) samt specialnumret av *Journal of Common Market Studies* (JCMS 2016 Vol. 54, Nr 5) med titeln "JCMS Symposium 2016: The Great Rule of Law Debate in the EU edited by Dimitry Kochenov, Amichai Magen and Laurent Pech". Det numret innehåller också kommentarer av rådets mekanism för rättsstatsdialog.

För den som vill läsa om rättsstatsreformen i Polen rekommenderas Ewa Łętowskas kapitel i *Hoten mot Rättsstaten i Europa* (Premiss 2017). Slutligen vill jag också rekommendera såväl kommissionens motiverade förslag till rådet, KOM(2017) 835 av den 20 december 2017 som de fyra rättsstatsrekommendationer till Polen kommissionen publicerat (Rekommendation (EU) 2016/1374; 2016/146; 2017/1520; 2018/103).

Är man intresserad av att läsa mer om juridifiering rekommenderas Gunther Teubners "Juridification: Concepts, Aspects, Limits, Solutions" i R. Baldwin, C. Scott, C. Hood (red.) *A Reader on Regulation* (s. 389–440). (Oxford: Oxford University Press). Föredrar man att läsa om juridifiering, eller förrättsligande på svenska, är Leila Brännströms doktorsavhandling *Förrättsligande – en studie av rättens risker och möjligheter* (2009, Bokbox förlag) ett bra alternativ.

De rättsfall som hänvisas till i slutet av kapitlet är: C-64/16 Associação Sindical dos Juízes Portugueses mot Tribunal de Contas, C-441/17 Europeiska Kommissionen mot Republiken Polen och C216/18 PPU LM.

Flyktingkrisen och nationalstatens återkomst
Bör EU ha en gemensam flyktingpolitik?

av Magnus Henrekson, Tino Sanandaji och Özge Öner

En av de mest omdebatterade och fundamentala frågorna inom Europeiska unionen (EU) är vilken grad av federalism som är lämplig och vad som bör beslutas på EU-nivån respektive på nationell nivå i de 28 medlemsländerna.

En av de mest omstridda frågorna utgörs av flyktingpolitiken. Officiellt hävdar såväl de högsta beslutande EU-organen som medlemsländernas regeringar att EU har en gemensam flyktingpolitik, samtidigt som det ofta är de enskilda länderna som har slutordet. De överenskommelser som gjorts och de fördrag som undertecknats lämnar stort handlingsutrymme till de enskilda medlemsländerna, vilket ger länderna möjlighet att reglera flyktinginvandringen och ändå följa internationella avtal. Medlemsländerna har själva ansvar för gränskontrollerna, myndighetsbedömningen av asylansökningarna och de regelverk som avgör vilket ekonomiskt stöd och vilka välfärdstjänster som flyktingarna är berättigade till. Detta innebär att åtaganden som länderna gjort inom ramen för en EU-gemensam flyktingpolitik ofta är av symbolisk natur.

Detta kapitel visar att det 2019 finns så stora och systematiska skillnader i antalet flyktingar som kommer till de olika länderna att det inte är meningsfullt att prata om en gemensam flyktingpolitik. Flyktingpolitik styrs med ett flertal policyverktyg, och eftersom de åtaganden medlemsländerna gjort på EU-nivån i hög grad är frivilliga så bestäms flyktingpolitiken huvudsakligen på nationell nivå. Denna tendens förstärks när det uppstår krislägen som leder till särskilt stora flyktingflöden. Trots att det *de jure* och på symbolisk nivå ofta talas om ett EU-gemensamt asylsystem menar vi att EU i praktiken saknar en gemensam flyktingpolitik. En viktig fråga vi diskuterar i detta kapitel är därför huruvida flyktingpolitiken bör vara en nationell angelägenhet eller om EU:s roll bör stärkas.

Det är viktigt att i detta sammanhang tydligt skilja mellan olika typer av migration. De bakomliggande faktorerna för migration inom Europa och migration av högkvalificerade individer från icke EU-länder skiljer sig från de bakomliggande faktorerna för flyktingar och asylsökande. Vi fokuserar i denna studie på flyktingar och asylsökande från länder utanför EU.

Flyktingkrisen som inträffade under hösten 2015 tydliggjorde de inneboende svagheterna i Europeiska unionen som ett federalt projekt. Krisen pekade också på nationalstatens fortsatta betydelse genom att EU misslyckades med att hantera ökningen av antalet asylsökande inom ramen för en gemensam migrations- och flyktingpolitik fastlagd i Bryssel. Istället började flera enskilda medlemsländer införa gränskontroller genom att hänvisa till den undantagsmöjlighet Schengenavtalet ger när länder upplever ett allvarligt hot mot den allmänna ordningen och den inre säkerheten. Det var inte förrän de enskilda medlemsländerna hade stängt sina gränser som EU åter kom att spela en viss roll. Medlemsländerna ges betydande utrymme att själva avgöra Schengenavtalets innebörd och förnya undantaget. Inte minst Sverige, det land som tagit emot i särklass flest flyktingar per capita, har utnyttjat denna möjlighet. Gränskontroll mot andra länder som ingår i Schengensamarbetet infördes i november 2015 och sedan dess har upprepade förlängningar av gränskontrollen genomförts. Detta är ett exempel på hur de avtal som ingåtts i EU ändå ger medlemsländerna utrymme att föra en egen flyktingpolitik.

I nästa avsnitt gör vi mot denna bakgrund en kort genomgång av de viktigaste principerna för EU-samarbetet i frågor som rör migration. I det andra avsnittet presenteras hur den allmänna opinionen ser på flyktingproblematiken. I det tredje avsnittet redogör vi för de internationella avtal som ligger till grund för behandlingen av flyktingar och specifikt för EU:s lagstiftning på asylområdet. Därefter följer ett avsnitt om styrnings- och förvaltningsproblem när mandatet att styra är fördelat på en mängd olika aktörer. I det femte avsnittet presenteras och analyseras de stora skillnaderna mellan de 28 medlemsstaterna när det kommer till flyktingpolitik, asylmottagande och arbetsmarknadsintegration. I det sjätte avsnittet diskuterar vi motsättningen mellan den federala och den nationella nivån och de risker som hela EU-projektet utsätts för om EU tvingar medlemsländerna att samordna sin flyktingpolitik i en utsträckning som saknar folkligt stöd. Avslutningsvis presenterar vi våra policyrekommendationer beträffande hur EU ska kunna hitta en fungerande balans mellan federalism och nationellt självbestämmande i flyktingpolitiken.

En EU-gemensam flyktingpolitik i teorin och i praktiken

EU är inte en federal stat i formell mening, men icke desto mindre har EU-sammanslutningen gradvis utvecklat ett antal federala drag. EU har överstatliga maktbefogenheter på ett flertal politikområden, inte minst gäller detta den monetära unionen och dess 19 medlemsstater (vilket framgår av Fredrik Anderssons kapitel i denna bok). Unionens beslutsmakt utvidgas gradvis och berör allt oftare vad som tidigare utgjort själva kärnan i de enskilda nationernas eget ansvar – såsom intern säkerhet, visabestämmelser och regelverken kring immigration.

En avgörande skillnad mellan EU och faktiska federala statsbildningar – exempelvis USA, Belgien och Australien – är att EU inte har egna polis-, säkerhets- och försvarsstyrkor med rätt att agera i de enskilda medlemsländerna. Istället måste man förlita sig på att de enskilda medlemsländerna inför, och säkerställer efterlevnaden av, de beslut som tas på EU-nivå. I detta hänseende är EU avsevärt mer decentraliserat än en federal stat.

Fri rörlighet för kapital och arbetskraft tillhör själva fundamentet för EU. Betoningen av fri rörlighet sammanhänger med visionen att skapa en europeisk identitet samt att integrera och harmonisera Europas många länder. Ett betydelsefullt steg för att skapa ett EU med öppna gränser mellan medlemsländerna är Schengenavtalet. Avtalet skrevs under 1985 av fem av de dåvarande tio EG-länderna

(Frankrike, Västtyskland, Nederländerna, Belgien och Luxemburg). Avtalet innebar att alla gränskontroller togs bort mellan dessa länder och att gemensamma visabestämmelser infördes. Efterhand har allt fler länder anslutit sig till Schengenavtalet, så att Schengenområdet vid ingången av 2019 utgjordes av 26 länder: samtliga EU-länder förutom Storbritannien, Irland, Cypern, Bulgarien, Rumänien och Kroatien plus Norge, Island, Schweiz och Lichtenstein. Schengenområdet har en sammanlagd befolkning på mer än 400 miljoner människor och en yta på 4,3 miljoner kvadratkilometer.

Som Niklas Elert, Magnus Henrekson och Mikael Stenkula visat i sin forskning innebar utvidgningen av EU med 11 östeuropeiska länder starkt ökade skillnader mellan medlemsländerna i inkomst och institutionell kvalitet. På grund av avsaknaden av gränskontroller och stränga regler för migration mellan medlemsländerna medförde dessa skillnader omfattande migration från fattigare till rikare EU-länder.

Flyktingar, invandrare och asylsökande är begrepp som ibland används synonymt. För att undvika missförstånd kan det därför vara lämpligt att förklara skillnaderna. Alla asylsökande beviljas inte asyl och det händer att vissa drar tillbaka sin ansökan. Vidare erhåller många icke EU-medborgare uppehållstillstånd via familjeåterföreningar, arbetskraftsmigration eller som studerande, istället för via ansökan om asyl. Det är heller inte ovanligt att asylsökande som nekas asyl får uppehållstillstånd via dessa kanaler – särskilt som arbetskraftsinvandrare eller studenter. Dessutom kan asylsökande som ursprungligen nekas asyl få asyl efter att ha fått sitt fall prövat i domstol eller genom en förnyad ansökan. Det tar ofta ett till två år från ansökan om asyl till dess att den som får sin ansökan beviljad registreras som invandrare. Ibland förekommer att amnestier ges till specifika grupper.

I Schengenavtalet fastläggs gemensamma regler för hur asylsökande ska behandlas. Efter flyktingkrisen hösten 2015 försköts tyngdpunkten i debatten i många europeiska länder från internationell solidaritet mot ett större fokus på nationell identitet, vilket reflekteras i ökande nationalistiska strömningar i EU:s medlemsländer. Dessa tendenser stärktes ytterligare när EU misslyckades med att genomföra effektiva åtgärder för att hantera krisen. Schengenavtalet tillåter enskilda avtalsländer att återinföra gränskontroller ifall ett land upplever ett allvarligt hot mot den allmänna ordningen och den inre säkerheten. Om ett sådant nödläge fortgår kan de inre gränskontrollerna förlängas. Dessa undantag syftar till att vara temporära men har utnyttjats brett av ett flertal länder som kontinuerligt förnyat undantagen när de löpt ut. I november 2018 hade sex Schengenländer tidsbegränsade gränskontroller, inklusive Sverige.

Allmän opinion om EU:s roll

EU:s och medlemsländernas politik gällande flyktingfrågor och i viss mån den inre fria rörligheten har blivit allt viktigare politiskt. De opinionsundersökningar som gjorts visar att medlemsländernas medborgare ser en roll både för EU och för de enskilda länderna i migrations- och flyktingpolitiken. Enligt Eurobarometerundersökningen våren 2018 stöder 68 procent av européerna tanken att EU ska ha en gemensam migrationspolitik. Vad gäller irreguljär migration, som exempelvis vid en flyktingkris, anser 38 procent att ytterligare åtgärder bör vidtas på EU-nivå, medan 23 procent anser att sådana åtgärder bör vidtas både på EU-nivå och på nationell nivå. De flesta anser dock att den nationella nivån bör ha den starkaste rollen. Enligt en undersökning 2017 av Pew Research Center ansåg en majoritet av medborgarna i samtliga inkluderade EU-länder (nio länder ingick i studien) att beslut om migration borde tas av den nationella regeringen och inte av EU. Endast 23 procent av de tillfrågade ansåg att migrationsbeslut angående icke-EU-medborgare borde ske i Bryssel medan 74 procent ansåg att dessa beslut borde fattas på nationell nivå.

Den gradvis ökade federaliseringen av EU har utvecklats i frivillig samverkan mellan medlemsländerna, men det har inte saknats skeptiska röster. EU-skepticismen i form av kritik mot EU:s överstatlighet och en önskan om att bevara mer av nationellt självbestämmande har rötter långt tillbaka i tiden. Denna kritik har uttryckts både till vänster och höger på den politiska skalan i stort sett i alla medlemsländer.

Det hittills starkaste uttrycket för EU-skepticismen är utan tvekan britternas beslut att lämna EU efter en folkomröstning 2016. Men Storbritannien är i gott sällskap. Den andel av EU-medborgarna som enligt Eurobarometern säger sig ha stark tillit till unionen och dess institutioner har fallit kraftigt sedan toppen 2007. År 2007 sade sig 57 procent av de tillfrågade ha stark tillit till EU, men sedan dess har andelen stadigt legat under 50 procent. Skillnaden mellan medlemsländerna är stor: tilliten är högst i Litauen, Portugal och Danmark och lägst i Grekland, Storbritannien och Frankrike. Bland de frågor som de tillfrågade är mest kritiska till märks den gemensamma jordbrukspolitiken, de omfattande arbetsmarknadsregleringarna, och Europeiska centralbankens penningpolitik. Kritiken av dessa områden är dock en västanfläkt jämfört med medborgarnas kritik av EU:s hantering av flyktingmigrationen.

Trots att Sverige tagit emot flest flyktingar per capita av alla EU-länder finns det inte någon stark politisk kraft som driver frågan om ett svenskt EU-utträde. Medan stödet för en mer restriktiv migrationspolitik har ökat kraftigt i Sverige så har även stödet för Europeiska unionen ökat. Trots att EU misslyckats med att genomföra en gemensam migrationspolitik så verkar den svenska befolkningen värdesätta det faktum att den ekonomiska integration som uppnåtts genom EU-medlemskapet har en positiv effekt på tillväxt och jobbskapande, och därmed också på möjligheterna att integrera immigranter. Denna uppfattning bekräftas av preliminära resultat från SVT:s undersökning av 12 000 väljare på valdagen (9 september 2018), där ett antal frågor ställdes. Vad gäller förslaget att Sverige skulle "acceptera färre flyktingar" svarade 26 procent att det var ett dåligt förslag, 52 procent att det var ett bra förslag, medan resterade 22 procent inte ansåg sig kunna ta ställning. Två tredjedelar av dem som uttryckte en åsikt ansåg således att Sverige borde ta emot färre flyktingar. Samtidigt ansåg 69 procent av de tillfrågade att det var en dålig idé att Sverige skulle lämna EU, medan endast 15 procent ansåg att det var en bra idé. Det är uppenbart att det finns ett starkt stöd bland Sveriges väljare för ett fortsatt EU-medlemskap, medan många väljare föredrar en mer restriktiv flyktingpolitik.

Flyktingfrågan är i särklass mest kontroversiell och därmed också den fråga som allra mest ökar risken för att EU allvarligt ska försvagas och i förlängningen till och med falla sönder. Enligt ett pressmeddelande från EU-kommissionen, som sammanfattar resultaten från Eurobarometern våren 2018, så rankade EU-medborgarna immigrationen som den största utmaningen för EU; terrorism rankades på andra plats. Medan 65 procent av medborgarna är positiva till invandring från andra medlemsländer är endast 41 procent positiva till invandring från länder utanför EU. Undersökningar som specifikt frågar huruvida flyktinginvandringen bör minska finner ett ännu större stöd för detta.

Problematiken kring en EU-gemensam flyktingpolitik kan åskådliggöras av resonemangen som förs angående eurozonen. Diskussionen kring euron har bland ekonomer fokuserat på huruvida Europa är ett optimalt valutaområde. Många menar att den ekonomiska strukturen i de länder och regioner som ingår i eurozonen inte är tillräckligt lika för att det ska vara lämpligt att ha en gemensam valuta i ett så stort område. När det gäller frågan om en gemensam flyktingpolitik kan man därmed fråga sig om medlemsländerna är tillräckligt likartade – inte bara i ekonomiskt hänseende utan även i religion, kultur, sociala normer och utbildning – för att det ska vara meningsfullt att ha en gemensam flyktingpolitik.

Flera av de problem som har uppstått till följd av flyktingkrisen och som sedan behöver lösas av ett enskilt land har skiftats nedåt från den nationella och regionala nivån till den lokala och kommunala nivån. På denna nivå saknas ofta de kompetenser, ekonomiska resurser och institutioner som krävs för att framgångsrikt hantera långvariga och komplexa integrationsprocesser. Att det i allt väsentligt avgörs på lokal nivå i vad mån ett land lyckas integrera mottagna flyktingar är ett tillräckligt skäl för att vara skeptisk till tanken på en EU-gemensam flyktingpolitik.

Med detta sagt bör man inte glömma bort att en del viktiga saker ändå uppnåtts vad gäller en EU-gemensam migrationspolitik. Här kan särskilt nämnas etableringen av Europeiska gräns- och kustbevakningsbyrån (Frontex) och en överenskommelse om att övervaka EU:s gräns mot Turkiet. Dessa EU-gemensamma åtgärder blir särskilt viktiga i en tid när medlemsländerna inte lyckats komma överens om hur man gemensamt bäst hanterar flyktingfrågan.

Asyllagstiftningen i Europeiska unionen

När den Europeiska ekonomiska gemenskapen etablerades på 1950-talet skapade de dåvarande sex medlemsländerna en separat rättsordning som skulle vara bindande för dem själva, för alla eventuellt tillkommande medlemmar i framtiden, deras medborgare och nationella domstolar. Avgörande för att detta ska fungera är ett effektivt samspel mellan EU-lagstiftningen och nationell lagstiftning. För att lagstiftning antagen på EU-nivå ska få full verkan i medlemsländerna krävs att den erkänns fullt ut och bejakas av de nationella rättssystemen. Detta underlättas av att rättsakter stiftade på EU-nivå har företräde framför alla former av rättsakter stiftade på nationell nivå, inklusive grundlag. Nationella regeringar och myndigheter blir därmed skyldiga att implementera all EU-beslutad lagstiftning i den nationella lagstiftningen. Hur ser det då ut med implementeringen på asylsidan?

Som ett svar på frågan kommer vi nu att kortfattat redogöra för den legala bakgrunden till EU:s asyllagstiftning och för de juridiska ansträngningar som EU genomfört fram till början av 2019 som ett svar på de kraftigt ökade flyktingströmmarna. Detta är nödvändigt för att förstå varför det är så stora skillnader mellan medlemsländerna i flyktingmottagande och asylansökningar, trots att länderna lyder under samma juridiska regelverk.

Genevekonventionen (formellt 1951 års konvention angående flyktingars rättsliga ställning) från 1951 är det första internationella avtal som reglerar staters skyldigheter gentemot flyktingar. År 1967 utvidgades konventionen genom ett tilläggsprotokoll, New York-protokollet, så att den inte längre var begränsad till flyktingar från Europa och tidsperioden före 1951. Konventionen i ursprunglig form definierar en flykting som:

> den som till följd av händelser, som inträffat före den 1 januari
> 1951, och i anledning av välgrundad fruktan för förföljelse på

grund av sin ras, religion, nationalitet, tillhörighet till viss sam-
hällsgrupp eller politiska åskådning befinner sig utanför det land,
vari han är medborgare, samt är ur stånd att eller på grund av
sådan fruktan, som nyss sagts, icke önskar att begagna sig av sag-
da lands skydd eller den som, utan att vara medborgare i något
land, till följd av händelser som förut sagts befinner sig utanför
det land, vari han tidigare haft sin vanliga vistelseort, samt är ur
stånd att eller på grund av sådan fruktan, som nyss sagts, icke
önskar att återvända dit.

Denna flyktingdefinition eller snarare detta allmängiltiga erkännan-
de av en individs flyktingstatus innebär dock inte att denna individ
i praktiken erhåller flyktingstatus med därtill hörande rättigheter.
I själva verket finns det stort utrymme för tolkningar att glida isär.
Eftersom verkningsfulla mekanismer för att garantera efterlevnad
saknas blir skillnaderna mellan länder i praktiken stora i bedömning-
en av en asylansökan. Trots de stora skillnaderna i flyktingström-
marna till olika länder är det sällan dessa skillnader i bedömningen
uppmärksammas i den offentliga debatten. Detta har gjort att många
verkar tro att enskilda länder har små möjligheter att själva påverka
huruvida en migrant ska tillerkännas flyktingstatus.

De juridiska rekvisiten för att någon ska definieras som flykting
har förändrats avsevärt över tid. Från början inrättades konventionen
för att hantera de stora flyktingströmmarna inom Europa åren efter
andra världskrigets slut. Tilläggsprotokollet från 1967 utvidgade till-
lämpligheten till tiden efter 1950 och till hela världen. Det är endast
ett fåtal länder som inte accepterat denna utvidgade tillämpning.
Ett av dessa länder är Turkiet, vilket gör att landet har rätt att slussa
flyktingar och asylsökande vidare till andra länder.

Den juridiska definitionen av vem som är en flykting bygger
på vilka skälen är för att söka asyl. De två viktigaste skälen är en
välgrundad fruktan om förföljelse och att det inte är möjligt (eller
personen är ovillig) att återvända till det land där personen är
medborgare (eller är bosatt). Eftersom fruktan är subjektiv menar
FN:s flyktingorgan UNHCR att den asylsökandes uppgivna subjek-
tiva känsla av fruktan ska vara vägledande i myndigheters beslut

huruvida asyl ska beviljas. Mot detta står den linje som lyfts fram i den juridiska litteraturen att begreppet "välgrundad" anger att ett objektivt mått – ett mått som inte ger utrymme för den asylsökandes självrapporterade känslotillstånd – skall tillämpas för att avgöra om en person ska erhålla flyktingstatus. Här är dock problemet att det är och kommer att förbli omöjligt att hitta ett mått som entydigt och oberoende av den asylsökandes självrapporterade mentala tillstånd kan användas för att avgöra om det finns grund för asyl. Detta hindrar givetvis inte juridiska bedömningar från att göras utan innebär bara att det finns stort utrymme för variationer i bedömningarna över tid och mellan länder.

Trots att kränkningar av mänskliga rättigheter är av stor betydelse för bedömningen av flyktingstatus, så betyder inte detta att varje sådan kränkning automatiskt ger rätt till asyl. Kränkningen måste vara så grov att den kan betecknas som förföljelse. Genevekonventionen anger följande fem huvudskäl till att en person ska kunna ges flyktingstatus: förföljelse på grund av (i) ras, (ii) religion, (iii) nationalitet, (iv) medlemskap i en viss samhällsgrupp och (v) politisk åskådning.

Vid första anblick må dessa skäl förefalla entydiga, men i praktiken är utrymmet stort för olika uppfattningar om hur skälen ska tolkas och vilken grad av förföljelse som krävs för att det ska anses tillräckligt. Exempelvis nämns inte sexuell läggning explicit som ett skäl, men "medlemskap i en samhällelig grupp" bedöms i vissa fall inbegripa homosexualitet när detta anförs som flyktingskäl av individer från länder där homosexualitet är kriminaliserad. I Sverige erkänns sexuell läggning som skyddsgrund i utlänningslagen sedan 2005, så kallade hbtq-flyktingar. Dock kvarstår kravet att den person som hävdar sig vara förföljd på grund av sin sexuella läggning ska kunna bevisa att fruktan för förföljelse är välgrundad. Utfallet måste avgöras genom en myndighetsbedömning och i många fall bedöms skälen som otillräckliga. Mot detta har FN:s flyktingorgan UNHCR hävdat att under en massutvandring, såsom den som inträffade i Kosovo eller i området kring de stora sjöarna i Afrika, är det inte alltid möjligt att göra individuella bedömningar. Under sådana omständigheter, särskilt i de fall då civila flyr av likartade skäl, kan det vara lämpligt att besluta om att ge hela grupper flyktingstatus. Detta innebär att varje individ i den aktuella gruppen ges flyktingstatus *prima facie*, det vill säga i avsaknad av bevis för motsatsen.

De kriterier som används i EU-lagstiftningen för att avgöra en persons flyktingstatus är i princip desamma som de som anges i Genèvekonventionen. Sedan 1999 har stora ansträngningar gjorts för att lägga fast ett EU-gemensamt asylsystem (Common European Asylum System, CEAS). Under åren 1999–2005 togs en serie beslut med syfte att harmonisera minimikraven för att ges flyktingstatus. Likaså inrättades Europeiska flyktingfonden för att underlätta för EU-länderna att ta emot asylsökande och flyktingar och att därigenom verka för en gemensam solidarisk politik mellan EU:s medlemsländer och att bidra till uppbyggnaden av ett gemensamt asylsystem. År 2001 antog EU direktivet om tillfälligt skydd vid massiv tillströmning av fördrivna personer, vilket syftar till att möjliggöra ett EU-gemensamt agerande i sådana situationer. Familjeåterföreningsdirektivet har också gjorts tillämpligt för flyktingar. Det nuvarande kvalifikationsdirektivet från 2011 har till syfte att:

- Klargöra grunderna för att bevilja och ta tillbaka internationellt skydd.
- Reglera kriterierna för när en person ska exkluderas från rätten till skydd och när en person inte längre ska anses ha flyktingstatus.
- Underlätta för de som erhållit asyl att få tillgång till resurser som underlättar integrationen i mottagarlandet och bättre beakta de praktiska svårigheter som möter flyktingarna i mottagarlandet.
- Säkerställa att barnets bästa liksom genusrelaterade aspekter beaktas på bästa möjliga sätt såväl vid utvärderingen av asylansökningar som efter att asyl har beviljats.

För att ytterligare stärka och harmonisera CEAS-reglerna presenterade EU-kommissionen ett förslag till nya kvalifikationsregler i juli 2016. Dessa täcker tre nya aspekter. De ska:

- säkerställa att skydd endast ges för så lång tid som krävs för att undvika förföljelse eller allvarlig skada utan att möjligheterna till integration försvåras;
- försvåra för personer som fått asyl i ett EU-land att flytta vidare till annat medlemsland;
- ytterligare harmonisera kriterierna för flyktingstatus och vilka sociala rättigheter som ett positivt asylbeslut ger.

På EU-kommissionens officiella webbplats om det gemensamma europeiska asylsystemet (CEAS) anförs följande:

> Asyl får inte vara ett lotteri. EU:s medlemsländer är gemensamt ansvariga för att välkomna asylsökande på ett värdigt sätt, att säkerställa att de behandlas rättvist och att deras fall utvärderas enligt gemensamma kriterier så att utfallet blir likartat oavsett i vilket medlemsland ansökan om asyl görs.

Dublinförordningen avgör vilket medlemsland i EU som är ansvarigt för att utvärdera en ansökan om asyl enligt Genèvekonventionen och EU:s kvalifikationsdirektiv från 2011. Samtliga medlemsländer förutom Danmark har åtagit sig att följa Dublinförordningen. I juli 2017 beslutade EU-domstolen att Dublinförordningen fortsatt är i kraft, vilket ger enskilda EU-länder rätt att återsända migranter till det första EU-land som de kom till.

Att alla medlemsländer har förbundit sig att följa Genèvekonventionen och de EU-direktiv som rör asylmigration bevisar således vare sig att det finns en gemensam flyktingpolitik i dag eller att ett en gemensam flyktingpolitik skulle vara önskvärd i framtiden. Det juridiska utrymme som finns för att bedöma om en person ska anses kvalificerad för flyktingstatus, länders möjlighet att kontrollera gränser och försvåra för flyktingar att ta sig dit rent fysiskt för att söka asyl samt ekonomiska styrinstrument gör att flyktingpolitiken *de facto* avgörs nationellt, och att länder ser fördelar med detta. När flyktingar väl fått asyl involveras också flera politiska beslutsnivåer, som vi kommer att se i nästa avsnitt.

Spänningar mellan styrnivåer

Begreppet *multi-level governance* utvecklades i början av 1990-talet inom ramen för studier i statsvetenskap och offentlig förvaltning om europeisk integration. Många förvaltningsproblem härrör från det faktum att mandatet att styra och kontrollera är både hierarkiskt fördelat och fördelat på en mängd olika aktörer från flera olika nivåer i hierarkin: den federala (EU), nationella, regionala och lokala/kommunala nivån, i regel med flera samverkande aktörer på varje nivå. Ett arketypiskt exempel på detta är hanteringen av flyktingmigration och den efterföljande integrationen. Trots att EU förväntas ha en gemensam flyktingpolitik har det inte fastställts på EU-nivå hur beslut och åtgärder ska koordineras på de olika beslutsnivåerna. Istället förväntas varje medlemsland lösa de komplexa problem som uppstår på det sätt de själva finner bäst. På grund av att det saknats en gemensam strategi har de senaste årens flyktingkris skapat politiska styrnings- och kontrollproblem i medlemsländerna.

I en OECD-rapport från 2018 analyseras särskilt de utmaningar som härrör från skillnader mellan EU:s medlemsländer i deras interna organisation och samordning mellan olika styrnivåer. Studien påvisar stora skillnader mellan medlemsländerna gällande var i landet flyktingarna placeras och hur olika integrationsåtgärder implementeras. Det kan därför vara värt att kortfattat beskriva några av de viktigaste problem som skapats av *multi-level governance* till följd av flyktingkrisen.

OECD-studien finner att 80 procent av de 72 tillfrågade städerna spridda över hela Europa hävdar att "det brister i koordination mellan de olika politiska beslutsnivåerna vad gäller integrationen av migranter". Två tredjedelar av respondenterna anger att problemet är särskilt allvarligt för flyktingar och asylsökande. En överväldigande majoritet av de städer som medverkar i undersökningen hävdar att det finns ett stort informationsgap. I OECD-rapporten föreslås att en lösning för att avhjälpa detta problem vore att ta fram "institutionella kartor", där det klargörs vilken beslutsnivå inom landet som har ansvar för tillgången till en viss tjänst och som har makten och ansvaret för att implementera en viss integrationsåtgärd.

105

Sådana "institutionella kartor" skulle dock se olika ut i de olika med-lemsländerna på grund av de stora länderskillnaderna i såväl ansvar som befogenheter på den lokala politiska nivån.

I OECD-studien påpekas att ansvaret för migranter och flyktingar på den lokala politiska nivån berör flera områden:

- att matcha migranternas utbildning och kompentenser till lokalsamhällets behov och arbetskraftsefterfrågan;
- säkerställa tillgången till adekvat boende;
- ge tillgång till de sociala tjänster som erfordras för social inkludering;
- erbjuda möjligheter till utbildning och kompetensutveckling så att segregation och utanförskap motverkas.

Implementeringen av dessa åtgärder är långt ifrån oproblematisk. Ibland kommer olika mål i konflikt med varandra. Detta har blivit särskilt påtagligt i de medlemsländer som under de senaste åren tagit emot allra flest flyktinginvandrare. Av medlemsländerna ligger Sverige här i topp och kan tjänstgöra som det tydligaste exemplet på målkonflikt mellan behovet av att matcha samman migranter med jobbmöjligheter och samtidigt kunna erbjuda lämpliga bostäder. Problemet är särskilt stort i Sverige på grund av ett starkt negativt samband mellan tillgång på bostäder och efterfrågan på arbetskraft, såväl lokalt som regionalt. I kommuner med svag befolkningsut-veckling och ett sviktande näringsliv är tillgången på bostäder god medan arbetslösheten är hög. I praktiken har – som visas i Özge Öners studier tillsammans med Alessandra Faggian respektive Johan Wennström från 2018 – den svenska regeringen prioriterat att flyk-tingarna ska få "tak över huvudet", medan målet att flyktingarna ska ha goda jobbchanser i stort sett ignorerats. I själva verket har en hög andel av flyktingarna placerats i glesbygdskommuner; denna tendens förstärktes ytterligare under 2010-talets ökade flyktingvåg.

På grund av den kraftiga ökningen av antalet flyktingar som kom-mit till Sverige och som sökt och beviljats asyl har det blivit omöjligt att samtidigt erbjuda både lämpliga bostäder och tillgång till jobb. Detta är i slutet av 2010-talet att se som ett allvarligt hinder för en lyckad integration. Problemet kan förväntas växa ytterligare i det medellånga perspektivet med tanke på att det genomsnittliga årliga antalet personer som fått asyl i Sverige under perioden 2006–2017 motsvarar drygt en halv procent av befolkningen. Det årliga inflödet kan enligt Migrationsverket dessutom förväntas ligga kvar på den nivån under överskådlig tid till följd av den anhöriginvandring som följer.

Ytterligare en fråga relaterad till problemet med *multi-level governance* gäller finansieringen. Ett starkt ökat inflöde av migranter och asylsökande leder till att systemet för att tillhandahålla lokala sociala tjänster blir finansiellt överbelastat. Exemplet Sverige visar att kommuner med svag ekonomi tenderar att vara mer benägna att ta emot flyktingar. Ett skäl kan vara att de gör det i hopp om att det kommer att bli lönsamt på längre sikt när flyktingarna blivit självförsörjande skattebetalare. Ett annat skäl är mer kortsiktigt: stödet från den nationella nivån under de första åren är så pass stort att det stärker kommunens ekonomi på kort sikt.

Det finns dock få belägg från studier av Sverige att de flyktingar som blev placerade i kommuner med en sjunkande inhemsk befolkning och som sedan lyckas bli självförsörjande stannar kvar i den kommunen. Tvärtom, immigranter med goda arbetsmarknadsutsikter söker sig vidare till arbetsmarknader där chansen att få bättre jobb är större. Sett till EU som helhet varierar det kortsiktiga stöd som kommunerna får från den centrala regeringen för att ta emot flyktingar kraftigt mellan EU:s medlemsländer både vad gäller storlek och varaktighet. Det finns i slutet av 2010-talet inget överstatligt system för att fördela flyktingar inom EU, och det är rentav svårt att hantera spänningar inom länder mellan nationell och lokal nivå.

Skilda världar: länderskillnader i flyktingströmmar och utfall

Inom EU har många politiska områden harmoniserats och en gemensam europeisk migrationspolitik är något som unionen länge har eftersträvat. Både den Europeiska kommissionen och flertalet nationella regeringar hänvisar ofta i den politiska retoriken till vad som beskrivs som en gemensam migrations- och flyktingpolitik omfattande samtliga medlemsstater. Men i slutet av 2010-talet bestäms flyktingpolitiken framför allt på nationell nivå, även om EU har haft en viktig roll i frågan om Dublinförordningen och gällande kontrollen av de yttre gränserna. Det finns därmed en stor variation mellan de 28 medlemsstaterna när det kommer till flyktingpolitik, nettomigration och utfall. Dessa skillnader härrör delvis från skillnader i ekonomisk utveckling mellan södra, östra och norra Europa, men det finns även stora skillnader mellan de rikare medlemsstaterna. Exempelvis har några av de rikare EU-länderna, framför allt Sverige och Tyskland, tagit emot många flyktingar medan andra, såsom Storbritannien och Irland, har tagit emot relativt få.

EU:s statistikmyndighet Eurostat sammanställer uppgifter om invandring i allmänhet och flyktingmigration i synnerhet. Eurostat definierar invandring som "att inrätta sin huvudbostad" i en EU-medlemsstat under minst 12 månader. Nettomigration definieras som skillnaden mellan antalet invandrare (personer som erhåller asyl eller uppehållstillstånd) och antalet utvandrare. Uppgifter om asylsökande för större delen av EU samlas in och publiceras sedan 1985 och omfattande uppgifter för nästan alla medlemsstater är tillgängliga från 1990. Vidare publicerar Eurostat uppgifter om sysselsättningsgraden för migranter med olika bakgrund. Här redovisar vi statistik för icke-europeiska immigranter. Det bör noteras att icke-europeiska immigranter inte är synonymt med asylsökande, eftersom många invandrare från länder utanför Europa inte är flyktingar. Sysselsättningsgraden hos icke-europeiska immigranter visar även på att det finns stora skillnader i EU-ländernas förmåga att absorbera icke-europeiska invandrare på den nationella arbetsmarknaden.

Andelen godkända asylansökningar varierar vanligtvis mellan 40 och 85 procent, men det kan växla betydligt mer mellan länder, över tid och beroende på vilket land asylsökande kommer ifrån (se *Tabell 1*). Under 2010-talet har andelen som beviljats asyl varit högre än tidigare. Detta kan delvis förklaras av att en högre andel asylsökande kommit från Syrien och att andelen ensamkommande barn varit högre, vilka beviljas asyl i högre grad.

Flyktingmottagandet varierar kraftigt mellan länder och över tid. Förklaringarna till dessa variationer är komplexa och drivs av många bakomliggande faktorer; även konjunkturella faktorer kan spela in. Konfliktperioder – såsom krig i Irak och Syrien – ger upphov till en större andel flyktingar till Europa. Det som lockar invandrare skiljer sig mycket mellan EU:s medlemsländer: geografiskt läge, välfärdsrättigheter, hur lätt det är att bli beviljad familjeåterförening, hur stora kraven är för att erhålla flyktingstatus och vilken beredvillighet att välkomna flyktingar länderna själva signalerar. Detta leder till kraftigare flyktingströmmar till vissa länder och till länderskillnader i andelen beviljade asylansökningar.

Eftersom de enskilda medlemsländerna har undertecknat internationella överenskommelser som förpliktigar dem att bevilja flyktingskydd under vissa specifika förutsättningar har de dock inte fullständig kontroll över antalet flyktingar som de släpper in. Rätten att beviljas flyktingstatus gäller däremot endast asylsökande som tar sig in i någon av medlemsstaterna. Detta gör att EU-länderna i praktiken reglerar flyktinginflödet genom gränskontroller som gör det svårt för asylsökande att ta sig in i något EU-land.

Alla medlemsländer har undertecknat i stort sett likalydande internationella överenskommelser, men det finns stort utrymme för att inom ramen för rådande avtal reglera flyktinginflödet. Det kan synas märkligt att variationerna är så stora i flödet av asylsökande givet att samtliga medlemsländer har förbundit sig att följa samma avtal. De internationella avtalen ger asylsökande vissa bestämda rättigheter, men ger de enskilda länderna rätten att reglera inflödet av flyktingar. Som nämnts ovan är en avgörande orsak att rätten att söka asyl endast gäller den migrant som lyckas ta sig till landet samtidigt som det inte finns någon skyldighet för ett land att bevilja migranten inresevisum. Eftersom de enskilda länderna har rätt att tillämpa stränga gräns- och ID-kontroller kan de därigenom reglera inflödet av flyktingar. Detta gör det relativt lätt för mer avlägset belägna länder som Storbritannien och Norge att reglera flyktinginvandringen.

Medlemsstater kan också göra sig mindre attraktiva som asylland genom stränga villkor på centrala områden för att beviljas asyl. Detta kan göras genom höga trösklar för att kvalificera sig för ekonomisk hjälp och sociala förmåner, genom att endast bevilja temporära uppehållstillstånd och att begränsa rätten till familjeåterförening. Sådana njugga villkor anses av många väljare strida mot den moraliska grunden i asylrätten, vilket gör att graden av generositet blir en omtvistad politisk fråga där utfallet blir starkt beroende av valmanskårens politiska preferenser och vilka partier som har makten. Både generösa och mindre attraktiva villkor är dock möjliga inom ramen för gällande internationella avtal.

Länder har också möjlighet att endast bevilja temporära uppehållstillstånd för de flyktingar som lyckas ta sig till landet och ha strikta regler för familjeåterförening. Eftersom det är svårt och dyrt att ta sig till Europa kan det försvaga incitamenten för asylsökande att ens försöka eller så ökar benägenheten att i stället försöka ta sig till icke-europeiska länder för att söka asyl där. De som väljer att försöka och lyckas ta sig över gränsen till ett EU-land och söka asyl har rättigheter garanterade av avtal, men även här finns ett betydande utrymme till bedömning för det mottagande landet av den asylsökandes skyddsbehov, vilket i praktiken får stor betydelse för hur stor andel av asylansökningarna som beviljas.

Att vi observerar så stora variationer mellan länderna visar således inte att dessa bryter mot avtalen, utan att stora delar av allmänheten saknar insikt om det utomordentligt stora tolknings- och handlingsutrymme nationalstaterna ges inom ramen för de internationella avtalen. Till detta kommer betydelsen av ekonomiska och geografiska skillnader. Det faktum att flyktingpolitik också varierat över tid visar dock att huvudförklaringen till de skillnader som kan observeras härrör från den valda politiken i respektive nationalstat.

Andelen beviljade asylansökningar bland de personer som lyckas ta sig till landet är inte helt godtyckligt, men handlingsutrymmet för enskilda länder är stort inom ramen för de internationella överenskommelserna. Skillnaderna i ländernas flyktingmottagande är anmärkningsvärt stora, vilket tyder på att det *de facto* inte finns någon enhetlig EU-politik på flyktingområdet. *Figur 1* visar antalet personer som beviljats asyl per tusen invånare i de 28 EU-länderna plus Norge och Schweiz mellan 2006 och 2017. Länderna har rangordnats med

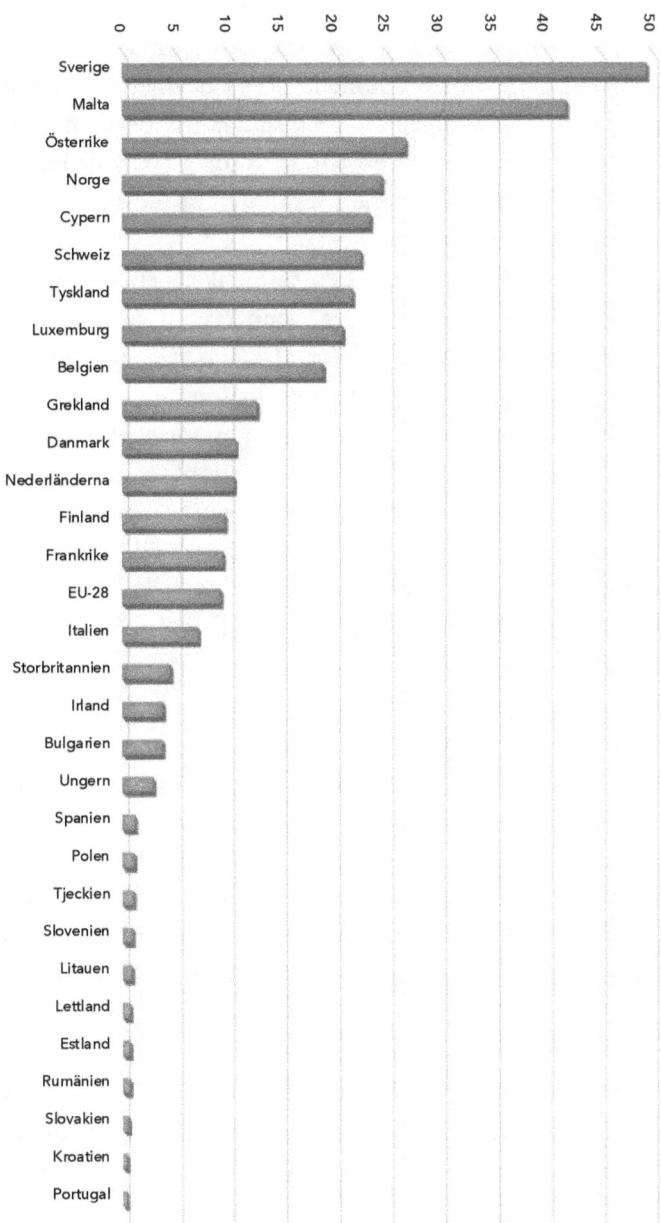

FIGUR 1. GENOMSNITTLIGT ANTAL ÅRLIGEN BEVILJADE
ASYLANSÖKNINGAR PER TUSEN INVÅNARE, 2006–2017.

avseende på antalet personer som beviljats asyl i förhållande till den egna befolkningen. Skillnaderna i denna dimension är utomordentligt stora. Sverige, som är det land som beviljat flest människor asyl i förhållande till den egna befolkningen, har en beviljandenivå som är 163 gånger högre än Portugal, som har den lägsta beviljandegraden. Vi har här valt perioden 2006 till 2017 för att få tillgång till så fullständiga data som möjligt, men resultaten är likartade om vi utsträcker tidsperioden bakåt till 1980-talet.

Rika välfärdsstater, som Sverige och Österrike, och små länder i Medelhavet, som Malta och Cypern, tenderar att ta emot flest flyktingar per capita. I det senare fallet förklaras det stora antalet asylsökande av den geografiska närheten till krisområden. De länder som tar emot lägst antal flyktingar per capita är antingen öst- eller sydeuropeiska länder. Faktum är att alla östeuropeiska länder ligger under EU-genomsnittet – inklusive relativt rika länder, såsom Estland och Slovenien. Det finns också en stor variation bland de rika västeuropeiska länderna; Storbritannien, Frankrike, Irland och Finland tar emot relativt få flyktingar trots att de varken är östeuropeiska eller låginkomstländer.

De låga siffrorna för södra Europa är intressanta då sydeuropeiska medelhavsländer, såsom Portugal och Spanien, på grund av sin geografiska närhet är lättare för asylsökande att ta sig till än Skandinavien och Tyskland. Faktum är att även Östeuropa är mer lättillgängligt för asylsökande än Nordeuropa. De ekonomiska förhållandena i dessa länder är en viktig förklaring till att antalet beviljade asylansökningar är relativt sett högre i Nordeuropa. Nordeuropeiska länder har både högre genomsnittlig inkomst och erbjuder flyktingar betydligt fler förmåner jämfört med länder som Portugal och Kroatien.

Storbritannien är ett av de västeuropeiska länder som tar emot få flyktingar. Antalet asylsökande som sökte sig till landet var inte särskilt stort ens under flyktingkrisen 2015. Det faktum att migrationspolitiken trots detta var en viktig orsak till Brexit-beslutet tyder på missnöje till följd av den stora invandringen från Östeuropa (se kapitel av Forslid och Nyberg i denna bok).

Skillnaderna mellan medlemsländerna i flyktingströmmarna är dock anmärkningsvärt stora även när Östeuropa exkluderas – betydligt större än vad som kan förväntas utifrån länderskillnader i inkomstnivå. BNP per capita är ungefär tre gånger högre i det rikaste EU-landet jämfört med det fattigaste, medan det land som beviljat flest flyktingar asyl relativt sin befolkning har en beviljandegrad som är 163 gånger högre än i landet med lägst beviljandegrad. Bland de stora EU-länderna är skillnaderna också betydande: Tysklands beviljandegrad är dubbelt så hög som Frankrikes, tre gånger högre än Italiens, fem gånger högre än Storbritanniens och 19 gånger högre än Spaniens. Med tanke på dessa stora skillnader är det föga förvånande att det inte varit möjligt för EU:s medlemsländer att fram till 2019 kunna enas om en gemensam flyktingpolitik.

Det finns även variationer över tid i enskilda länders benägenhet att ta emot flyktingar. Ett exempel är Danmark som brukade ta emot många flyktingar, men som under 2010-talet stramat åt sin flykting-politik och minskat sitt mottagande. Det är värt att notera att några av de länder som brukade ha den mest generösa flyktingpolitiken, såsom Danmark och Österrike, 2019 tillhör de länder som lagt om sin flyktingpolitik mest i restriktiv riktning. Däremot är det få länder som gått i motsatt riktning. Det mest anmärkningsvärda undantaget är Tyskland, som ökade sin andel av det totala antalet beviljade asylansökningar i EU från 12 procent 2007 till 54 procent 2017. Efter 2017 har även Tysklands flyktingpolitik blivit mer restriktiv. Å andra sidan har Spanien efter ett regeringsskifte 2018 gjort flyktingpoliti-ken mindre restriktiv. Dessa skillnader och förskjutningar i flykting-politiken illustrerar betydelsen av hur det nationella stämningsläget påverkar politikens inriktning.

För de flesta länder blir resultaten likartade när istället antalet beviljade asylansökningar i förhållande till befolkningen jämförs. Det finns dock undantag; detta gäller särskilt Ungern, som tog emot många ansökningar men avslog de flesta. På ena extremen finns Tyskland och Sverige där drygt 86 respektive 82 procent av asylan-sökningarna beviljades mellan 2006 och 2017 jämfört med den andra extremen Ungern där knappt 10 procent beviljades. Det är viktigt att observera att denna procentandel inte exakt motsvarar andelen sökande som beviljas asyl, eftersom det finns ett tidsglapp från den tidpunkt när ansökan gjordes till dess att asyl beviljades samt att vissa individer väljer att överklaga avslag. Sett över längre perioder ger dock kvoten mellan antalet beviljade asylansökningar och antalet ansökningar en god uppskattning av hur stor andel som beviljas asyl. Skillnaderna i beviljandegrad bland EU:s medlemsländer är stora, och de länder som har en hög beviljandegrad tenderar också att vara de som tar emot flest asylsökande. Klyftan mellan EU-länderna är ännu större när man jämför antalet som beviljats asyl än när man jämför antalet asylsökande i förhållande till landets befolkning.

Ur *Tabell 1* framgår att rikare länder och länder med en större offentlig sektor har en generösare flyktingpolitik. Skillnaderna är dock klart större än vad som kan förklaras av skillnader i BNP per capita och den offentliga sektorns storlek. Vidare framgår att det i de flesta europeiska länder finns ett stort sysselsättningsgap, där flyktingar tenderar att ha avsevärt lägre sysselsättningsgrad än den inhemska befolkningen. I arbetsmarknadsstatistiken registreras i princip alltid en persons födelseland, medan skälet till migrationen inte alltid registreras. Många immigranter från icke EU-länder är inte flyktingar. Vissa är arbetskraftsmigranter från länder som Kina, Indien och länder som tidigare var en del av Sovjetunionen.

Det är alltså möjligt att redovisa sysselsättningsgapet mellan den inhemska befolkningen och immigranter från länder utanför EU för samtliga länder 2017, medan sysselsättningsgapet för flyktingar bara kan redovisas för vissa länder (med några års eftersläpning). I *Figur 2* presenteras detta sysselsättningsgap för västeuropeiska länder. Vi kan återigen se att sannolikheten att vara sysselsatt är lägre för invandrare som inte kommer från EU-länder än för den inhemska befolkningen. Detta gäller för samtliga västeuropeiska länder förutom Portugal. Skälen för dessa sysselsättningsgap är komplexa men kan delvis förklaras av immigranternas bakgrund och kompetens. Medan skillnaderna blir mindre när man beaktar skillnader i utbildning, ursprungsland och andra observerbara faktorer så är EU långt ifrån homogent när det kommer till hur väl immigranter från länder utanför EU lyckas komma in på arbetsmarknaden i det land de invandrar till.

De stora och bestående skillnaderna i flyktingpolitiken, även bland länder på ungefär samma genomsnittliga inkomstnivå och

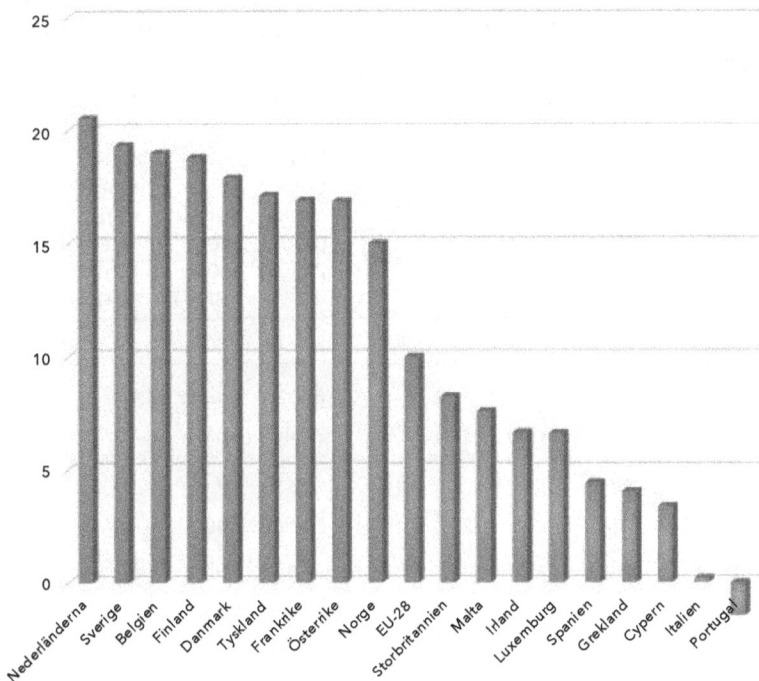

Chart y-axis: 25, 20, 15, 10, 5, 0

X-axis labels: Nederländerna, Sverige, Belgien, Finland, Danmark, Tyskland, Frankrike, Österrike, Norge, EU-28, Storbritannien, Malta, Irland, Luxemburg, Spanien, Grekland, Cypern, Italien, Portugal

FIGUR 2. SYSSELSÄTTNINGSGAPET I VÄSTEUROPA MELLAN DEN INHEM-SKA BEFOLKNINGEN OCH IMMIGRANTER FRÅN LÄNDER UTANFÖR EU I ÅLDRARNA 20-64, ÅR 2017 (PROCENTANDELAR).

Anm: Inhemsk befolkning definieras som personer med båda föräldrarna är födda i det egna landet.

med likartade förutsättningar i övrigt, härrör med största sannolikhet från andra bakomliggande skillnader i kultur, ideologi, politik och institutioner. De försök som gjorts av länder med en generösare flyktingpolitik, som Tyskland och Sverige, att övertyga de mer restriktiva länderna att öka sitt flyktingmottagande har hittills inte lyckats och har bidragit till ökade spänningar bland EU:s medlemsländer.

TABELL 1. ASYLANSÖKNINGAR, BEVILJANDEGRAD, PER CAPITA-INKOMST OCH SYSSELSÄTTNINGSGAP FÖR ICKE-EU-MIGRANTER OCH FLYKTINGAR I OLIKA EUROPEISKA LÄNDER.

	Asyl-sök-ande relativt befolk-ning-en*	Bevil-jade asyl-ansök-ningar*	Andel bevil-jade ansök-ningar, %	BNP per capita (2006-2017)‡	Of-fent-liga utgif-ter, % av BNP#	Syssel-sätt-nings-gap, icke EU-28 (2017)†	Syssel-sätt-nings-gap, flyk-tingar (2014)†
Sverige	60,0	49,4	82,3	33 600	50,6	19,3	25,2
Malta	49,8	41,8	83,9	23 000	40,8	7,6	i.u.
Österrike	35,2	26,7	75,9	34 400	51,1	16,9	15,4
Norge	27,0	24,5	90,7	46 300	45,0	15,0	21,6
Cypern	45,6	23,4	51,3	24 800	40,9	3,4	i.u.
Schweiz	31,3	22,5	71,9	43 100	30,2	i.u.	6,5
Tyskland	25,1	21,7	86,5	32 600	44,6	17,1	20,2
Luxemburg	30,9	20,8	67,3	70 100	42,0	6,6	i.u.
Belgien	24,4	19,0	77,9	31 800	52,9	19,0	23,8
Grekland	22,1	12,7	57,5	21 200	51,9	4,0	i.u.
Danmark	13,9	10,7	77,0	33 900	54,1	17,9	i.u.
Nederlän-derna	13,0	10,6	81,5	35 600	45,3	20,5	i.u.
Finland	13,2	9,7	73,5	30 700	53,8	18,8	27,7
Frankrike	10,9	9,5	87,2	28 700	55,9	16,9	13,6
EU-28	12,2	9,3	76,2	26 800	47,4	10,0	i.u.
Italien	9,5	7,1	74,7	27 200	49,5	0,2	-1,5
Storbritan-nien	5,9	4,5	76,3	29 100	43,7	8,2	25,1
Irland	6,5	3,8	58,5	39 900	39,3	6,6	i.u.
Bulgarien	9,2	3,8	41,3	12 000	36,9	6,7	i.u.
Ungern	29,2	2,9	9,9	17 600	49,1	1,6	i.u.
Spanien	2,2	1,1	50,0	25 500	43,4	4,4	20,5

Polen	2,8	1,1	39,3	16 900	43,2	-2,1	i.u.
Tjeckien	1,5	1,0	66,7	22 700	41,9	-0,9	i.u.
Slovenien	2,9	0,9	31,0	22 600	47,7	5,4	-4,6
Litauen	1,6	0,8	50,0	18 200	37,2	6,1	i.u.
Lettland	1,1	0,6	54,5	16 000	38,7	8,6	i.u.
Estland	0,8	0,6	75,0	19,200	39,1	8,3	i.u.
Rumänien	1,0	0,6	60,0	14,100	36,7	-7,0	i.u.
Slovakien	1,9	0,5	26,3	19,800	40,8	0,3	i.u.
Kroatien	1,2	0,4	33,3	16,200	47,0	6,6	8,5
Portugal	0,6	0,3	50,0	21,100	48,0	-1,5	14,6

Anm: I tabellen ingår de 28 EU-länderna plus Norge och Schweiz avseende flödet av asylsökande och beviljade asylansökningar i förhållande till landets befolkning, genomsnittlig köpkraftsjusterad BNP per capita och offentliga utgifter som andel av BNP och avser perioden 2006-2017. Uppgifterna över sysselsättningsgapet i åldrarna 20-64 år mellan såväl flyktingar som immigranter från länder utanför EU och den inhemska befolkningen, definierad som personer med båda föräldrarna födda i det egna landet avser tillgängliga år.

Länderna har sorterats efter beviljandegrad (kolumn 2).

*Det totala antalet asylansökningar respektive det totala antalet beviljade asylansökningar per tusen invånare, 2006-2017; ‡ köpkraftsparitetsjusterade USD. #Genomsnitt 2006-2017; † procentandelar; i.u. = ingen uppgift.

Källa: Eurostat Statistical Database.

Motsättningen mellan den federala och den nationella nivån

I den politiska retoriken bedyras ofta att EU har en gemensam flyktingpolitik. Vi menar att de stora skillnaderna mellan medlemsländerna i såväl antalet asylansökningar som antalet beviljade ansökningar i relation till landets befolkning som vi identifierar tydliggör att EU i praktiken saknar en gemensam flyktingpolitik. När variationerna mellan medlemsländerna är så stora – där de som tar emot flest flyktingar tar emot över hundra gånger fler flyktingar per capita än de som tar emot minst – är det inte förvånande att försöken att införa en gemensam EU-politik har misslyckats och i stället bidragit till ökade spänningar. Det var först när de enskilda medlemsländerna hade stängt sina gränser hösten 2015 som EU åter kom att spela en viss roll.

Den förda politiken, migrationsströmmarna och hur väl flyktingarna integreras på arbetsmarknaden skiljer sig kraftigt mellan medlemsländerna, och det folkliga stödet för en gemensam europeisk flyktingpolitik är svagt. Flyktingpolitiken har, till skillnad från flera andra politikområden, aldrig harmoniserats. EU:s medlemsländer skiljer sig åt i allt för hög grad i flera viktiga avseenden – inkomst per capita, sysselsättningsmöjligheter, regeringens effektivitet, politisk historia och kultur – för att utgöra en stabil grund för en gemensam flyktingpolitik. De rätta förutsättningarna är helt enkelt inte för handen. Trots detta har ansträngningar gjorts för att förmå länderna att anta en likartad flyktingpolitik, vilket har givit upphov till spänningar som underminerat stödet för EU som helhet i flera länder.

Då den flyktingkris som kulminerade hösten 2015 i allt väsentligt kommit att hanteras på nationell nivå och inte på EU-nivå, har detta resulterat i en oförutsedd och oavsiktlig förstärkning av nationalstatens betydelse på EU-gemenskapens bekostnad. Ett av de tydligaste exemplen på detta är toppmötet i Budapest i juni 2018 mellan Österrikes förbundskansler Sebastian Kurz och ledarna för de fyra länderna i Visegrádgruppen (Polen, Tjeckien, Slovakien och Ungern). Ledarna för de fem länderna uttryckte ett samfällt missnöje med att EU negligerar betydelsen av medlemsstaternas nationella identitet och vad de uppfattar som den snabba centraliseringen av viktiga beslut, inte minst försöken att via införandet av ett kvotsystem tvinga medlemsstater att öka sitt flyktingmottagande.

De svårigheter som EU-samarbetet ställts inför i och med de senaste årens flyktingkris kan relateras till den akademiska diskussionen om EU-federalismens hållbarhet. Statsvetarprofessorn Daniel Kelemen hävdar att federalismen är instabil till sin natur och att den kan misslyckas antingen genom implosion eller explosion. Den EU-skeptiska debatten har till nyligen framför allt handlat om risken för implosion på grund av att allt för mycket makt centraliserats till den federala nivån. Ett misslyckande genom explosion, å andra sidan, innebär att samarbetet på federal nivå försvagas och att medlemsländerna i allt högre grad driver vad de uppfattar som sina egna nationella intressen, vilka kan stå i motsatsställning till de federala målen. Gradvis skulle detta rentav i ett värsta tänkbart scenario kunna resultera i en *de facto* upplösning av det federala systemet eller att en del länder överger systemet. Även om endast enstaka länder överger systemet eller om friktionen endast leder till ökad polarisering inom systemet, illustrerar detta risken att en gemensam flyktingpolitik kan vara skadlig. Varje beslut på EU-nivå med syfte att öka likriktningen i medlemsländernas flyktingpolitik behöver därför föregås av en noggrann granskning av vilka risker som dessa beslut kan föra med sig, exempelvis om de ökar sannolikheten för splittring och sönderfall.

Nationell flyktingpolitik måste överordnas den EU-gemensamma

Om man accepterar premissen att EU för närvarande bara har en gemensam flyktingpolitik på papperet, är följdfrågan om EU framdeles bör sträva efter att utveckla och genomdriva en gemensam politik på detta område. Om det är ekonomiskt och politiskt rationellt med en federal lösning då borde såväl Bryssel som de nationella regeringarna kraftfullt verka för att den politiska retoriken omvandlas till reell och bindande flyktingpolitik. Å andra sidan, om det inte finns stöd i medlemsländernas valmanskårer så skulle detta kunna slå tillbaka och undergräva förtroendet för EU-samarbetet. Nationellt motstånd mot en EU-gemensam flyktingpolitik blir mer sannolikt om det är stora skillnader i flyktingflödet till olika medlemsländer som härrör från ekonomiska, kulturella och politiska skillnader mellan dessa länder.

Motståndet mot en EU-gemensam flyktingpolitik tolkas ibland som inskränkt eller som en fråga om själviskhet, men kan också reflektera en rationell bedömning. Det faktum att flyktingfrågan givit upphov till så stora spänningar och konflikter mellan medlemsländerna indikerar att EU inte är en optimal region för flyktingmottagande. Motståndet har då en reell och naturlig grund och bör i så fall beaktas för att undvika uppifrån påtvingade åtgärder som kan hota hela EU-gemenskapens existens. I huvudsak bör därför flyktingpolitiken utformas på nationell nivå, givetvis i samarbete med den regionala och lokala nivån där de praktiska integrationsåtgärderna i form av utbildning, matchning till jobb och så vidare genomförs.

Att EU lyckats införa fri arbetskraftsrörlighet mellan medlemsländerna betyder således inte att EU också bör påtvinga alla en gemensam flyktingpolitik. Den stora flyktingkrisen 2015 visade också att nationalstaterna – till skillnad från EU – var kapabla att anpassa sin egen flyktingpolitik. Trots detta kan EU fylla en viktig roll i sammanhanget. En viktig skillnad mellan en valutaunion och en "flyktingunion" är att flyktingpolitik är avsevärt mer mångdimensionell, inte minst inbegriper den flera beslutsnivåer och ett flertal aktörer på varje nivå även nationellt. Det är fullt möjligt för medlemsländerna att besluta sig för att vissa delar av flyktingpolitiken beslutas nationellt medan andra delar beslutas på den federala nivån och därmed blir desamma för alla länder. Exempel på det senare inkluderar flyktinghjälp till länder som drabbats av krig eller naturkatastrofer, avtal på flyktingområdet med tredje land, räddningsaktioner i Medelhavet och kontroll av EU-ländernas gemensamma yttre gräns. En potentiellt effektiv lösning är att vissa delar av flyktingpolitiken såsom skydd av yttre gränser sköts av EU medan andra delar förblir nationella för att exempelvis underlätta integration och undvika spänningar.

De viktigaste policyåtgärderna och de organ som beslutar och genomför dessa, såsom myndigheter som beslutar om gränskontroller och bedömer asylansökningar, är och bör förbli nationella. Detta garanterar att deras agerande är i linje med den nationella opinionen. Nationalstaten är den enhet som tar emot flyktingar och i det fall asyl beviljas ansvarar för att vidta lämpliga åtgärder som underlättar integrationen. Nationalstaten är därför även framdeles den lämpligaste enheten för att reglera flyktingflödet, handlägga asylprocesserna och att svara för gränskontrollen mot andra EU-länder. När vi blickar framåt är det viktigt att dra rätt slutsatser från de senaste årens erfarenheter på flyktingområdet om nationalstaters centrala roll i flyktingpolitiken.

Källor och litteratur

Detta kapitel knyter an till två kapitel i denna årgång av *Europaperspektiv*: Magnus Blomgrens och Torbjörn Bergmans kapitel "EU-hybriden och den representativa demokratin – positioner och framtidsperspektiv" och Rikard Forslids och Sten Nybergs kapitel "Brexit och EU:s fortbestånd" där migrationspolitiken lyfts fram som en viktig förklaring till Storbritanniens beslut att lämna EU. De bidrag som är mest relevanta från tidigare årgångar av *Europaperspektiv* är Gregor Nolls kapitel "Asylsystemet, migrantnätverk och den informella arbetsmarknaden" från 2006 och Yves Zenous kapitel "Hur gemensam är integrationspolitiken i Europa?" från 2009. Zenou landar i slutsatsen vad gäller integrationen av EU-migranter att medlemsländerna – med tanke på kulturskillnaderna – inte ska försöka ha en EU-gemensam integrationspolitik.

Fri rörlighet för människor mellan Europas länder har alltid varit en av de bärande tankarna i visionen om ett enat Europa. Sådana tankar började framföras redan under 1800-talet. För en fördjupning kring detta hänvisas till Angelo Metzidakis artikel "Victor Hugo and the Idea of the United States of Europe" (*Nineteenth-Century French Studies* 23(1–2), s. 72–84, 1994). Det finns en omfattande litteratur om utvecklingen av Europasamarbetet under efterkrigstiden och fram till dagens EU, exempelvis Wolfram Kaiser och Antonio Varsoris, red., *European Union History: Themes and Debates* (London: Palgrave Macmillan, 2010). En bok som särskilt behandlar Storbritanniens mer avvaktande hållning är John W. Youngs bok *Britain and European Unity, 1945–92* (Basingstoke: Macmillan International Higher Education, 1993).

EU:s utveckling i federal riktning och vilka risker som finns med detta analyseras av R. Daniel Kelemen i artikeln "Built to Last? The Durability of EU Federalism", i Sophie Menuier och Kathleen R. McNamara, red., *Making History: European Integration and Institutional Change at Fifty* (Oxford: Oxford University Press, 2007).

De stora strukturella skillnaderna mellan medlemsländerna i inkomst och institutionell kvalitet och effekter av detta analyseras närmare av Selin Dilli, Niklas Elert och Andrea M. Herrmann i artikeln "Varieties of Entrepreneurship: Exploring the Institutional Foundations of Different Entrepreneurship Types through 'Varieties-of-Capitalism' Arguments" (*Small Business Economics* 51(2), s. 293–320, 2018) och av Niklas Elert, Magnus Henrekson och Mikael Stenkula i boken *Institutional Reform for Innovation and Entrepreneurship: An Agenda for Europe* (New York: Springer International Publishing, 2017). En viktig aspekt på detta är den EU-interna migration som uppstår till följd av skillnader i inkomst och sysselsättningsmöjligheter. I OECD-studien *Working Together for Local Integration of Migrants and Refugees* (Paris: OECD Publishing, http://dx.doi.org/10.1787/9789264085350-en, 2018) breddas perspektivet till att även innefatta flyktingmigranter.

Oxfordekonomen Paul Collier analyserar majoritetens vilja att bevara sin nationella identitet i boken *Exodus: How Migration is Changing our World* (Oxford: Oxford University Press, 2015).

För fördjupning kring EU:s regelverk och dess tillämpning röran-de flyktigmigration och beviljande av asyl hänvisas till: Francesco Cherubini, *Asylum Law in the European Union* (New York: Routledge, 2014), till Paul Craig och Gráinne De Búrca, *EU Law: Text, Cases, and Materials* (Oxford: Oxford University Press, 2011), Federico Lenzerini, *Asilo e Diritti Umani: l'Evoluzione del Diritto d'Asilo nel Diritto Internazionale* (Siena: Giuffrè Editore, 2009) och Tino Sanan-daji, *Massutmaning – ekonomisk politik mot utanförskap och antisocialt beteende* (Stockholm: Kuhzad Media, 2017). Turkiets speciella ställ-ning diskuteras av Karolina Edsbäcker i uppsatsen "Turkey's Asylum Policy in the Light of EU Accession: The Impact of Its Geographical Limitation to the Geneva Convention" (Statsvetenskapliga insti-tutionen, Lunds universitet, http://lup.lub.lu.se/student-papers/record/2063509, 2011).

I vad mån sexuell läggning kan utgöra grund för asyl inom EU analyseras av Derek McGhee i "Persecution and Social Group Status: Homosexual Refugees in the 1990s" (*Journal of Refugee Studies* 14(1), s. 20–42, 2001) och av Janna Wessels i "Sexual Orientation in Refugee Status Determination" (Refugee Studies Centre Working Paper No. 73, Oxford University, 2011).

De styrningsproblem som uppstår inom EU på grund av *multi-level governance* finns väl beskrivna i Liesbet Hooghes och Gary Marks gemensamma bok *Multi-Level Governance and European Integration* (Lanham, MD: Rowman & Littlefield, 2001).

Benägenheten i Sverige att placera flyktingar i avfolkningskommuner med svag arbetsmarknadsutveckling och effekter av detta analyseras av Alessandra Faggian och Özge Öner i studien "Location Decision of Refugees in the Receiving Country: The Swedish Case" (manuskript, Department of Land Economy, University of Cambridge, 2018) och av Johan Wennström och Özge Öner i "Political Hedgehogs: The Geographical Sorting of Refugees in Sweden" (IFN Working Paper. Stockholm: Institutet för Näringslivsforskning, 2019).

Den svenska utvecklingen vad gäller ökad etnisk heterogenitet och befolkningens syn på invandring analyseras närmare av Tino Sanandaji, dels i den ovan nämnda boken *Massutmaning*, dels i följande två uppsatser: "Swedes and Immigration: End of Homogeneity" och "Swedes and Immigration: End of the Consensus?" (Paris: Fondation pour l'Innovation Politique, http://www.fondapol.org/en/category/etudes-en/, 2018).

Citatet som definierar en flykting enligt Genevekonventionen är hämtat från den officiella svenska översättningen av Genèvekonventionen: http://www.humanrights.se/wp-content/uploads/2012/01/Konvention-angaende-flyktingars-rattsliga-stallning.pdf.

Källan till UNHCR:s syn i flyktingfrågor är UNHCR, "Protecting Refugees: Questions and Answers", http://www.unhcr.org/afr/publications/brochures/3b779dfe2/protecting-refugees-questions-answers.html (nedladdad 1 september 2018).

Dublinförordningen, som avgör vilket medlemsland i EU som är ansvarigt för att utvärdera en ansökan om asyl enligt Genèvekonventionen är tillgänglig här: https://eur-lex.europa.eu/LexUriServ/LexUriServ.do?uri=OJ:L:2013:180:0031:0059:EN:PDF. EU:s kvalifikationsdirektiv från 2011 är tillgängligt här: https://eur-lex.europa.eu/legal-content/SV/TXT/?uri=CELEX%3A32011L0095.

EU-kommissionens förslag till nya kvalifikationsregler från 2016 är tillgängligt här: http://www.europarl.europa.eu/RegData/docs_autres_institutions/commission_europeenne/com/2016/0466/COM_COM (2016)0466_EN.pdf (nedladdad 18 september 2018).

Schengenavtalet och omständigheterna som möjliggör förlängning av gränskontroller kan läsas här: https://eur-lex.europa.eu/eli/ reg/2016/399/oj. Här finns information om vilka Schengenländer som infört gränskontroller, motiveringen till detta och under vilken tidsperiod: https://ec.europa.eu/home-affairs/sites/homeaffairs/files/ what -we-do/policies/borders-and-visas/schengen/reintroduction-border-control/docs/ms_notifications_-_reintroduction_of_border_control_en.pdf.

Citatet rörande det europeiska asylsystemet (CEAS) på EU-kommissionens officiella webbplats är hämtat här: https://ec.europa.eu/ home-affairs/what-we-do/policies/asylum_en.

På uppdrag av EU-kommissionen genomförs regelbundna opinionsundersökningar om medborgarnas åsikter om unionen, den så kallade Eurobarometern. De resultat från Eurobarometerns opinionsundersökningar som redovisas är från "Spring 2018 Standard Eurobarometer: One Year Ahead of the European Elections, Trust in the Union and Optimism about the Future is Growing", http://europa.eu/rapid/press-release_IP-18-4148_en.htm (nedladdad 21 september 2018). Undersökningen från 2017 av Pew Research Center i Washington DC är "Post-Brexit, Europeans More Favorable Toward EU", http:// www.pewglobal.org/2017/06/15/post-brexit-europeans-more-favorable-toward-eu/pg_2017-06-15-eu-brexit-00-13/. SVT-undersökningen som refereras är "SVT:s Vallokalsundersökning: Riksdagsvalet 2018", https:// www.svt.se/omoss/media/filer_public/5c/17/5c17fc91-31c4-4e0a-a17f-b42318edf4a4/valuresultat_riksdagsval_pk_2018_vagda_0912.pdf.

För Eurostats definition av invandring, se "Glossary: Migration" i *Statistics Explained. Last Modified July 4, 2018*, http://ec.europa.eu/ eurostat/statistics-explained/index.php/Glossary:Migration.

Angående könsfördelningen bland de flyktingar som kommit över Medelhavet, se "UNHCR Operation Portal Refugee Situations", https://data2.unhcr.org/en/situations/mediterranean.

Uppgifter om antalet flyktingar och anhöriginvandrare som kan förväntas komma till Sverige framgent har hämtats i Migrationsverkets "Verksamhets- och utgiftsprognos 2018-07-29", Dnr 1.1.3-2018-92.

Brexit och EU:s fortbestånd

av Rikard Forslid och Sten Nyberg

Efter en lång period av ökad internationalisering, manifesterad i friare handel, utvidgning av EU och allt mer internationaliserade värdekedjor i produktionen tycks vi i slutet av 2010-talet kunna skönja en motreaktion. Förhandlingarna om frihandelsavtalet TTIP mellan EU och USA har avstannat, Storbritannien är på väg att lämna EU (Brexit) och sprickan mellan Katalonien och centralregeringen i Spanien har blivit allt djupare. Det nationella perspektivet har fått ett starkare genomslag i politiken i många länder och frågor om migration, brott och straff, och jobb som hotas av internationell konkurrens har kommit i förgrunden. Den tidsanda detta ger uttryck för kan ha många och komplexa orsaker, och vissa omvälvande händelser som Brexit bestäms med små marginaler. Utfallet är ingen historisk nödvändighet, utan hade mycket väl kunnat bli ett annat. Det finns dock underliggande ekonomiska förhållanden som kan kasta ett visst ljus över utvecklingen mot ökad nationalism och ett lands strävan att lämna EU-gemenskapen.

I detta kapitel kommer vi att med utgångspunkt från ekonomisk litteratur diskutera krafterna som får länder att gravitera mot ökad ekonomisk och politisk integration, respektive krafter som får dem att vilja frigöra sig från sådana överstatliga samarbeten eller unioner. Huvudfrågan är hur EU-gemenskapen skall kunna räddas och till med och stärkas i ljuset av de signaler som Brexit sänder ut. Vi vill också belysa skilsmässans anatomi mot bakgrund av Brexit-processen som illustrerar att det finns stora skillnader mellan parterna när det gäller deras respektive förväntningar på hur separationen kommer att ske.

Vilka förväntningar är rimliga, vilken retorik kan ligga i parternas egenintresse och hur kan parterna undvika att processen leder till ett ogynnsamt utfall? Dessa frågor får sitt svar liksom relaterade frågor om vilka faktorer som ligger bakom resultatet i den brittiska folkomröstningen och hur stor risken är för att ytterligare medlemsländer ska begära utträde från EU.

Kapitlet är disponerat som följer. I nästa avsnitt diskuterar vi hur EU växte fram i konkurrens med EFTA. Trots att EU-samarbetet innebär en viss överstatlighet, vilket bland annat flera av de tidigare EFTA-länderna var skeptiska till, kom fördelarna av en stor integrerad marknad att överväga till sist. Mot bakgrund av de ekonomiska fördelarna av en stor marknad kan man då fråga sig om en union som EU kan bli hur stor som helst. Detta analyseras inom den politisk-ekonomiska litteraturen om optimal statsbildning, vilket är temat i nästa avsnitt. Därefter diskuterar vi vad som händer om ett land lämnar unionen med utgångspunkt från de pågående Brexit-förhandlingarna, och de centrala tvistefrågorna handel och migration. Analysen belyser parternas incitament att positionera sig politiskt och retoriskt samt utmynnar i konkreta råd om hur förhandlingarna bör föras för att minimera skadorna av Brexit. Att den brittiska folkomröstningen landade i Brexit hänger också samman med att grupper i Storbritannien, liksom för övrigt i andra länder, upplever sig som förlorare på globaliseringen och den marknadsintegration som den inre marknaden innebär. Vi diskuterar i det följande avsnittet vad handelsteorin har att säga om detta. I avsnittet därefter diskuterar vi hur attityderna till EU utvecklats i olika länder. Medan Storbritanniens skepsis till EU är av gammalt datum ser vi inte några motsvarande mönster för andra länder. Slutligen ger vi utifrån vår egen och andras forskning policyrekommendationer för hur vi anser att EU-gemenskapen skall kunna bevaras och fler exit undvikas i ljuset av erfarenheterna från Brexit-processen.

Ett enat Europa – Men hur? Överstatlighet versus mellanstatlighet

> Vi måste bygga ett slags Europas förenta stater. Endast på detta sätt
> kommer hundratals miljoner arbetare att kunna återfå de enkla glädje-
> ämnen och förhoppningar som gör livet värt att leva.
>
> Winston Churchill, Zürich universitet, 19 september 1946

Det är 2019 något ironiskt att Churchill var den förste som offentligt talade om betydelsen av ett enat Europa och möjligheten att bilda någon slags federal europeisk stat.

Det kalla kriget, som bröt ut mycket snart efter andra världskrigets slut gjorde det nödvändigt att skapa ett ekonomiskt och militärt starkt och enat Europa bland länderna utanför Warszawa-pakten. Det fanns emellertid redan från början en spänning mellan de som tänkte sig ett samarbete av överstatlig karaktär där slutmålet kunde vara någon typ av federal stat och de som ville ha ett mellanstatligt samarbete av oberoende stater.

Kol- och stålunionen som bildades 1951 med Be-Ne-Lux länderna, Tyskland, Italien och Frankrike är fröet till nuvarande EU. När sedan dessa länder 1958 fördjupade samarbetet och bildade tullunionen EEC fanns flera federala inslag. EEC hade t.ex. redan en domstol (numera EU-domstolen) och ett parlament (Europaparlamentet). En tullunion innebär också nödvändigtvis en viss överstatlighet eftersom ett land i en tullunion inte längre kan bestämma sina egna tullar (se Per Cramérs kapitel i Europaperspektiv 2018).

EFTA, som bildades 1960 med Danmark, Norge, Portugal, Schweiz, Storbritannien, Sverige och Österrike som medlemmar, var istället ett frihandelsavtal. Det vill säga ett samarbete mellan självständiga stater som även kan sätta sina egna tullar. Man skulle kunna säga att EEC (EU) och EFTA manifesterade två olika visioner av hur Europasamarbetet skulle se ut. Det fanns emellertid en inneboende ekonomisk instabilitet i arrangemanget med två frihandelsområden i Europa, som hade att göra med frihandelsområdenas olika storlek.

Allt annat lika är det bättre för ett företag att ha tillgång till en större marknad än en mindre, och redan från början var marknaden

127

som representerades av EU-länderna ungefär dubbelt så stor som EFTA-marknaden. Även om det fanns handelsavtal mellan EFTA och EU fick företagen inom vardera sammanslutningen en viss konkurrensfördel i sitt eget frihandelsområde jämfört med företagen utifrån. Marknadsstorleken gav alltså EU en fördel. Det fanns därför ett visst incitament för länder att byta från EFTA till EU om man ser till den marknadsaccess som sammanslutningarna gav. Antag nu att ett land skulle finna det fördelaktigt att lämna EFTA och att gå med i EU. Om detta sker ökar skillnaden i marknadsstorlek ännu mer. Detta kan i sin tur leda till att ytterligare länder byter från EFTA till EU. Man kan alltså få en snöbolls- eller domino-effekt, där den mindre sammanslutningen kollapsar. Denna logik har beskrivits av professor Richard Baldwin i hans studie från 1999. I fallet med EU och EFTA var det också just detta som inträffade.

När Storbritannien, som var det överlägset största landet inom EFTA, ansökte om EU-medlemskap 1961 utlöstes en kraftig domino-effekt. Flera av de mindre EFTA-länderna ansökte skyndsamt om EU-medlemskap. Överraskande fick emellertid Storbritannien nej, eller snarare "non", på sin EU-ansökan. Frankrikes president De Gaulle, som såg ett brittiskt medlemskap som en trojansk häst för amerikanskt inflytande, blockerade Storbritanniens medlemskap under hela sin presidentperiod. Storbritannien blev inte medlem förrän 1973 och då tillsammans med Danmark och Irland. EU fortsatte att fördjupas och att växa, och ju större och mer integrerad EU-marknaden blev, desto större blev nackdelen för länder att stå utanför. Det är därför naturligt att nästan alla EFTA-länderna till sist anslöt sig till EU.

Perioden 1973–1986 präglades av europessimism. Efter oljechockerna 1973 och 1979 hade den europeiska ekonomin svårt att få upp farten. Den ekonomiska tillväxten liksom arbetsmarknaden utvecklades svagt och i jämförelse med USA framstod Europas ekonomi som speciellt trög. Detta var bakgrunden när EU 1986, genom den Europeiska enhetsakten (92-programmet), beslöt att genomföra en svepande liberalisering av ekonomin. 1992-programmet innebar upprättandet av den inre marknaden med fri rörlighet för varor, tjänster, kapital och arbetskraft. Samtidigt tog mängder av icke-tariffära handelshinder bort: tekniska standarder harmoniserades, gräns-formaliteter förenklades eller togs bort, och reglerna för offentliga upphandlingar utformades så att företag från andra EU-länder skulle få tillträde. Nästa steg, när den inre marknaden var genomförd, blev att introducera den gemensamma valutan euron genom Maastricht fördraget (1992). Samtidigt som EU på detta sätt fördjupades växte även unionen. 1986 blev Portugal och Spanien medlemmar och 1995 gick även de tidigare EFTA-länderna Finland, Sverige och Österrike med i EU.

Berlinmurens fall i november 1989 innebar att de östeuropeiska länderna i ett slag blev kandidater till EU, och inom EU fanns delade meningar om huruvida det var bäst att först fördjupa unionen och sedan att utvidga den, eller om ordningen borde vara den motsatta. I slutändan blev det både utvidgning och fördjupning ungefär samtidigt. EU gjorde en stor utvidgning österut år 2004 med länderna Cypern, Estland, Lettland, Litauen, Malta, Polen, Slovakien, Slovenien, Tjeckien och Ungern, och 2007 blev Bulgarien och Rumänien medlemmar. Det senaste medlemslandet är Kroatien, som anslöts 2013. EU har på detta sätt blivit mera heterogent, vilket utifrån ekonomisk teori kan vara ett problem i sig.

Är EU för stort eller för litet?

EU bestod ursprungligen av sex länder (Be-Ne-Lux, Tyskland, Frankrike och Italien), men har i början av 2019 utvecklats till en union av 28 länder och flera potentiella medlemsländer står på tur. En grundläggande fråga är då hur stort EU kan eller bör bli. Kommer en alltför stor union att falla sönder eller är det snarare en förutsätt-ning för att unionen ska fortleva?

Traditionellt har forskningen inom politisk och ekonomisk his-toria betonat att framgångsrika statsbildningar karakteriseras av goda förutsättningarna för skatteintäkter (se till exempel Brewer och Tilly 1989 och 1990). Senare forskning av forskare som Acemoglu 2005 och Beasly tillsammans med Persson 2009 har betonat vikten av institutioner som underlättar internationell handel och bidrar till fungerande marknader. I EU:s fall handlar det framför allt om det senare. Det vill säga, att etablera en väl integrerad och fungerande marknad i Europa. Däremot har EU en mycket begränsad beskattningsrätt som i stort sett enbart består av uppbörd av tullar och en årlig avgift på omkring en procent av medlemsländernas BNP.

När det gäller staters optimala storlek har bl.a. de USA-baserade professorerna Alesina och Spolarore tidigt (1997) pekat på den avvägning som behöver göras mellan ekonomisk effektivitet och möjligheten att tillfredsställa invånarnas skiftande preferenser. En stor statsbildning, eller ett stort land, har för det första en fördel när det gäller att producera så kallade kollektiva nyttigheter som har skalfördelar i produktionen. Detta kan till exempel gälla nationellt försvar, fysisk och immateriell infrastruktur samt branscher förknippade med detta. För det andra innebär en större statsbildning, eller en union, också en större marknad, inte minst om handel och rörlighet över nationsgränser annars inte är fri. EU utgör (liksom en nationalstat) ett frihandelsområde, och värdet av detta ökar med områdets storlek. En större marknad utan nämnvärda handelshinder medger också ökad specialisering och skapar ett starkare konkurrenstryck. Båda dessa faktorer tenderar att leda till lägre kostnader, ett mer varierat utbud och högre kvalitet.

Samtidigt är det svårare för en regering (eller kommissionen i EU:s fall) att ta hänsyn till speciella preferenser bland delar av medborgarna i ett land med stor befolkning, eller hos vissa medlemsstater i en union med många medlemsländer. EU:s subsidiaritetsprincip vittnar om att man i alla fall i viss mån försöker begränsa det överstatliga beslutsfattandet. Inte desto mindre är närvaron av olika EU-regelverk påtaglig. Detta intryck kan naturligtvis förstärkas om nationella politiker hänvisar till konformitet med EU för att motivera impopulär lagstiftning, som kanske ändå hade varit nödvändig att genomföra även om landet hade stått utanför EU.

Politiken inriktas typiskt sett efter medianväljaren. I ett tänkt land med en invånare är politiken perfekt anpassad efter dennes preferenser, men allt eftersom befolkningen blir större, och inte minst mer heterogen, kommer allt fler individer att ha uppfattningar som ligger långt från medianväljarens preferenser. Ett exempel är väljarnas preferenser för omfördelning och omfördelande skatter. Forskarna

Bolton och Roland visade 1996 och 1997 att ökande skillnader i sådana preferenser kan leda till politisk spänning och polarisering. Om dessa skillnader dessutom har en tydlig geografisk eller etnisk dimension kan de leda till ett starkare politiskt stöd för en separation. Värt att notera är dock att migration inom unionen även kan minska denna typ av spänningar.

Man kan alltså säga att politiken i ett stort land, eller en stor union, är sämre anpassad till väljarnas preferenser. Detta problem har förstås inte blivit mindre när EU har expanderat. Dessutom har en del av de senast anslutna medlemsländerna uppvisat politiska preferenser som ligger långt ifrån EU:s kärnländer.

Alesina och Spolare pekar i sin teoretiska analys på att demokratiskt beslutsfattande under sådana omständigheter kan leda till alltför små statsbildningar. Forskarna Gancia, Ponzetto och Ventura undersökte effekterna av globalisering i en utvidgad analys 2016, som beaktar att staten både tillhandahåller ett institutionellt ramverk för marknaden och offentliga tjänster till befolkningen samt att det finns synergier mellan dessa verksamheter. De finner att globalisering till en början kan driva fram större statsbildningar, vilket historiskt sett ofta varit förknippat med väpnade konflikter, men att den önskade minskningen av handelskostnaderna i senare skeden kan ske fredligt inom ramen för ekonomiska unioner. De ekonomiska vinsterna av marknadsintegration, i kombination med heterogeniteten avseende den service som efterfrågas inom området, kan då motivera en uppdelning av ansvaret för marknadens institutionella ramverk och tillhandahållandet av tjänster mellan unionen och dess medlemsländer även om det sker på bekostnad av synergierna.

I EU:s fall har skalfördelarna med en stor union främst manifesterats genom den inre marknaden som innebär fri handel, fria kapitalrörelser och fri rörlighet av arbetskraften. Däremot har EU inte kunnat utnyttja skalfördelar t.ex. i form av ett gemensamt försvar. Här har EU uppenbarligen vissa begränsningar i förhållande till en nationalstat. Alternativt skulle man kunna säga att EU här har en outnyttjad potential.

EU:s subsidiaritetsprincip kan ses som en ambition att minska friktionen mellan strävan efter standardisering och olikheter i med-

lemsländernas preferenser. Samtidigt saknas inte exempel på politik-
områden som är kontroversiella i detta avseende. Jordbrukspolitiken
är ett sådant område. Införandet av EU:s sociala pelare kan också
komma att innebära ingripande förändringar i för medlemsstaterna
viktiga politikområden.

Det faktum att Storbritannien nu röstat för att lämna unionen
skulle kunna tolkas som att EU är nära sin maximala storlek där
skillnaderna mellan länderna blivit så stora att unionen får svårt att
hålla ihop. Det är inte ovanligt att Brysels politik kommer i konflikt
med enskilda medlemsländers preferenser. På senare tid har sådana
konflikter uppstått i förhållande till exempelvis Polen, Ungern och
Italien. Däremot är det bara i Storbritanniens fall som avvägningen
mellan fördelarna med en stor marknad och nackdelen med bris-
tande anpassning av det överstatliga beslutsfattandet till nationella
preferenser tycks ha vägt över till den senare vågskålens fördel.

En viktig faktor vid en sådan bedömning är förstås förväntning-
arna på vad ett utträde från EU innebär. Idealt skulle en nation
som träder ut vilja behålla fördelen av en stor marknad samtidigt
som man tillförsäkrar sig autonomi i de frågor där de viktiga kon-
fliktytorna gentemot unionen finns, det vill säga att äta kakan och
samtidigt ha den kvar. Notera att Storbritannien har uttryckt tydliga
förhoppningar om att behålla en relativt fri varuhandel med resten
av EU samtidigt som man önskar vinna ökad kontroll över migra-
tion och lagstiftning. Tillförsikten i detta avseende kan avspegla att
Storbritannien som medlemsland varit framgångsrikt i att förhandla
fram speciella villkor för sitt medlemskap samtidigt som man kanske
inte har beaktat att förhandlingsstyrkan minskar om man väljer att
lämna unionen, vilket berörs i nästa avsnitt.

Brexit kan också komma att påverka hur EU-samarbetet mellan
de kvarvarande länderna utvecklas framöver. En respons på Brexit
från bl.a. Frankrike och Tyskland har varit att EU nu måste fördjupas,
vilket kan illustreras av följande uttalande av Frankrikes president
Emmanuel Macron:

> Det är också en historisk kamp för vår kontinent, och jag kommer att
> lägga all min energi för att leda den och att vinna den. Jag tror att sedan

andra världskriget har det aldrig varit ett ögonblick av sådan historisk
betydelse, där våra traditionella allianser görs bräckliga, där frågan om
den globala ordningen omprövas, där frågan om europeisk suveränitet,
inklusive försvarsfrågor, är så mycket på spel och vi kommer att se det i
samband med nästa Nato-toppmöte. Det är också en fråga om vår egen
inre solidaritet. Så de som hade tvivel eller trodde att de kunde bortse
från dessa frågor. Ja, historien är tillbaka. Och det är dags för beslut.

EU-toppmötet 17/5-2018, Sofia

När Storbritannien lämnar EU skulle unionen därför kunna komma
att utvecklas i en mera federal riktning, vilket kan bidra till att
förverkliga outnyttjade skalfördelar inom unionen. Men samtidigt
innebär en sådan utveckling mer överstatlighet vilket är svårsmält för
flera mindre EU-länder. Splittringen inom EU när det gäller graden
av överstatlighet är av gammalt datum och den är på många sätt
central när det gäller Brexit.

Nationalstaten lämnar unionen – Brexit

Avvägningen mellan den standardisering som krävs för att uppnå
fördelarna med en gemensam marknad och de anpassningar som
är nödvändiga för att tillmötesgå skillnader i nationella preferenser
är inte exakt eller likformig. Nationalstaten kan på så sätt göra sig
gällande även inom en union. Inom EU har olika undantag och speci-
allösningar gjorts för enskilda länder, inte minst för Storbritannien.
Samtidigt finns det en kärna av åtaganden inom unionen som är
svårare att rucka på. Att som Storbritannien söka mer långtgående
autonomi och lämna ett unionssamarbete är ett stort steg. Nedan
diskuterar vi olika möjliga utfall av Brexit och hur dessa utfall påver-
kas av hur Brexitförhandlingarna bedrivs.

Beslutet att träda ut påverkar förhandlingssituationen gentemot
unionen. Motivet att göra eftergifter i syfte att avvärja att ett land
lämnar unionen försvinner om utträdet redan är beslutat. För de
kvarvarande länderna kommer också marknaden inom unionen att
vara väsentligt viktigare än handelsrelationen med det utträdande

landet och unionen kan därför istället vilja markera mot det utträdande landet i syfte att avskräcka andra länder från att följa efter.

Effekterna av Brexit beror på hur Brexitförhandlingarna landar. Flera olika utfall är möjliga. Det enklaste vore om Storbritannien enligt norsk modell stannade inom den inre marknaden utan att vara medlemmar av EU, men det får anses osannolikt eftersom Storbritannien då skulle behöva acceptera fri rörlighet av arbetskraft. Det mest kostsamma utfallet är om Storbritannien och EU inte lyckas förhandla fram något handelsavtal alls, vilket innebär att världshandelsorganisationens (WTO) tullar kommer att gälla mellan EU och Storbritannien. Alltså i princip samma handelsförhållande som gäller mellan EU och USA idag. Detta skulle drabba europeiska konsumenter eftersom brittiska varor och tjänster blir dyrare och det skulle drabba europeiska företag som då får svårare att exportera till Storbritannien. De allvarligaste effekterna av ett utträde torde dock uppstå i Storbritannien.

En grupp forskare vid London School of Economics, med professor Dingra i spetsen, beräknade 2016 hur stora kostnaderna kan bli för Storbritannien, såväl som för övriga EU-länder. De landade i årliga kostnader för Storbritannien på 1,3–2,6 procent av BNP beroende på vilket handelsavtal som uppnås. Effekterna kan på sikt bli två till tre gånger större när man tar hänsyn till effekterna på utländska direktinvesteringar och på tillväxten. Kostnaderna av minskad handel blir ungefär lika stora för EU i absoluta termer, men eftersom EU har en 10 gånger större ekonomi blir kostnaderna i förhållande till BNP ungefär 10 gånger lägre. EU är därför mycket viktigare som handelspartner för Storbritannien än Storbritannien är för något enskilt EU-land.

Förhandlingarna vid ett utträde kompliceras också av att politiska och ekonomiska överväganden är sammanflätade. Folkomröstningen om Brexit och de politiska ställningstaganden som gjordes i samband med, och efter, denna har haft stor betydelse för det politiska handlingsutrymmet på den brittiska sidan. Under processen har EU också positionerat sig avseende till exempel de fyra friheternas odelbarhet, vilket sammantaget snävar in utrymmet för fruktbara förhandlingar. Detta kan sägas vara ett exempel på det man kallar two-level games (efter Putnam 1988), dvs. att det politiska spelet på nationella arenor samspelar och påverkar utfallet i förhandlingar mellan nationer. Genom att binda sig hårt med politiska utfästelser till den egna väljarbasen kan man göra det politiskt dyrbart att retirera i Brexit-förhandlingarna och därigenom uppnå ett mer gynnsamt utfall. Om båda parter intar hårdnackade positioner i detta syfte uppstår dock samtidigt en risk för att förhandlingarna havererar eller resulterar i ett sämre utfall för båda parter. Vi har i en studie från 2017 belyst denna problematik. Baserat på den studien analyserar vi nedan Brexit-förhandlingarna i termer av ett sekventiellt spel där parterna kan binda sig vid ståndpunkter avseende migration och tillgång till den gemensamma marknaden.

Nationalstaten Storbritannien måste även efter EU-utträdet förhålla sig till EU, och hur detta förhållande kommer att se ut bestäms av Brexit-förhandlingarna. I det som följer bortser vi från den irländska gränsdragningsproblematiken och fokuserar på handel och migration. Dessa frågor av principiellt olika karaktär. Vad gäller arbetskraftens rörlighet har EU och Storbritannien uttryckt direkt motsatta intressen. Vad gäller handelsfrågorna borde parterna ur en ekonomisk synvinkel ha sammanfallande intressen gällande fri handel, men som tidigare nämnts har EU tydligt uttalat att de fyra friheterna är odelbara. Det är också värt att notera att parterna unilateralt kan begränsa inskränkningar i såväl rörlighet av arbetskraft som varor, medan fri handel eller fri rörlighet förutsätter samtycke från båda parter. Detta innebär att den part som vill något i minst utsträckning har möjlighet att genomdriva sin ståndpunkt unilateralt. Analysen kan därför begränsas till Storbritanniens val av arbetskraftsmobilitet och EU:s eventuella inskränkningar av Storbritanniens tillgång till den gemensamma marknaden.

EU:s uttalanden om friheternas odelbarhet kan avspegla en genuin preferens, exempelvis betingad av en önskan av att inte öppna för en myriad av speciallösningar för olika medlemsländer till förfång för marknadsintegrationen. De olika friheterna kan i detta avseende vara komplementära. Detta innebär i så fall att en starkare inskränkning av arbetskraftsrörligheten från Storbritanniens sida gör EU mer benäget att begränsa tillgången till den gemensamma marknaden.

Handelshinder upplevs då som billigare om mobiliteten redan är låg.

Ett annat syfte kan vara att visa andra medlemsländer, som kan tänkas överväga ett utträde, att ett utträde oundvikligen innebär att tillgången till den gemensamma marknaden beskärs. Forskaren De Vries menar i en studie från 2018 att Brexit utgör en referenspunkt för de ekonomiska och politiska konsekvenserna av ett utträde, och därigenom också påverkar stödet för EU bland medlemsländerna. De Vries rapporterar 2017 resultat i linje med detta och konstaterar (med vår översättning) att "Dessa tyder på att det kommer att vara av avgörande betydelse för EU och de nationella regeringarna i de kvarvarande 27 medlemsstaterna att försäkra sig om att det brittiska exemplet inte blir ett positivt prejudikat." Retoriken om friheternas odelbarhet skulle också kunna vara ett tomt hot som EU använder i syfte att pressa Storbritannien i de andra frågorna. I ett sådant fall, dvs. om mer handel är bättre än mindre handel för EU, oaktat vissa begränsningar i den fria rörligheten, skulle en hårdnackad brittisk linje i migrationsfrågan vara framgångsrik. Om det inte är ett tomt hot, kan en hårdnackad linje istället leda till ett sammanbrott eller åtminstone ett ogynnsamt utfall.

Noteras bör att det är viktigt i vilken ordning frågorna avgörs. Vi finner i vår studie från 2017 att det är viktigt att först förhandla frågor där parterna har direkt motsatta intressen, som migrationsfrågorna, och att sedan förhandla handelsfrågorna där Storbritanniens och EU:s intressen torde överensstämma i större utsträckning.

Om tillgången till den gemensamma marknaden fastställs först saknar Storbritannien skäl att ta hänsyn till EU:s önskemål avseende arbetskraftens rörlighet i nästa fas. Detta torde stå klart för EU redan från början och tillträdet till den gemensamma marknaden skulle därför bestämmas mot bakgrund av mycket lågt ställda förväntningar på arbetskraftsrörlighet. Om EU betraktar de fyra friheterna som odelbara kan en sådan förhandlingsordning därför leda till betydande inskränkningar av handeln. Om istället arbetskraftens rörlighet bestäms först, så kommer Storbritanniens agerande att påverka förutsättningarna för att uppnå fri handel. Storbritannien har därför goda skäl att överväga hur dess migrationspolitik påverkar EU:s inställning till frihandel, vilket leder till utfall med högre arbetskraftsmobilitet och friare handel. Ju trovärdigare Storbritannien uppfattar EU:s uttalanden om de fyra friheternas odelbarhet desto större anledning har man att gå EU tillmötes avseende den fria rörlighet av arbetskraft. Detta kan dock i sin tur komma att snedvrida EU:s retorik och leda till en överdriven betoning av friheternas odelbarhet. I vår studie från 2017 visar vi också att EU kommer att ha incitament att alltid hävda friheternas odelbarhet, även om EU:s faktiska preferenser skulle innebära att mer handel alltid är bättre än mindre handel. EU skulle till och med kunna vinna på att binda sig till att faktiskt agera i strid med sina sanna preferenser om detta skulle kunna påverka Storbritanniens agerande tillräckligt mycket i gynnsam riktning.

Det kan vara värt att notera att en stark komplementaritet mellan friheterna innebär att EU skulle reagera hårdare på begränsningar i arbetskraftsrörlighet vilket kan ha en återhållande effekt på Storbritanniens migrationspolitik. Det innebär *inte* en starkare vilja att straffa Storbritanniens utträde eller avskräcka andra medlemsländers utträde. EU har inget att vinna på att exempelvis elda upp en opinion för att straffa Brexit mer än vad som kan tänkas vara motiverat för att minska risken för att ytterligare medlemsländer begär utträde.

Ju mer EU betraktar dessa friheter som odelbara, desto viktigare blir det att först göra upp om migrationsfrågorna. Ur detta perspektiv tycks EU hittills ha haft den mest rationella synen på förhandlingarna. Medan Storbritannien gärna har velat tala om det framtida handelsförhållandet har EU krävt att man först ska komma till avslut när det gäller en del stötestenar där parterna har helt motstridiga intressen, och EU har här fått igenom sin vilja. Om nu migrationsfrågorna kunde lösas först finns det större förutsättningar för en lösning med relativt fri handel mellan Storbritannien och EU.

I diskussionen ovan har inskränkningar i det fria handelsutbytet dels fungerat som ett sätt att avskräcka andra EU-länder från utträde ur unionen och dels som en mekanism för att minska Storbritanniens begränsning av arbetskraftens rörlighet. Handelshinder är dock ett trubbigt instrument för avskräckning i båda dessa avseenden i och med att de också skadar EU. En hög utträdesnota i termer av betydande bidrag till EU:s budget kan också uppnå en avskräckande effekt, samtidigt som det gynnar EU finansiellt och inte har någon snedvridande effekt på handeln. Friare handel och en högre utträdeskostnad kan därmed gynna båda parter.

Den inre marknadens vinnare och förlorare

Efter de fria rörligheternas införande inom EU har, föga överraskande, såväl handel som arbetskraftsmobilitet ökat, det senare inte minst i kölvattnet av EU:s östutvidgning. Speciellt Storbritannien har upplevt en kraftig ökning av arbetskraft från övriga Europa (se Figur 6 senare i kapitlet). Vilka ekonomiska effekter kan då ökad handel och migration tänkas ha på olika grupper och i vilken utsträckning kan detta förklara motstånd mot integration och ökad nationalism? Nedan diskuterar vi översiktligt några enkla ekonomiska mekanismer som kan ha viss bäring på detta.

Även om minskade handelskostnader och integration i det stora hela är ekonomiskt gynnsamt så finns det i allmänhet både vinnare och förlorare. När länder på samma utvecklingsnivå handlar med varandra är dessa problem mindre. När t.ex. Sverige exporterar Volvobilar till Tyskland och samtidigt importerar tyska BMW-bilar skapas vinster i båda länderna utan direkta förlorare. Teorin kring denna typ av handel, som man brukar benämna intra-industriell handel, utvecklades först av nobelpristagaren Paul Krugman i två artiklar 1979 och 1980. Däremot, när länder på olika utvecklingsnivåer handlar med varandra skapas vinnare och förlorare inom länderna. Detta brukar illustreras i enklast tänkbara handelsmodell med två länder, två varor och två produktionsfaktorer. De senare kan vara t.ex. hög- och låg-utbildad arbetskraft, och i produktionen av den ena varan används relativt mer av högutbildad arbetskraft än i den andra. I frånvaro av handel inriktar länderna sin produktion på en mix som bäst svarar mot den lokala efterfrågan. Med fri handel vinner länderna på att inrikta sin produktion mot den vara där de har så kallade komparativa fördelar. Det innebär att det land som har en relativt sett bättre tillgång till högutbildad arbetskraft, som vi kan kalla det rika landet, inriktar sin produktion på varan som kräver mer av denna resurs och vice versa. En sådan "globalisering" leder till ökad total produktion men kommer också att gynna högutbildade i det rika landet och lågutbildade i det fattiga landet eftersom båda grupperna drar fördel av den ökning av exporten handeln medför. Lågutbildade i det rika landet och högutbildade i det fattiga landet drabbas istället av importkonkurrensen och får se sina löner falla. Handeln leder till att faktorpriserna utjämnas mellan länderna. Med denna typ av resonemang är det också naturligt att förvänta sig att globaliseringsmotstånd och krav på handelshinder uppvisar samma mönster. Inom EU finns mycket intra-industriell handel mellan de rikaste länderna samtidigt som handelsutbytet mellan de gamla EU-länderna och en del av de nyare och fattigare medlemsstaterna baseras på komparativa fördelar. Handelsexemplet ovan belyser bara handel och säger inte något om effekterna av migration.

Men när ett land importerar en vara importeras inte bara materialet varan är gjord av utan faktiskt också arbetet som lagts ner på att producera varan. Till exempel, importen av kläder från låglöneländer innebär, förutom import av tyget, även en import av lågavlönat arbete. En konsekvens av detta är att fri internationell handel har samma effekt som migration av arbetskraft. Importen av varor som producerats av en stor andel lågutbildad arbetskraft har principiellt samma effekt som om denna arbetskraft flyttar till importlandet. Omvänt innebär fri handel att arbetskraften inte behöver flytta geografiskt. Fri rörlighet i en av dessa dimensioner räcker alltså teoretiskt sett för att löner och andra faktorpriser skall utjämnas mellan länder. Dock ser världen inte riktigt ut så. Det finns gott om exempel på bestående löneskillnader mellan länder som svårligen kan förklaras med motsvarande skillnader i produktivitet. En orsak till detta är att alla varor och tjänster inte är föremål för handel. I ett land med högproduktiv arbetskraft i de konkurrensutsatta sektorerna kommer lönenivån i dessa att vara hög och detta spiller sedan över på de icke-konkurrensutsatta sektorerna (av ekonomer benämnt Balassa-Samuelson-effekten).

Ur ekonomisk synvinkel skulle därför arbetskraftsmigration kunna tänkas ha ett lite bredare genomslag än handel, eftersom det kan påverka den inhemska arbetskraften i både konkurrensutsatt och icke-konkurrensutsatt sektor. Ett exempel är byggsektorn. Hus och husreparationer kan av praktiska skäl inte handlas i någon större utsträckning. Därför är byggsektorn till stor del skyddad från utländsk konkurrens genom handel. Men när byggnadsarbetare kan migrera inom EU får det samma effekt som om man faktiskt kunde handla med hus och husreparationer. Det vill säga det leder till lägre priser på byggtjänster i de höglöneländer dit byggarbetarna flyttar. Därför kan det finnas ett bredare motstånd mot migration än mot handel i rikare länder om migrationen företrädesvis tar sig uttryck i arbetskraft med låg- eller medellång utbildning som konkurrerar om lågkvalificerade jobb. Det finns också viss evidens för skillnader i attityd till migration mellan dem som är verksamma i konkurrensutsatt respektive icke-konkurrensutsatt sektor, något som är i linje med dessa resonemang (Mayda 2009).

En annan aspekt av EU:s inre marknad är att handel och migration påverkar industrins lokalisering. Handeln leder till internationell specialisering, och denna specialisering innebär en förändring i ländernas industristruktur. Produktionen i exportindustrin ökar medan produktionen i viss importkonkurrerande industri minskar eller läggs ner. I speciellt de rikare EU-länderna har tjänsteindustri och högteknologisk industri ökat i betydelse. Omstruktureringen av industrin påverkar industrins lokalisering. Den avancerade tjänsteindustrin dras till områden med god tillgång på kvalificerad arbetskraft, och till områden där företagen kan dra nytta av tekniköverföring från andra företag i branschen. Det vill säga till de tjänsteindustriella klustren som nästan uteslutande ligger i anslutning till storstäderna och universitetsstäderna. Utvecklingen har lett till en ökad klyfta mellan stad och land, där invånarna i landsbygden i många fall upplever sig som förlorare.

Migration innebär också ett möte mellan olika kulturer som kan vara både berikande och skapa friktion, och attityderna till migration kan också av detta skäl skilja sig från inställningen till handel. Inom EU kan den kraftigt ökade flyktinginvandring under senare tid tänkas påverka synen även på arbetskraftsinvandring och EU:s fria rörligheter (se kapitel av Henrekson, Sanandaji och Öner i denna bok).

I en studie av den brittiska folkomröstningen om EU som publi-

BREXIT OCH EU:S FORTBESTÅND ...

cerades 2017 undersöker Becker, Fetzer och Novy vad som utmärker de som röstade för att lämna EU. De finner att exponeringen mot EU i termer av migration och handel förklarar relativt lite av variationen i röstresultaten. Istället konstaterar de att grundläggande karakteristika hos väljarna var centrala för att förklara röstandelen för att lämna, speciellt utbildningsnivå, historiskt beroende av jobb inom tillverkningsindustrin, låga inkomster och hög arbetslöshet. De påpekar att resultaten tyder på att policyfrågor som avser nedskärningar och migration är speciellt förknippade med en hög röstandel för att lämna när de lokala socio-ekonomiska förhållandena är svaga (låga inkomster och hög arbetslöshet) och när den lokala befolkningen är sämre rustad att anpassa sig till negativa chocker (pga. låg utbildning).

Författarna undersöker även i vilken utsträckning motsvarande mönster förklarar röstandelen för Marine Le Pen i det franska presidentvalet, mot bakgrund av att båda valen präglades av populistiska strömningar, där UKIP var tongivande i det brittiska fallet och Front National i det franska. Begränsningar avseende tillgängliga data gör att jämförelsen haltar något men det visar sig att mönstret är likartat, och att utbildningsnivån är viktig. En prediktion av röstandelen för Le Pen i det franska valet baserad på koefficienterna som estimerats för Brexit förklarar ungefär hälften så mycket av variationen som den bästa prediktionen baserat på franska koefficientestimat.

Ett annat exempel finns i Sverige där framförallt ett riksdagsparti har givit uttryck för både nationalistiska och EU-skeptiska ställningstaganden, nämligen Sverigedemokraterna. En studie av Dal Bó, Finan, Folke, Persson och Rickne från 2018 undersöker egenskaper hos såväl företrädare för partiet som deras väljare. Studien utgår från två ekonomiska förändringar: en serie reformer som ökat inkomstskillnader mellan insiders och outsiders på arbetsmarknaden och finanskrisen som förde med sig en fördubblad arbetslöshetsrisk för sårbara grupper. Författarna finner att förlorare i båda dessa avseenden är överrepresenterade bland företrädare för Sverigedemokraterna, relativt andra partier. Vidare är ökade inkomstklyftor på lokal nivå samt en högre andel sårbara insiders förknippat med ett ökat stöd för Sverigedemokraterna.

Attityder till EU i olika medlemsländer

Efter att EU:s inre marknad sjösatts 1992 blev nackdelarna av att stå utanför EU mycket påtagliga, och fanns en stark oro inom näringslivet i EFTA-länderna för konsekvenserna av att stå utanför den inre marknaden. De stora företagen reagerade genom att se till att ha en fot inom den inre marknaden, och i många fall uppnåddes detta genom direktinvesteringar och företagsuppköp i EU. Till exempel var Sverige under en kort tid en av de absolut största investerarna i EU, vilket då uppmärksammades av tidskriften The Economist, vars första sida pryddes av ett vikingaskepp med svenska storföretag på väg till Europa.

När sedan de flesta EFTA-länderna blev medlemmar i EU berodde det delvis på starka påtryckningar från näringslivet. Samtidigt fanns vid denna tid en rätt stor skepsis till EU bland den övriga befolkningen. Figur 1 (från eurobarometern) visar hur invånare i de 15 EU-länderna år 1995 svarade på frågan om EU-medlemskapet är

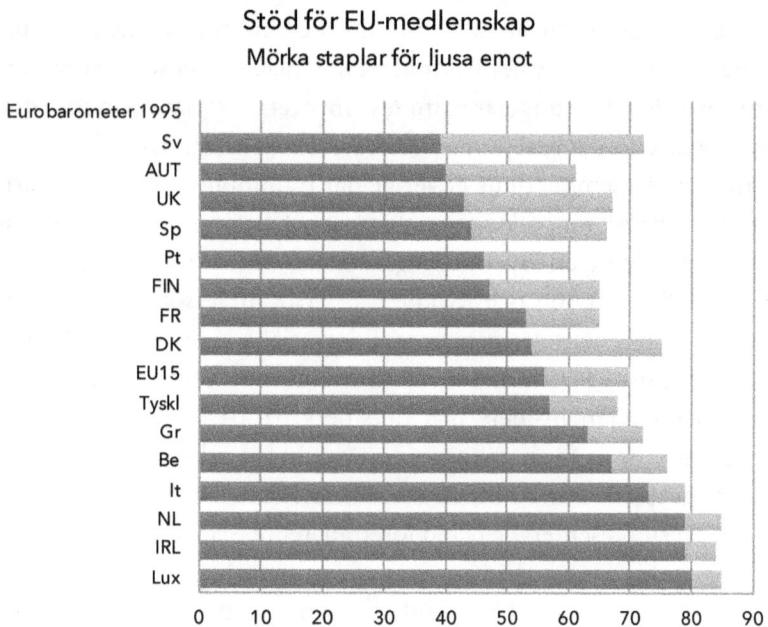

Stöd för EU-medlemskap
Mörka staplar för, ljusa emot

FIGUR 1: ATTITYD TILL EU 1995; *Källa:* Eurobarometern (1995)

142

bra för landet. Det är slående hur befolkningen i de forna EFTA-länderna (Sverige, Österrike, Storbritannien, Portugal, Finland och Danmark) hör till de mest EU-skeptiska. Mest skeptisk var vid den tiden befolkningen i Sverige tätt följd av den i Österrike respektive i Storbritannien. Detta skulle emellertid komma att ändra sig över tid.

Figur 2 (från eurobarometern) visar hur attityderna till EU-medlemskapet utvecklats fram till 2011. För EU som helhet finns en stabil

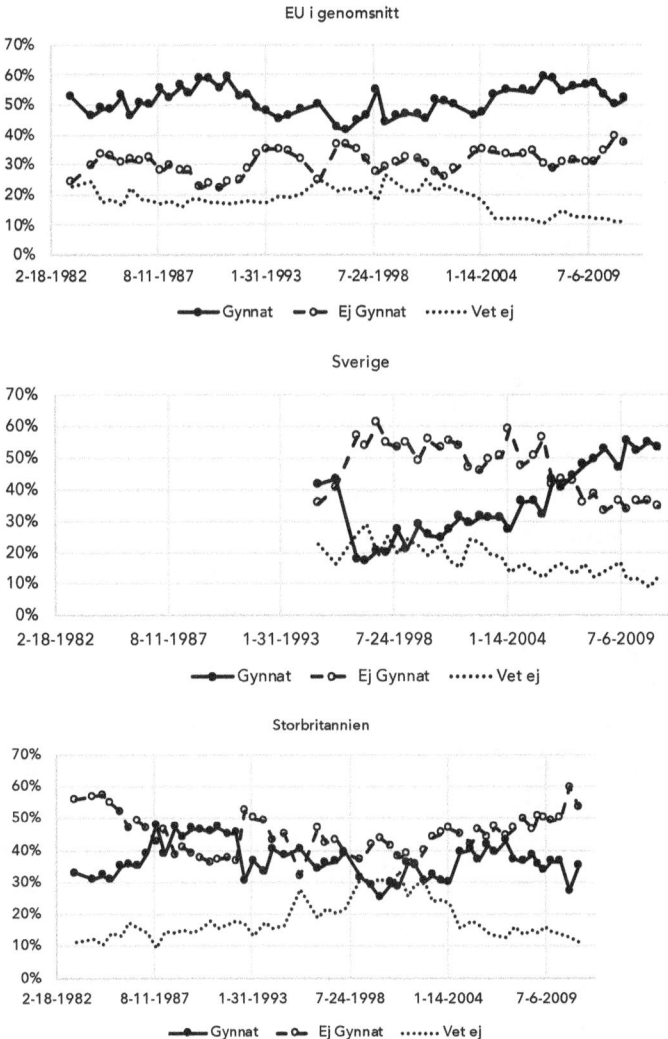

FIGUR 2: INSTÄLLNING TILL EU ÖVER TID; *Källa:* Eurobarometern (1983-2011)

143

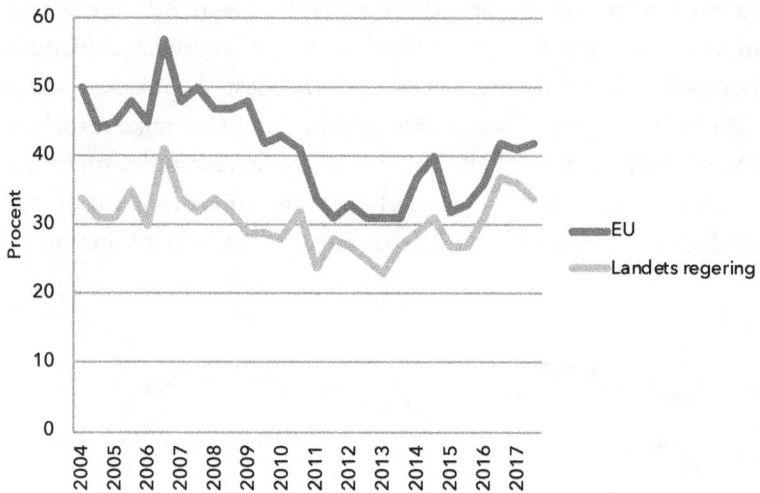

FIGUR 3. FÖRTROENDE FÖR EU RESPEKTIVE FÖRTROENDE FÖR DEN EGNA REGERINGEN; *Källa:* Eurobarometern (2018)

övervikt för dem som anser att EU-medlemskapet gynnat landet under hela perioden 1983–2011. Detta visas i övre panelen i Figur 2, men man ska här komma ihåg att gruppen "EU-länder" expanderat över tid vilket gör det svårare att tolka detta genomsnitt. För det mest EU-kritiska landet Sverige, som visas i den mellersta panelen i Figur 2, förbättras allmänhetens uppfattning om EU kraftigt över tiden, efter en dipp de första två åren. Över 50 procent är kring 2011 positiva medan lite mer än 30 procent är negativa. Storbritannien i den nedersta panelen visar ett helt annat mönster. Den EU-skeptiska opinionen dominerar under den största delen av perioden och från början av 2000-talet ser man en stigande skepsis mot EU med över 50 procent som är negativa 2011. Den ökande skepsisen i Storbritannien från början av 2000-talet sammanfaller med EU:s östutvidgning. Storbritannien liksom Sverige var mycket positiva till östutvidgningen och dessa länder tillsammans med Irland var de enda länder som inte införde särregler som bromsade arbetskraftsrörlighet från de forna östländerna. Ironiskt nog är det just migrationen från öst som idag lyfts fram som ett starkt argument av Brexit-förespråkarna. Det finns idag omkring 3 miljoner EU-invandrare i Storbritannien. En annan vinkling på hur inställningen till EU utvecklats är euro-

144

barometerns årliga fråga om tilliten till EU, vilket kan jämföras med tilliten till landets nationella regering. Figur 3 visar den procentuella andelen av EU:s befolkning som hyser förtroende för EU respektive ländernas egna regeringar. Här ser man att förtroendet för EU i genomsnitt hela tiden är högre än förtroendet för de nationella regeringarna men att kurvorna i vis mån konvergerat sen 2010. Denna figur döljer emellertid stora skillnader mellan EU-länderna.

I Figur 4 har vi tagit skillnaden mellan andelen (i procent) som hyser förtroende och andelen (i procent) som inte hyser förtroende

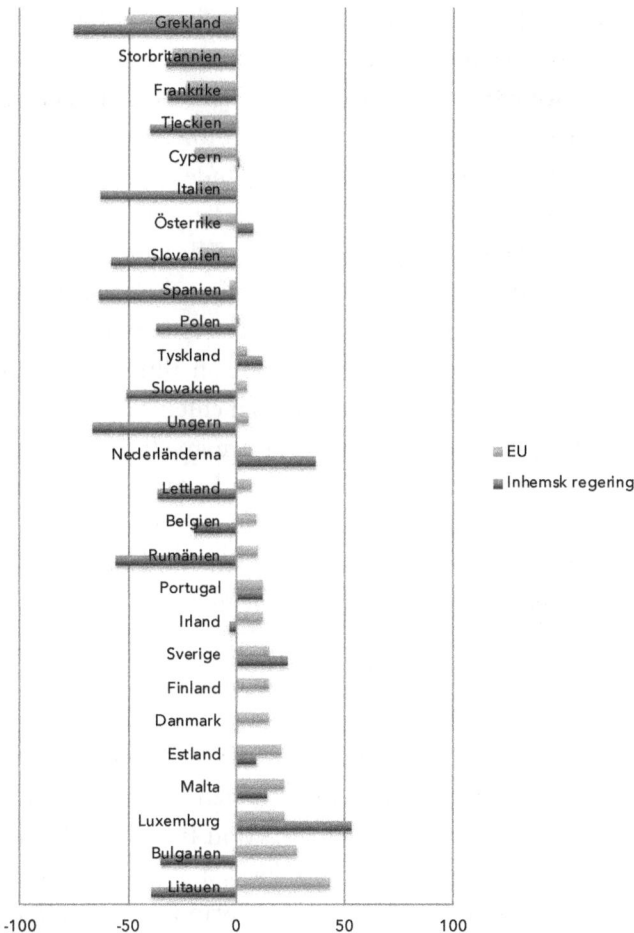

FIGUR 4. SKILLNAD MELLAN FÖRTROENDE OCH EJ FÖRTROENDE FÖR EU RESPEKTIVE DEN INHEMSKA REGERINGEN;
Källa: Eurobarometern (2017/2018)

för den inhemska regeringen. Samma skillnad har beräknats för de som hyser, respektive inte hyser, förtroende för EU (kommissionen). Data kommer från eurobarometrarna 2017/2018. Staplarna i Figur 4 är sorterade efter förtroendet för EU. Lägst förtroende har invånarna i Grekland, men notera att förtroendet för den inhemska regeringen är ännu lägre än förtroendet för EU. Därefter kommer Storbritannien vars invånare har ett mycket lågt förtroende för EU och ett ungefär lika lågt förtroende för den egna regeringen.

Bland flera av de rikaste länderna som Österrike, Tyskland, Nederländerna, Sverige och Luxemburg är förtroendet för den inhemska regeringen i olika grad större än för EU. Däremot har befolkningen i flera av de senaste östeuropeiska medlemmarna i EU, som Slovakien, Ungern, Lettland, Rumänien, Bulgarien och Litauen ett mycket lågt förtroende för den egna regeringen men ett högt förtroende för EU.

Slutligen kan man konstatera att samtliga länder med ett "negativt" förtroende för EU, förutom Österrike, har ett ännu lägre förtroende för sin inhemska regering. Detta gäller faktiskt också Storbritannien, men här är skillnaden liten. Endast Österrike sticker ut som ett ganska EU-skeptiskt land som har ett betydligt högre förtroende för den nationella regeringen. Man kan alltså inte i dessa siffror skönja någon våg av nationalism i EU:s medlemsländer.

Slutligen visar Figur 5 svaret på frågan om medborgarna tror att det egna landet skulle ha en bättre framtid utanför EU (eurobarometern 2018). Det enda landet där en majoritet svarar ja är Storbritannien, men flera länder som Slovenien, Österrike, Italien och Ungern har en relativt snäv majoritet som anser att framtiden är bättre inom unionen.

En av EU:s största utmaningar är att hantera den fria rörligheten av individer inom unionen. Den fria rörligheten är populär och stöds av mer än 8 av 10 européer enligt den senaste Eurobarometern. Det är dock möjligt att entusiasmen för den egna friheten att flytta kan vara betydligt större än den för att ta emot arbetskraft från andra länder. Åtminstone kan man konstatera att stödet för den fria rörligheten är lägre i några av de stora mottagarländerna, däribland Storbritannien. Den stora migrationen av arbetskraft till Storbritannien var också ett av Brexit-förespråkarnas starkaste argument.

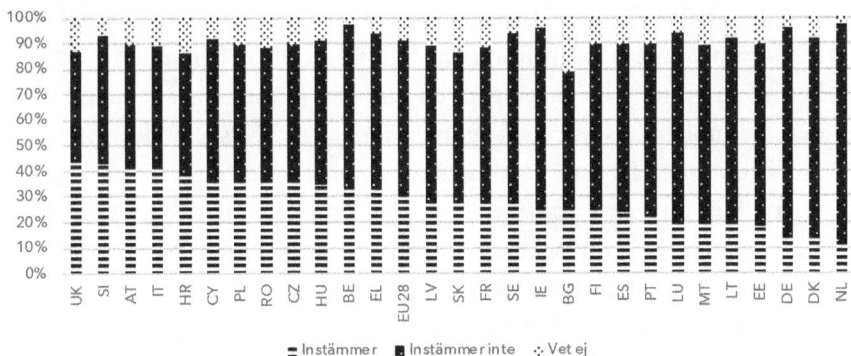

= Instämmer ∎ Instämmer inte ∴ Vet ej

FIGUR 5. SVARET PÅ FRÅGAN OM DITT LAND SKULLE FÅ EN BÄTTRE FRAMTID UTANFÖR EU; *Källa:* Eurobarometern nr 89 (2018)

Det är också så att antalet EU-migranter ökat mycket kraftigt i Storbritannien. Figur 6 visar utvecklingen i Storbritannien och några andra jämförelseländer. Man ser här hur antalet EU migranter i Storbritannien ökar mycket snabbt både i absoluta och relativa termer. Men faktum är att skepsisen mot migration är betydligt större i flera andra EU-länder än vad den är i Storbritannien. På frågan i Eurobarometern om den tillfrågade skulle känna sig bekväma eller inte med att ha en vän som är invandrare svarade endast omkring 10

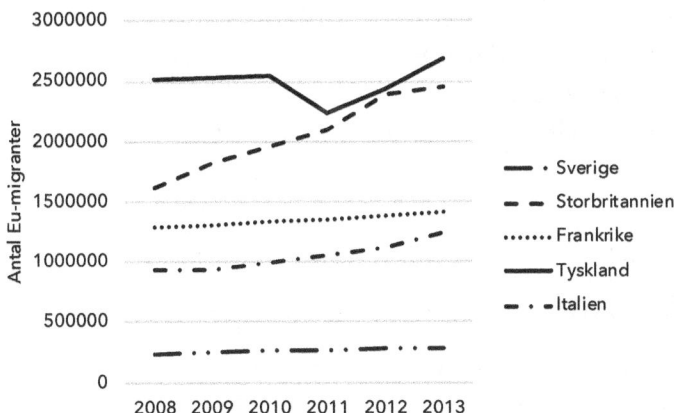

FIGUR 6. ANTALET EU27 MEDBORGARE I LANDET;
Källa: Eurobarometern (2008–2013)

147

procent "helt bekväma" i Bulgarien och Ungern, vilket kan jämföras med 77 procent i Storbritannien. Samtidigt så är friheten att själv kunna migrera, liksom tillgången till den gemensamma marknaden, sannolikt avsevärt viktigare för flera av dessa länder än för Storbritannien. Det starka motståndet mot invandring har dock tagit sig tydliga uttryck i politiken vad gäller utomeuropeisk migration. Vid den senaste flyktingkrisen i samband med Syrienkriget stängde ett antal länder helt sonika gränsen.

Uppsvinget för nationalismen inom EU under senare delen av 2010-talet har i många fall regionala förtecken, och ett av de tydligaste exemplen är Katalonien (se kapitlet av Bremberg i denna bok). Utifrån teorin om den optimala storleken på en statsbildning är detta i viss mån naturligt. För en region inom en nationalstat så minskar nationalstatens fördelar, i form av en större integrerad nationell marknad och skalfördelar när det gäller t.ex. försvar, när länderna blir medlemmar i EU:s inre marknad och allt eftersom EU:s åtagande på försvarsområdet blir allt större. Det förutsätter förstås att regional självständighet kan uppnås inom ramen för den gemensamma marknaden, vilket är långt ifrån självklart eftersom den berörda nationalstaten kan ha starka incitament att blockera en sådan lösning. Samtidigt är det naturligt att framgångsrika regioner kan stärka sin position relativt sin nationalstat när den relevanta marknaden för regionen blir mer europeisk och mindre nationell. En sådan utveckling kan också stärka EU vis-à-vis medlemsstaterna. Det är därför naturligt att de nuvarande nationalstaterna inom EU på sikt får mindre betydelse samtidigt som regionerna blir viktigare.

Viktigt att förtydliga fördelarna med medlemskapet i EU-gemenskapen

Brexit innebär ett nytt kapitel i EU:s historia, och man skulle kunna tolka detta som nationalstatens återkomst. Men även om det finns nya aspekter i Brexit visar vi här att spänningarna inom EU är av gammalt datum. I EU:s årliga attitydundersökningar (Eurobarometern) sticker Storbritanniens medborgare ut. Endast under några få år i slutet av 1980-talet och början av 1990-talet svarar en majoritet av Storbritanniens medborgare att landet vinner på att vara med i EU. Övriga år mellan 1983 och 2011 anser majoriteten att Storbritannien förlorar på att vara medlem i EU. Frågan blir då varför Brexit sker just nu. Det är svårt att bortse ifrån att de stora migrationsströmmarna inom EU och till EU har fungerat som en utlösande faktor för nationalistiska strömningar. Finanskrisen 2008 innebar ekonomiska svårigheter i många EU-länder och ungefär 1 miljon arbetstagare från övriga EU flyttade till Storbritannien under perioden 2008-2013. Dessa konkurrerade i många fall med de grupper som varit globaliseringens förlorare, åtminstone i relativ mening. Det vill säga lågutbildade utanför storstäderna. En viktig faktor för medborgarnas ställningstaganden är rimligtvis också vilka förväntningar man har på vad ett utträde innebär. Inför Brexit var osäkerheten avseende denna fråga stor i så måtto att något utträde från EU aldrig har skett tidigare. Under perioden som föregick folkomröstningen har också väldigt olika synsätt på denna fråga torgförts i Storbritannien.

EU:s inställning till de fyra friheternas odelbarhet, eller motvilja till à la carte lösningar för Storbritanniens del, torde ha visat sig vara avsevärt mer hårdnackad än vad många väntat sig i Storbritannien. Kanske kan Storbritanniens framgångar i att förhandla till sig olika speciallösningar som medlemsland bidragit till en förväntan om att EU skulle ha en mjukare hållning och vara mer tillmötesgående i förhandlingarna. I takt med att sådana förväntningar kommit på skam kan den upplevda kostnaden för utträdet förmodas ha stigit i motsvarande grad, vilket kan vara en viktig orsak till att stödet för Brexit har försvagats. På motsvarande sätt sänder Brexit en viktig signal om EU:s hållning vid ett eventuellt ytterligare utträde ur unionen. Man har dels lyckats hålla en enad front och dels hållit fast vid att marknadsaccessen vid utträde kommer att begränsas. Knappast någon av de länder som opinionsmässigt ligger närmast ett utträde har en förhandlingsstyrka som kan mäta sig med Storbritanniens och de torde dessutom ha avsevärt mer att förlora på ett utträde. Såsom Brexit har utvecklats är det därför rimligt att tro att risken för ytterligare utträden har minskat, och att processen därmed också har försämrat möjligheten för medlemsstaterna att uppnå fördelar genom att hota med utträde.

I början av 2019 råder stor osäkerhet om villkoren för Storbritanniens utträde och om ett avtal ens kommer att kunna uppnås. Vår diskussion ovan om hur Brexit-förhandlingarna kan analyseras i spelteoretiska termer belyser några av de strategiska utmaningarna och utmynnar också i ett antal policyrekommendationer: 1) Det är klokt att först förhandla de stötestenar där EU och Storbritannien har motstridiga intressen för att sedan förhandla handelsfrågorna. Det vinner båda parter på. 2) Medan EU har intresse av att avskräcka andra länder från att lämna unionen förlorar båda parter på om EU därutöver försöker straffa Storbritannien för sitt utträde. 3) EU har intresse av att hävda att den inre marknadens rörligheter är odelbara oavsett EU:s verkliga preferenser. Men om Storbritannien i förhandlingarna felaktigt satsar på att EU:s faktiska preferenser är mjuka i denna fråga, riskerar förhandlingarna att sluta dåligt för båda parter. I det backstop-avtal som Storbritannien i skrivande stund ska presentera för parlamentet har EU faktiskt erkänt Storbritannien rätten att kontrollera migrationen av arbetskraft. Samtidigt föreslås Storbritannien ingå en tullunion med EU för att bibehålla den fria rörligheten av varor. En tullunion innebär att Storbritanniens möjligheter att ingå egna handelsavtal försvinner, men den gör det möjligt att ha kvar en öppen gräns mellan Irland och Nordirland. Slutligen innebär avtalet att den för Storbritannien viktiga tjänstehandeln drabbas av handelshinder.

Allt eftersom det har blivit tydligt att utfallet för Storbritanniens del kommer att bli avsevärt mindre fördelaktig än vad som förespeglades av lämna-sidan inför folkomröstningen har det folkliga stödet för Brexit minskat och krav har rests på en ny omröstning. Möjligheten för en sådan öppning borde rimligtvis understödjas av EU. Resultatet av folkomröstningen borde i sig stämma till viss ödmjukhet och lyhördhet från EU:s sida vad gäller unionens förmåga att tillgodose invånarnas intressen. Eventuella steg mot att avbryta Brexit borde därför mötas med signaler om en villighet att diskutera villkoren för ett fortsatt medlemskap och flexibilitet avseende tidtabellen. I ett sådant perspektiv ter sig uttalandet från EU:s budgetkommissionär om att Storbritannien sannolikt kommer att förlora sin rabatt om man skulle stanna inom EU som mindre lyckat.

Hur kan EU komma att förändras som en följd av Storbritanniens utträde? Flera av Europas kärnländer, med Frankrike i spetsen, förespråkar att ge EU mera makt. Detta innebär emellertid en rörelse mot mer federalism, vilket riskerar att stöta bort flera av EU:s medlemsstater som t.ex. de tidigare EFTA-länderna. En annan lösning är ett "two-speed Europe" där vissa länder inom EU går vidare mot en fördjupning av samarbetet. Detta har i viss mån redan skett genom att endast vissa länder valt at ha euron som valuta. Slutligen går det inte att bortse ifrån att den fria rörligheten inom EU är en av de aspekter av den gemensamma marknaden som har mest sprängkraft. En inte osannolik utveckling är att reglerna kring rörligheten stramas åt på något sätt.

Har EU då blivit för stort och riskerar unionen att slitas isär? Vi tror inte det, men i takt med att unionen har expanderat och blivit alltmer heterogen är det viktigt att EU balanserar rättigheter och skyldigheter så att alla medlemsländer ser tydliga fördelar med medlemskapet. Exempelvis har Storbritannien varit en extremt värdefull medlem som inte bara har bidragit med en stor och mycket välutvecklad nationell marknad utan landet har också givit stora bidrag till EU:s budget. Samtidigt har på senare tid andra medlemsländer agerat osolidariskt gentemot EU och agerat politiskt på sätt som strider mot demokratiska kärnvärden inom EU samt de centrala åtagandena inom eurosamarbetet. Vissa av dem är dessutom stora nettobidragstagare från EU. På samma sätt som heterogenitet inom en nation tenderar att begränsa graden av omfördelning inom en nation så kan detsamma gälla för EU. Alternativt kan en rörelse i mer federal riktning begränsa medlemsstaternas möjligheter att avvika från gemensamma åtaganden.

Källor och litteratur

Det finns en relativt stor ekonomisk litteratur avseende förutsättningarna för framgångsrika statsbildningar. Exempelvis betonas goda skatteintäkter i J. Brewers bok *The Sinews of power: War, money and the English State, 1688–1783*, publicerad 1989 (Knopf) och av C.

Tilly i *Coercion, Capital and European States: AD 990–1990.* (1990, Blackwell). Bland ekonomer har istället internationell handel och goda institutioner betonats. Exempel är artiklarna "The rise of Europe: Atlantic trade, institutional change, and economic growth" av Acemoglu, D., S. Johnson, och J. Robinson (*American Economic Review* 95 (3), 2005) och "The origins of state capacity: Property rights, taxation, and politics" av Timothy Besley och Torsten Persson (*American Economic Review* 99 (4), 2009).

Den ekonomiska litteraturen om nationers storlek uppmärksammar avvägningen mellan fördelen med en större marknad och nackdelen med att detta samtidigt tenderar att göra befolkningens heterogen och därmed gör det svårare att anpassa politiken till väljarnas preferenser. I mitten av 90-talet kom flera viktiga bidrag till denna litteratur, däribland artiklarna "Economic theories of the break-up and integration of nations" av Patrick Bolton, Gerard Roland och Enrico Spolaore (*European Economic Review* 40 (3–5), 1996) och "The breakup of nations: A political economy analysis." (*The Quarterly Journal of Economics* 112(4), 1997), av Bolton, och Roland. Alberto Alesina och Enrico Spolaores uppsats "On the number and size of nations." (*The Quarterly Journal of Economics* 112(4), 1997), pekar på att demokratiskt beslutsfattande kan leda till för små stater. Gino Gancia, Giacomo Ponzetto och Jaume Ventura finner i sin analys Globalization and Political Structure (NBER Working Paper nr 22046, 2016), där statens roll är mer nyanserad, att globaliseringen initialt leder till större länder men i senare skeden istället tar sig uttryck i unioner mellan länder, vilket kan göra mindre länder ekonomiskt gångbara.

Teorin kring intraindustriell handel utvecklades på 1980-talet. Den förklarar varför väldigt lika länder handlar samma typ av varor, som t.ex. bilar, med varandra. Startskottet för denna teoribildning var artiklarna "Increasing returns, monopolistic competition, and international trade", (*Journal of international Economics*, 9(4), 1979) och "Scale Economies, Product Differentiation, and the Pattern of Trade", (*American Economic Review*, 70:5, 1980) av Paul Krugman, som senare fick Nobelpriset för denna teoribildning. Samma typ av handelsmodell andvänds av Richard Baldwin i "A domino theory of regionalism" (Kap. 23 (s. 479–502) in J. Bhagwati, P. Krishna and A. Panagariya, Trading blocs: Alternative approaches to analyzing preferential trade agreements, Cambridge: MIT Press, 1999), som beskriver hur handelsblock tenderar att växa av egen kraft. Per Cramér beskriver i uppsatsen"Brexit, Trump och den globala frihandeln", (*EU i en världsordning under omvandling*, Europaperspektiv 2018) hur handeln utvecklats i längre perspektiv och möjliga effekter av Brexit.

Att det politiska spelet på nationell nivå kan ha ett viktigt strategiskt inflytande på, och begränsa manöverutrymmet i, internationella förhandlingar fångas i begreppet two-level games, som introducerades av Robert Putnam i uppsatsen "Diplomacy and domestic politics: The logic of two-level games." (*International Organization* 42(3), 188). Detta ter sig mycket relevant även för Brexit-frågan. Rikard Forslid och Sten Nyberg studerar i ett CEPR discussion paper "Brexit – How to Reach an Amicable Divorce (2018)" effekterna av om parterna kan binda sig vid positioner avseende migration och handel. Breixit-förhandlingarna påverkas av parternas förväntningar om kostnaden för att träda ut exempelvis i termer av minskad handel. Utfallet i förhandlingarna påverkar i sin tur andra länders förväntningar om kostnaden för utträde för länder som skulle välja att följa i Storbritanniens fotspår, och därmed också det politiska stödet för utträde. Catherine De Vries analyserar hur det folkliga stödet för EU kan komma att påverkas av Brexit i uppsatsen "Benchmarking Brexit: How the British decision to leave shapes EU public opinion"(*Journal of Common Market Studies* 55(S1), 2017) och argumenterar i boken *Euroscepticism and the Future of European Integration* (Oxford University Press, 2018) för att det därför från europeisk sida finns ett intresse av att skilsmässan inte blir helt friktionsfri.

Föga förvånande så har det på relativt kort tid skrivits mycket om Brexits ekonomiska följdverkningar. En av de mest väl underbyggda simuleringarna av Brexits konsekvenser finns i "The consequences of Brexit for UK trade and living standards" av Swati Dhingra, Gianmarco Ottaviano, Tomas Sampson och John van Reenen (Centre for Economic Performance Brexit Analysis 2). De fokuserar på Storbritannien, men Brexits effekter för alla EU-länder finns med i deras analys.

En annan fråga som tilldragit sig intresse är vilka som röstade för Brexit och vilka skäl man hade för detta. Sascha O. Becker, T. Fetzer och D. Novy gör en detaljerad analys av detta i "Who voted for Brexit? A comprehensive district-level analysis." (*Economic Policy*, volym 32, nr 92, 2017). Lite förenklat kan man säga att det är globaliseringens förlorare som röstade på Brexit. Dal Bó, E., F. Finan, O. Folke, T. Persson och J. Rickne finner liknande förklaringar för röster på EU fientliga partier i Sverige i uppsatsen "Economic Losers and Political Winners: Sweden's Radical Right." (2018).

En viktig aspekt av Brexitopinionen är motståndet mot den fria rörligheten av arbetskraft inom EU. Samtidigt finns det en stor opinion för frihandel, som i princip har samma effekt på t.ex. lönerna som fri rörlighet av arbetskraft. I uppsatsen "Why are people more pro-trade than pro-migration?" analyserar Anna Maria Mayda detta fenomen (*Economics Letters*, volym 101, nr 3, 2008)

Nationalstatens återkomst och EU-skatterätt

av Cécile Brokelind

Populismen beskrivs ofta som ett hot mot EU:s existens. De flesta kapitel i denna bok fokuserar just på denna fråga och föreslår lösningar som unionen bör ta till för att bemöta det populistiska hotet, särskilt inom migrationsområdet och i eroderingen av rättsstaten i Polen och Ungern. Skatterättens utveckling har däremot sett mycket annorlunda ut. Istället för att bekämpa de populistiska och nationalistiska tendenserna i medlemsstaterna, verkar EU agera som en förespråkare för skyddet av nationalstatens välfärd som finansieras av skatter. Detta gör man genom att tillåta att medlemsstaterna motverkar skattekonkurrens inom EU, i syfte att säkra sina egna bolagsskattebaser och skydda statens skattesuveränitet. Detta kan dock anses strida mot EU:s grundprincip om fri rörlighet och konkurrens. Frågan är hur denna utveckling har kunnat ske?

I detta kapitel förklaras paradigmskiftet från liberalisering av, och fri tillgång till, den inre marknaden till en hårdare reglering av skatterätten som medlemsstaterna kräver för att skydda sin skattesuveränitet mot bolagsskattebaserodering. Detta kan tolkas som en typ av nationalstatens återkomst. Denna utveckling tar sig exempelvis uttryck i efterspelet kring de s.k. Apple- och Starbucks-fallen som följde LuxLeaks-skandalen. Det återfinns även i det EU-direktiv som begränsar aggressiv skatteplanering, vilket också ses som ett hot mot skattesuveräniteten, det s.k. skatteflyktsdirektivet. Tidigare har lagstiftning på EU-nivå om aggressiv skatteplanering varit näst intill obefintlig. Varför kom man plötsligt överens om att lagstifta nu? Hur lyckades medlemsstaterna komma överens om att tillåta EU att lagstifta för att begränsa vad de anser vara skadlig skattekonkurrens? Vilka konsekvenser har detta för EU:s medlemsstater på en global skala? Mot bakgrund av medlemsstaternas åberopande av nationell suveränitet i andra rättsområden, är utvecklingen inom skatterätten mot skattesuveränitet också ett tecken på att nationalismen påverkar den politiska och ekonomiska utvecklingen inom EU?

Syftet med detta bidrag är att beskriva hur nationalstaten gör sig gällande inom EU-skatterätten. Å ena sidan finns det medlemsstater som har försökt attrahera investerare och företag genom att erbjuda fördelaktiga skatteupplägg, vilket kan förstås som en typ av national-statens återkomst. Å andra sidan finns det medlemsstater som rea-gerat negativt på sådana upplägg och därför velat ha gemensamma regler på EU-nivå för att motverka att investerare och företag ges onormalt gynnsamma avtal i andra länder, vilket också kan ses som en form av nationalstatens återkomst. Detta leder till en paradox där medlemsstaterna lyckats samarbeta överstatligt för att skydda sina nationella välfärdssystem.

Nedan besvaras denna frågeställning i åtta avsnitt. I det första förklaras hur den historiska utvecklingen av EU:s politik inom skattekonkurrens har lett till dagens situation. Därefter redovi-sas de skatterättsliga begrepp som behövs för att förstå Apple-och Starbucks-fallen, såsom "skattebaserodering". Sedan förklaras hur vinster beskattas hos de stora koncernerna, såsom Apple och Starbucks, enligt den internationella skatterätten. Dessa två avsnitt behövs för att förstå nästföljande delkapitel om de pågående stats-stödsmålen i EU-domstolen där Apple, Starbucks, m.fl. fått mycket fördelaktiga skatteavtal vilket kan ses som ett uttryck för medlems-staternas vilja att skydda sin skattesuveränitet. Utöver stadsstöds-målen kan skattesuveräniteten ta sig uttryck i införandet av andra regler såsom det ovannämnda skatteflyktsdirektivet, vilket behandlas i efterföljande del. Avslutningsvis ställs frågan om vilka intressen som egentligen främjas av EU-skatterättens utveckling, och därtill diskuteras den digitalskatt som föreslagits som lösning för att behålla den nationella skattesuveräniteten.

Vad hände innan LuxLeaks-skandalen?

I november 2014 avslöjades 600 skattearrangemang i Luxemburg, ett medialt mycket uppmärksammat avslöjande även kallat LuxLeaks-skandalen. I detta avslöjande framkom att multinationella företag genom avtal med landets skattemyndigheter haft möjlighet att förhandla fram mycket låga skattesatser på sina globala vinster. Bland dessa företag återfanns Amazon, Fiat och energibolaget ENGIE. Belgien, Irland och Nederländerna blev också kritiserade för att ha tillämpat samma typ av skattearrangemang för bland annat Apple och IKEA. Visselblåsaren i LuxLeaks-skandalen ansåg att den luxemburgska statens förfaringssätt var oetiskt och motiverade avslöjandet för pressen med att det gjordes "för allmänhetens skull", snarare än av juridiska skäl.

Europeiska kommissionen (kommissionen) svarade genom att inleda förfaranden mot Luxemburg, Irland, Belgien och Nederländerna för överträdelse av statliga statsstödsförbud. Enligt EU:s statsstödsregler får medlemsstaterna inte använda sig av selektiva skatteincitament för att locka till sig utländska investeringar, eftersom konkurrensen på den inre marknaden då skulle snedvridas. Kommissionen fastslog därför att den ovan beskrivna typen av avtal mellan företag och nationella skattemyndigheterna föll under förbudet. Kommissionens beslut överklagades av berörda medlemsstater till Tribunalen. Varken Tribunalen eller EU-domstolen har under 2018 avkunnat någon dom, men skulle medlemsstaterna bli fällda skulle företagen i fråga tvingas betala betydligt mer i skatt. För exempelvis Apple skulle summan kunna uppgå till 13 miljarder euro, medan ENGIE skulle behöva betala 120 miljoner euro och Amazon 250 miljoner euro, exklusive ränta.

Dessa multinationella företag har kunnat utnyttja globaliseringens effekter för att flytta sina vinster till den stat där skatten är lägst. Att medlemsstaterna kunnat ha olika skattesatser beror till en betydande del på medlemsstaternas självbestämmanderätt över skattepolitiken och skatterätten, och följaktligen över nivån på de skatter som tas ut på företagens inkomster. Forskning av bland annat Andersson, Eberhartinger och Oxelheim samt Hansson och Olofsdotter, visar att bolagsskattesatserna överlag har minskat sedan 1990-talet och att staterna har infört skatteincitament för att attrahera multinationella företag.

Tendensen har inte kunnat motverkas på unionsnivå eftersom medlemsstaterna inte har lyckats nå en politisk överenskommelse om koordinering av bolagsskatter. Däremot försökte institutionerna redan 1997 förhindra skadlig skattekonkurrens genom att lägga fram en uppförandekod. Enligt denna uppförandekod fick medlemsstaterna inte använda skatteåtgärder som avviker från de som de normalt sett tillämpar, exempelvis sådana som innebär en påtagligt lägre effektiv beskattningsnivå för ett enskilt företag. Uppförandekoden ämnade bland annat minimera snedvridningar i konkurrensen på den inre marknaden, förhindra skattebortfall och till att rikta medlemsstaternas skattestrukturer mot en sysselsättningsvänlig inriktning. Anette Bruzelius analyserade uppförandekoden redan 2004 i sitt kapitel "Skattekonkurrens – hinder eller förutsättning för en nationell välfärdsstat?" i Europaperspektivs årsbok. Som Bruzelius påpekade skulle en oreglerad skattekonkurrens mellan medlemsstaterna kunna innebära ett hot mot finansieringen av välfärdsstaten och ytterst drabba medborgarna.

Trots uppförandekoden fortskred skattekonkurrensen inte bara inom EU, utan även på global nivå. År 2019, femton år senare, har debatten skiftat från att definiera de negativa effekterna av skattekonkurrens till att begränsa multinationella företags skatteplanering, vilken likställs med skatteflykt. Detta har lett till att EU:s medlemsstater gemensamt har utarbetat och antagit (2016) bindande lagstiftning mot aggressiv skatteplanering som neutraliserar attraktiva skatteincitament inom och utanför EU, det så kallade skatteflyktsdirektivet (*Anti-Tax Avoidance Directive*, eller ATAD). Skatteflyktsdirektivet är en långtgående reglering som också gäller tredje land. Denna typ av ökande reglering sker inte isolerat, utan speglar en liknande global trend i internationella organisationer som G20 (där 19 länder samt EU ingår), och organisationen för ekonomiskt samarbete och utveckling (OECD). De två organisationerna har enats om det så kallade BEPS-projektet, som står för *Base Erosion and Profit Shifting* och som syftar till att motverka multinationella företag från att välja att beskattas i lågskattejurisdiktioner, oavsett om de är verksamma där eller inte.

Dessa protektionistiska åtgärder mot skattekonkurrens på EU-nivå syftar till att skydda nationella skattebaser och förhindra att de offentliga finanserna urholkas, vilket i sin tur säkerställer välfärdens finansiering och gynnar individen. Emellertid kan observeras att begränsningen av skattekonkurrensen leder till ökad kontroll över den inhemska användningen av de ekonomiska resurserna. En sådan begränsning kan resultera i att kapital som skulle beskattas i ett land istället flyttas till andra länder där skatten är lägre. Denna tendens är ett uttryck av ett bredare och mer djupgående fenomen som har karaktäriserat EU:s utveckling, nämligen motsättningen mellan liberalisering (dvs. avreglering och fri rörlighet) och socialt skydd. EU-samarbetet har länge varit baserat på liberaliseringen av handeln med varor, kapital och tjänster för att implementera den inre marknaden. Under de senaste decennierna har de politiska åtgärderna emellertid alltmer fokuserat på att skydda medborgarna mot de negativa effekterna av liberaliseringen.

I detta sammanhang förstås nationalstaten ur ett ekonomiskt perspektiv som den nationella välfärdsstaten. Välfärdsstaten har som syfte att bland annat tillhandahålla ett socialförsäkringssystem, som kräver finansiering i form av skatteintäkter. Det finns flera fördelar med att ha ett offentligt socialförsäkringssystem och därför är detta system väl värt att försvara. Välfärdsstaten har juridiskt sett varit utanför EU:s kompetensområde, vilket innebär att medlemsstaterna alltid har ansett sin beskattningsmakt vara ett uttryck av deras suveränitet. Staternas beskattningsmakt begränsas emellertid av EU-rätten, närmare bestämt genom EU-domstolens praxis rörande den inre marknaden, eftersom den faller inom EU:s kompetenser. Här uppstår en konflikt mellan å ena sidan medlemsstaternas suveränitet och å andra sidan EU-rättens företräde över nationell rätt. Denna konflikt väcker frågor om EU-rättens efterlevnad då medlemsstater vidtar åtgärder för att skydda sin nationella suveränitet genom att åberopa behovet av att skydda välfärdsstaten.

CÉCILE BROKELIND

Skattebaserodering, ett polariserande fenomen

Tack vare globaliseringen har företag lyckats etablera sig i hela världen och därmed bättre kunnat möta en global efterfrågan och ökat sina vinster. Det innebär även att de kan dra fördel av andra länders skattesystem och skatteplanera vilket ytterligare kan öka vinsten. Tillåten skatteplanering kan definieras som en möjlighet för den skattskyldige att optimera sina skattekostnader på ett sätt som överensstämmer med lagstiftningens syfte, medan skatteflykt istället innebär att den skattskyldige med civilrättsligt giltiga transaktioner uppnår en skatteförmån genom att följa lagens bokstav, men inte dess syfte. Det som i EU-direktivet beskrivs som aggressiv skatteplanering innebär en sammanblandning av dessa begrepp.

Låga skattesatser, skatteincitament och koncerninterna prissättningsmetoder har tillåtit välinformerade företag att planera och betala mindre skatt globalt än vad de hade gjort om de enbart hade varit verksamma i hemlandet. Skatteplanering kan också basera sig på skillnader i lagstiftning, exempelvis när inkomster inte klassificeras på samma vis i två länder och därför riskerar att inte bli beskattade i något av dem. Problemet är att i skatterätten saknas en exakt definition av vad som utgör tillåtet och otillåtet förfarande. Normalt sett är det nationella domstolar som avgör gränsdragningen, om än under kontroll av EU-domstolen när det rör gränsöverskridande transaktioner. Att planera verksamheten kan innebära att skatten reduceras lagligt, genom att vinster strategiskt lokaliseras till de länder där skatten är lägst, så länge allokeringsreglerna tillåter det.

I internationell skatterätt har staterna sedan länge överenskommelser om att allokera skattebaser emellan sig. Det har man gjort genom skatteavtal baserade på en OECD-modell, enligt vilken hemviststaten, där företagen har registrerat sitt huvudsäte, som huvudregel har företräde att beskatta företagens globala vinster. I undantagsfall, då verksamheten sker utomlands genom en stadigvarande plats från vilken företagets verksamhet helt eller delvis bedrivs, får denna andra stat (källstaten) beskatta den del av företagets vinster som uppkommer där. Med andra ord ska vinsterna hänföras till den stat i vilken de uppstod. Mellanstatliga skatteavtal brukar reglera de fall av dubbelbeskattning som kan förekomma på grund av att både källstaten och hemviststaten beskattar verksamheten för samma inkomst.

Digitaliseringen och nya affärsmodeller har försvårat för stater att uppfylla villkoren för att utgöra källstater och att få beskatta utländska företag. Exempelvis kan kommersialiseringen av produkter genom en digital plattform inte anses vara en stadigvarande plats för försäljning enligt OECD-modellen. Det innebär att staten i vilken försäljningen sker förlorar möjligheten att beskatta företagets inkomst. Konsekvensen av detta är att de multinationella företagens skatteplanering i slutändan kan leda till nollbeskattning.

Media har lyft denna problematik och pekat på att BRIC-länderna (Brasilien, Ryssland, Indien och Kina) likväl som de stora EU-länder har förlorat skattebaser till mindre stater med fördelaktiga skattesystem på grund av dessa allokeringsregler. I dessa mindre stater, såsom Nederländerna, Belgien, Irland och Luxemburg, etablerar de multinationella företagen sin hemvist och slipper därigenom betala skatt för försäljning i BRIC-länderna och de stora EU-länder som bör (men inte lyckas) utgöra källstaterna. Slaget om skattebaserna mellan den stat där företaget har sin hemvist och den stat där det faktiskt har sin marknad är alltså en effekt av globaliseringen. Detta visar på problemet med att skatterna är en nationell angelägenhet, medan handeln är global, och att skatter därmed har svårt att anpassas till nya affärsmodeller.

OECD, följt av EU, har sedan 2012 genom sitt projekt mot skattebaserodering (BEPS) försökt förändra detta juridiska system genom att ge mer makt till källstaterna. Detta har skett genom att man ändrat allokeringsreglerna som varit i kraft sedan 1920-talet till fördel för källstaterna. Tidigare var tröskeln mycket hög för källstaterna för att beskatta multinationella företag eftersom reglerna krävde att företagen bedrev en fullständig affärsverksamhet från en stadigvarande plats. Rätten att beskatta företagen krävde dessutom att företagsinkomsten hade en verklig och substantiell anknytning till källstaten. De nya reglerna har sänkt dessa krav och anger att företagens tillgång till källstatens marknad numera är ett tillräckligt kriterium för att de ska bli skattepliktiga där. Den stadigvarande platsen för affärsverksamhet som krav för att bli beskattad försvann i reformen.

Problemet med bolagsskatt, som är en direkt skatt, är att den bygger på företagens skatteförmåga vilken inte enbart består av dess försäljning och marknadstillgång. Från ett skattepolitiskt perspektiv har det alltid ansetts att hemvistlandet är bäst lämpat för att bedöma företagens skatteförmåga, eftersom det landet samlar information om företagen genom skattedeklarationer. När informationsutbytet mellan länder inte fungerar kan hemviststaten inte kontrollera företagets inkomster utomlands, och *skattebrott* kan ske varvid skattskyldiga passar på att medvetet låta bli att deklarera sina utländska inkomster. Men skatteplanering bygger inte på fusk, utan på skillnader i regelsystemen, och möjligheten att undvika beskattning av verksamheten i källstaten.

OECD-reformen syftar till att förhindra fall av nollbeskattning som sker då hemviststaten inte beskattar företaget och då kraven för att källstaten ska beskatta är för höga. Idén är att företaget måste beskattas *någonstans*, vilket konsekvent sker i källstaten. Man vill undvika att företaget nollbeskattas genom att förändra allokeringsreglerna mellan hemviststaten och källstaterna. På det sättet räknar OECD, följt av EU, med att eliminera skattebaserodering som sker på grund av skatteplaneringen. Problemet är dock att EU:s medlemsstater inte delar samma syn på behovet av att reglera eller vilken metod som bör tillämpas. Somliga stater, exempelvis Nederländerna, tillämpar en liberal ekonomisk politik där skattekonkurrens och skatteplanering ses som en styrka, medan andra stater, däribland Frankrike, tillämpar mer interventionistiska metoder. Fram tills nu har EU inte uttryckt någon preferens för vare sig det ena eller det andra av medlemsstaternas synsätt på hur den ekonomiska politiken ska bedrivas. Kritiken mot "skattebortfall" och "skattebaserodering" inom och utanför EU har dock lyfts fram av media i samband med den pågående reformen av EU:s skatteregler. Som svar på kritiken har EU och dess medlemsstater nu börjat ta ställning till vilken metod som bör tillämpas i de gemensamma försöken att säkra skatteinkomster till välfärdsstaterna.

Skatterättvisa, etik, och hållbarhet som grund till systemreform?

Forskningen klassificerar skattesystem utifrån dess horisontella och vertikala rättvisa. Den förstnämnda uttrycks av skatteförmågeprincipen, eller "ability to pay", där hemviststaten ges företräde att beskatta företagens globala inkomster. Den vertikala rättvisan uttrycks av nyttoprincipen, eller "private-benefit principle". Enligt denna princip ges beskattningsrätten till den stat som försett företagen med de förutsättningar som de har behövt för sin verksamhet, det vill säga källstaten. Båda principer brukar tillämpas parallellt i alla skattesystem, och ett balanserat system tar hänsyn till båda principer på ett transparent sätt, enligt den internationella skattepolitikens förfäder såsom Musgrave .

Det pågår akademiska diskussioner om vilken underliggande modell ett välfungerande skattesystem bör bygga på eftersom det nuvarande systemet inte kan anpassas till globaliseringen. Hypotesen är att staternas nuvarande skattesystem inte uppfyller medborgarnas krav på legitimitet. Enligt ett antal forskare (se nedan) är legitimitet ett koncept som omfattar medborgarnas övertygelse om att maktstrukturen är berättigad och lämplig. Enligt forskarna grundas skattesystemets rättvisa på att individen frivilligt vill betala skatt. När individen tror att andras intressen är överordnade hans eller hennes egna kan han eller hon förlora förtroendet för skattesystemet, vilket kan undergräva systemets legitimitet och skada skattebetalarnas moral. För att förhindra detta problem kan åtgärder vidtas för att begränsa den skattskyldiges möjligheter att fritt välja det mest gynnsamma investeringssättet eller landet. Det synsättet har sitt ursprung i nyttoprincipen som betonats av exempelvis Knut Wicksell (1962), Reuven Avi-Yonah (2006), Thomas Piketty (2014) etc. Med de nya åtgärderna, såsom BEPS-projektet, har OECD och andra internationella organisationer som EU skiftat sin traditionella preferens för vertikal rättvisa mot att istället skydda källstaterna genom att tillämpa horisontell rättvisa genom nyttoprincipen, i syfte att förstärka tilltron till staternas skattesystem och dess hållbarhet.

Förespråkarna av nyttoprincipen bygger sin argumentation för legitimitet i termer av etik, och även i termer av skattemoral. De anser att skatteplanering och skatteflykt har en negativ inverkan på samhället eftersom omfördelningen av skattebaser sker nerifrån och upp. Det innebär att medel- och låginkomsttagare bär den ekonomiska kostnaden av samhället vilket gör höginkomsttagare ännu rikare enligt Hilling och Ostas forskning från 2017. Med andra ord så rättfärdigas vissa åtgärder med hänvisning till behovet av att försäkra staternas välfärd och ekonomiska framgång, vilket i sin tur återställer medborgarnas tro på de nationella systemen. Utanför den juridiska forskningsvärlden visar även forskningen inom andra samhällsvetenskapliga ämnen, såsom företagsekonomi, att etik och moral ligger till grund för de krav på att betala skatt utöver vad lagen kräver som förknippas med de så kallade hållbarhetskraven inom ramen för företagens samhällsansvar (*Corporate Social Responsibility*, CSR). Inom detta område debatteras behovet av att "moralisera" skattebetalarna nu för fullt. Gribnau anser exempelvis att det aktiebolagsrättsliga kravet på företagets vinstmaximering leder till aggressiv skatteplanering, medan lydelsen till rättsstatsprincipen kräver självbehärskning. Att undvika skattebördan på grund av vinstmaximering blir oetiskt eftersom det kan hota samhällsstrukturen.

Skattepolitiken i EU är starkt präglad av denna legitimitetsdebatt. Medlemsstaterna behöver förstärka trovärdigheten i sina skattesystem gentemot medborgarna genom en starkare kontroll av skattebaseroderingen. Denna kontroll anses ge uttryck för ett rättvisare skattesystem, där skatten skall betalas åtminstone en gång i något land. Denna princip kallas för "single tax"-principen och tillämpas i de nya EU-reglerna (ATAD). Dess användning pekar på att EU numera verkar ha en preferens för nyttoprincipen.

Att kräva att de stora multinationella företagen betalar mer skatt än vad de gör idag kan dock inte alltid rättfärdigas genom en juridisk analys. I en gränsöverskridande situation, såsom den kritiserade skatteplaneringen, tillämpas två rättsregler samtidigt. I de kritiserade situationerna av skatteplanering kan företagen undvika att beskattas genom att helt lagligt använda antingen ett kryphål mellan de två reglerna eller den höga tröskeln för källbeskattning. OECD har börjat lösa kryphålsproblem med hjälp av BEPS-projektet, genom att föreslå att man i skatteavtal infogar en klausul om att åtminstone en stat får rätt att beskatta ett företag som utnyttjar ett kryphål. När man ska förklara hur problemet med kryphål uppkommer, såsom de i exempelvis Apple- och Starbucks-fallen, är det naturligt att börja med vilken stat som har rätt att beskatta företagsvinster, alltså hur inkomster allokeras i internationella situationer.

Hur allokeras inkomster i multinationella koncerner?

Multinationella företag (också kallade "koncerner") såsom Apple och Starbucks har etablerats globalt men i varje land har de bildat ett bolag enligt nationella rättsregler. Varje bolag beskattas separat enligt sin egen skatteförmåga, vilket innebär att koncernen inte beskattas som en sammanhållen enhet. Trots bristen på en universell beskattningsregel av koncerner regleras prissättningarna på alla transaktioner mellan koncernens bolag enligt den så kallade armlängdsprincipen, vilken innebär att priset ska sättas som om bolagen hade varit självständiga (dvs. att det ska överensstämma med marknadspriset). Regler som syftar till att upprätthålla armlängds-principen, så kallade armlängdsregler, rekommenderas av OECD och FN. Staterna har infört armlängdsregler i sina skatteavtal och tillåter multinationella företag att ansöka om förhandsbesked, en typ av avtal, hos skattemyndigheterna i de länder där de är verksamma.

Multinationella företag kan dela upp funktion, tillgångar och risker mellan de olika bolag och länder de är verksamma i på ett sätt som oberoende företag, som verkar enbart på en inhemsk marknad, inte kan göra. Detta innebär att de multinationella företagen exem-pelvis kan sätta priser på ett strategiskt sätt för att minska skatten. Har en koncern dotterbolag i två länder där skattesatsen är betydligt högre i det ena landet än i det andra, kan koncernen producera en vara i landet med den lägre skattesatsen, för att sedan sälja varan till vad som kan anses vara ett överpris (jämfört med marknadspriset) till systerbolaget i landet med den högre skattesatsen, och på så sätt allokera "risker och tillgångar" till bolaget i landet med låg skatt.

165

Följaktligen har dotterbolaget i landet med låg skattesats blivit lägre beskattat än om varan skulle ha tillverkats av det andra dotterbolaget i landet med den högre skattesatsen, för ett pris som kan verka rättfärdigat enligt ekonomiska beräkningar. Koncernen har därmed lyckats minimera skattekostnaderna i sin tillverkning genom denna typ av internprissättning. Prissättning mellan beroende bolag kan ha stor påverkan på vilken del av koncernen vinsterna uppstår i.

Att sätta ett högre eller lägre pris än vad armslängdsprincipen föreskriver kan medföra att skattemyndigheten korrigerar priserna med efterkontroll och justeringar av företagets skattedeklaration. Även tvister kan förekomma. Sådana tvister kan leda till att en större del av inkomsten allokeras till staten som initierar korrigeringarna, exempelvis när ett pris som betalas är lägre än marknadspriset. Med andra ord brukar armlängdsregeln rättfärdiga åtgärder när ett lands skattebas eroderas till följd av felaktig prissättning.

Den globala mellanstatliga skattekonkurrensen i ny regi går istället ut på att locka till sig multinationella företag genom att med stöd av internprissättningsregler fördela företagsvinster till andra stater. I praktiken kan det innebära att en hemviststat allokerar ett företags inkomster till källstaterna. Därmed slipper företaget betala skatt både i det första och det andra landet, så kallad dubbel icke-beskattning. I LuxLeaks-fallen, där kommissionen anklagade medlemsstaterna för att ha brutit mot statsstödsreglerna, har staterna tillämpat internprissättningsregeln annorlunda än hur den är menad att användas. Staterna har använt regeln om skatteincitament i syfte att minska den effektiva skattesatsen på hemmaplan för att attrahera utländska investerare. I dessa fall, som redovisas längre fram i kapitlet, förhandlar de multinationella företagen med hemviststaten om att allokera den skattepliktiga inkomsten till källstaten, i vilken de inte heller beskattas på grund av exempelvis skatteincitament eller mycket låga internprissättningar. Historiskt sett har OECD:s regelverk inte innehållit några regler som tvingar källstaten att beskatta den del av företagets inkomst som hemviststaten förlorar. Doktrinen talar om statslös inkomst, eller lite mer ironiskt "Atlantisinkomst", vilket innebär att ingen stat har rätten att beskatta inkomster som försvinner "i havet".

Statsstödsmålen i ett nötskal

Enligt den generella metoden för prissättning enligt armlängds-regeln värderas transaktioner enligt marknadspriset, dvs. utifrån faktorer som exempelvis tillgångarnas värde, funktion och risk. Den som bär de ekonomiska riskerna för investering bör få intäkterna och beskattas på nettovinsterna. OECD:s skrivelser, som inte är bindande i Sverige eller i andra EU-länder, rekommenderar fem olika metoder för att beräkna priset och därmed de beskattningsbara vinsterna. Dessa fem metoder delas in i två övergripande kategorier: direkt och indirekt prisnivå. Att sätta priserna enligt den direkta prisnivån inne-bär att företag sätter sina priser på samma sätt som sina konkurrenter på marknaden. Om ett företag däremot exempelvis har monopol på en teknologi, kan det hävda att det är ensamt på marknaden och inte har några konkurrenter att jämföra prisnivån med. Priset bestäms då genom metoder som indirekt hänvisar till marknaden. Bland dessa metoder räknas återförsäljningsprismetoden som återspeglar de ris-ker som andra tillverkare i produktionskedjan tar för att producera varan. I slutändan bör företagen dokumentera objektiva vinstalloke-ringsmetoder och kunna bevisa att de inte fick en "sweetheart deal" med staten, det vill säga ett onormalt gynnsamt avtal.

Fram till och med hösten 2018 har kommissionen inlett nio för-djupade undersökningar gällande överträdelser av statsstödsförbud. Det är sammanlagt fem medlemsstater vars skattemyndigheter miss-tänks ha tillämpat "sweetheart deals" genom bl.a. förhandsbesked om internprissättningen. I vissa fall har kommissionen även fattat beslut om att länder har brutit mot statsstödsförbudet, vilka därefter överklagats till Tribunalen. Läget kan sammanfattas enligt tabellen på följande sida (först beslut och sedan undersökningar i kronologisk ordning, nyaste först).

EU-rätten förbjuder stöd, av vilket slag det än är, som ges av en medlemsstat (eller med hjälp av statliga medel) och som snedvrider eller hotar att snedvrida konkurrensen genom att gynna vissa företag eller viss produktion i den utsträckning det påverkar handeln mellan medlemsstaterna. Anledningen är att omotiverade selektiva fördelar förhindrar marknaden från att belöna de mest konkurrenskraftiga

Medlemsstat angripen	Multinationella företag	Datum för beslut (B)- eller undersökning (U)	Motivering
Luxemburg	ENGIE	2018-06-20 (B)	Förhandsbesked om koncernfinansiering
Luxemburg	Amazon	2017-10-04 (B)	Förhandsbesked om för hög royaltybetalning
Irland	Apple	2016-08-30 (B)	Förhandsbesked om prissättning och perfekt mismatch
Belgien	Excess Profit Exemption	2016-01-11(B)	Lagregel som undanröjer presumtiva internprissättning
Nederländerna & Luxemburg	Starbucks/Fiat	2015-01-21 (B)	Förhandsbesked med konstlade och komplexa internpris metoder utan länk med den ekonomisk verkligheten
Nederländerna	IKEA	2017-12-18 (U)	Förhandsbesked om koncerninterna lån och franchisingfördelaktiga lån
Luxemburg	McDonalds	2015-12-03 (U)	Förhandsbesked om skatteavtal, tillämpning och licensavgifterna
Storbritannien	CFC-regeln undantas	2017-10-26 (U)	Undantag från skatt för koncerninterna lån

företagen. Frågan uppstår huruvida skattekonkurrensen mellan stater genom attraktiva skatteåtgärder och lägre skattesatser också är förbjuden enligt dessa regler. EU-domstolens praxis i frågan är inte entydig. En *generell* åtgärd såsom skattesatssänkningar är tillåten enligt fördraget eftersom den inte gynnar vissa företag utan tilllämpas brett och generellt. Enligt EU-domstolen kan emellertid en lägre skattesats som avviker från det generella systemet medföra otillåtet stöd i form av selektiva fördelar. Exempelvis kan en (låg) bolagsskatt som tillämpas enbart på utländska företag utgöra en sådan selektiv åtgärd som därmed är förbjuden. I Gibraltar-målet försökte Storbritannien locka till sig finansiella multinationella företag genom att ändra bolagsskattebasen för utländska företag som etablerade sig på Gibraltar. EU-domstolen fann att avvikelsen från den standardenliga bolagsskatten var tillräckligt stor för att bevisa selektivitet.

Apple, Starbucks, ENGIE och Amazon fick individuella förhandsbesked med fördelaktiga beskattningar av sina globala inkomster av skattemyndigheterna i Luxemburg, Nederländerna och Irland. Kommissionens kritik baseras på att man anser att förhandsbeskeden avviker från standardregeln om armlängdsmässig prissättning. Kommissionen anser att metoden för internprissättning i dessa besked är felaktig, eftersom bolagen i fråga har tillåtits basera sina priser på en indirekt prissättningsmetod. Enligt kommissionen kan endast direkta prisjämförelser återspegla huvudregeln om armlängdsprincipen. Denna tolkning överensstämmer därmed inte med OECD:s uppfattning om att både indirekta och direkta prisjämförelser är förenliga med armlängdsprincipen.

I de fall som redovisas i tabellen har EU:s medlemsstater medvetet sett till att *inte* allokera den del av företagens globala inkomster som de hade kunnat beskatta enligt sina normala bolagsskatteregler. Att inkomsterna inte heller beskattas i de andra länderna är naturligtvis välkommet för företagen men har även det föranlett kritik från kommissionen.

Apple-målet är kanske det mål som väcker mest intressanta frågor. Under ett kostnadsfördelningsavtal (som utgör en indirekt prissättningsmetod) mellan Apple USA och dess två irländska dotterbolag inom Apple-koncernen, Apple Sales International (ASI) och Apple Operations Europe (AOE), tilläts dessa dotterbolag att använda Apples immateriella rättigheter (IP) för att tillverka och sälja Apple-produkter utanför USA. ASI, och i mindre utsträckning AOE, gjorde stora årliga betalningar till Apple för forskning och utveckling i USA som var avdragsgilla i Irland. ASI köpte Apple-produkter från oberoende tillverkare och sålde dem i Europa, Mellanöstern, Afrika och Indien. Oavsett var konsumenterna befann sig och huruvida det gällde butiksköp eller onlineköp, undertecknades försäljningsavtalet med ASI. All försäljning och vinst från dem registrerades sålunda i Irland. Produkterna skickades aldrig via Irland, utan sändes istället direkt till kunden från tillverkningsplatsen.

Enligt irländsk lagstiftning hade varken ASI eller AOE sin skattemässiga hemvist i Irland, eftersom ASI och AOE styrdes från USA. Men eftersom inget av de två bolagen bildades i USA så kunde företagen inte få sin skattemässiga hemvist fastställd i USA. Konsekvensen blev att varken ASI eller AOE beskattades för sina globala vinster i USA, med undantag från de betalningar som avsåg användningen av patenten de fick från Irland. Nästan alla vinster som registrerats av de två företagen fördelades internt till ett "huvudkontor" med åtta anställda. Enligt kommissionens bedömning existerar dessa "huvudkontor" endast på papper och kan därmed omöjligen ha genererat sådana vinster. De vinster som tilldelades "huvudkontoret" var inte föremål för beskattning i något land enligt särskilda bestämmelser i den tillämpliga irländska skattelagstiftningen. Till följd av den fördelningsmetod som godtogs i skattebesluten betalade Apple en faktisk bolagsskatt på sina vinster i ASI på 1 procent under 2003, vilken minskade till 0,005 procent under 2014. Att USA inte heller beskattade dessa vinster kritiseras av kommissionen som anser att Apple-koncernen fick en fördel som inget annat irländskt företag kunde få.

Med andra ord försvann skattepliktiga inkomster överallt. Kommissionen hävdar att den irländska lagstiftningen inte hade kritiserats om Apples vinster hade blivit beskattade i USA eller där försäljningarna skedde. Forskare såsom P.J. Wattel hävdar däremot att kommissionen felaktigt använder sig av statsstödsreglerna för att lösa problemet med skattebaseroderingen. Dessa forskare menar istället att den grundläggande orsaken till att skattepliktiga inkomster faller bort är de globala skillnaderna mellan olika länders lagstiftningar, inte att en medlemsstat ger utvalda företag vissa fördelar. Kontroller av statsstöd är inte menade för att fånga utnyttjandet av skillnader i nationella regler. Dessutom är det svårt att avgöra vem Irland har tappat skatteintäkter till. Den övergripande avsikten med strukturen av internprissättningen i Apples fall var att undkomma beskattning i andra jurisdiktioner, inte i Irland. Det finns därför anledning att spekulera i om Tribunalen och EU-domstolen kommer att underkänna kommissionens beslut i Apple-målet på denna grund.

Anledningen till att kommissionen använt sig av statsstöds-reglerna för att driva fallet är oklar. Normalt sett är kommissio-nens överträdelseförfaranden relativt ovanliga, eftersom den normalt endast väljer att inleda ett förfarande om den är relativt säker på att vinna målet. Eftersom statsstödsreglerna inte är menade att reglera skillnader i skattesatser länder emellan, varför har kommissionen valt att fortskrida på dessa relativt veka grunder?

Somliga forskare, såsom Ruth Mason, anser att kommissionen verkar ha agerat utifrån medlemsstaternas vilja att begränsa ameri-kanska företags möjlighet att sälja sina produkter på dessa källstaters marknader, utan att kunna beskatta företagen, då dessa inte upp-fyllde alla villkor för att bli beskattade. Med andra ord vill medlems-staterna till varje pris skydda sin suveränitet, förstådd i termer av att säkra skatter till välfärdsstaten, genom att beskatta multinatio-nella företag. Kommissionen har därför manat på EU att instifta s.k. stoppregler, exempelvis genom det föreslagna direktivet om skatt på digitala transaktioner, samt initieringen av statsstöds-fallen (Apple, Starbucks m.fl.). Dessa åtgärder syftar således till att förhindra den skattebaserodering i källstaterna som de multinationella företagen, exempelvis Apple-koncernen, drar fördel av för att generera maximal vinst. Skillnaderna mellan den amerikanska och vissa europeiska medlemsstaternas lagstiftningar är orsaken till denna dubbla ickebe-skattning och det spär på konflikten mellan USA och EU.

Andra observatörer, som Richard Lyal (juridisk chefsrådgivare vid kommissionens direktorat för budget, tullar och skatter) menar istället att kommissionens roll inte är att säkerställa en korrekt tillämpning av skattebestämmelserna i medlemsländerna. Han stäl-ler sig tveksam till att reglerna om statligt stöd skulle vara ett

171

lämpligt instrument för att hantera "BEPS" såsom i Apple-målet. Statsstödsreglerna är inte menade att fånga utnyttjandet av skillnader mellan nationella regler eftersom lagens tillämpning förutsätter att stödet ges av en medlemsstat, inte av flera.

Det amerikanska finansdepartementet anklagar kommissionen för att agera utanför sina befogenheter inom konkurrenspolitikens och statsstödsrättens områden. Man anser att kommissionen gör intrång i ett rättsområde där den saknar kompetens. Detta argument är emellertid svagt eftersom konkurrensrätten och statsstödsreglerna mycket riktigt hör till EU:s exklusiva kompetenser. Det gäller även för transaktioner med tredjeland som USA. Förhandsbesked om internprissättning kan mycket väl falla under statsstödsreglerna om kommissionen bevisar att dessa har till syfte att attrahera verksamheter till en viss medlemsstats territorium, såsom i det ovannämnda Gibraltar-målet.

Skydd mot skattebaseroderingen: Från EU-förvaltarskap till EU-bemyndigande

I detta delkapitel presenteras hypotesen att medlemsstaterna genom EU har lyckats försvara sina egenintressen att skydda sina skattebaser med förevändningen om att skydda välfärdsstaten. Med andra ord har EU:s roll skiftat från ett svagt förvaltarskap inom området för direkta skatter till att av medlemsstaterna bemyndigas en mer aktiv politisk roll.

Det är lätt att se en parallell mellan å ena sidan överträdelseförfaranden i statsstödsfrågan och å andra sidan skatteflyktsdirektivet (Direktivet EU 2016/1164 av den 12 juli 2016 om fastställande av regler mot skatteflyktsmetoder som direkt inverkar på den inre marknaden). Direktivet antogs 2016 enhälligt och har som syfte att begränsa skattebaseroderingen inom EU och mellan EU och tredjeland. Detta direktiv har lyckats ena medlemsstaterna runt de gemensamma målen om att skydda sina egna skattebaser och att få befogenheter att beskatta företagens globala inkomster i EU. På samma vis har statsstödsmålen ökat möjligheterna att beskatta företagsinkomster i EU.

Att aggressiv skatteplanering som leder till skattebaserodering likställs med skatteflykt i direktivet har orsakat en del debatt. Jag har själv diskuterat detta i några kommentarer när direktivet antogs. Direktivet anger olika verktyg mot den nollbeskattning som sker på grund av bristen på harmoniserade regler, exempelvis när två länder ser annorlunda på om en inkomst bör beskattas eller ej. Direktivet introducerar en ny princip, den s.k. "single tax principle", enligt vilken företag ska betala skatt åtminstone en gång i någon stat. Denna skatt ska helst betalas någonstans i EU. Modellen inspireras av hur federationer beskattar företag, där någon av staterna allokeras ansvaret att beskatta. EU är dock ingen federation och beskattningsmakten ligger fortfarande hos medlemsstaterna. Av denna anledning har direktivet kritiserats. Med andra ord, genom att kontrollera den "aggressiva" skatteplaneringen som orsakar skattebaserodering i EU, har EU skaffat sig befogenheten att allokera vinster till, och inom, EU samt att lagstifta om direkta skatter, ett område som traditionellt faller inom medlemsstaternas befogenhet.

Direktivet åberopar OECD:s och G20:s rapporter om BEPS. I direktivets preambel anges att de nuvarande politiska prioriteringarna inom området internationell beskattning belyser behovet av att säkerställa att skatt betalas där vinster och mervärde skapas. Ett viktigt mål med direktivet är att förbättra motståndskraften hos den inre marknaden som helhet mot gränsöverskridande skatteflyktsmetoder. Eftersom problemet är just gränsöverskridande kan medlemsstaterna inte i tillräcklig utsträckning uppnå önskat resultat var för sig, utan åtgärder måste istället ske på EU-nivå.

Direktivet inför alltså en ny princip om skattebasfördelning, som också påverkar tredjeland. I en ändring av det ursprungliga direktivet allokeras inkomster vars källa är en EU-medlemsstat till medlemsstaten i fråga i de fall då hemviststaten i tredje land inte beskattar företaget i situationer med så kallad "mismatch". Med en sådan missanpassning menas att företaget varken beskattas i EU eller i tredje land på grund av olika definitioner av vad som är beskattningsbart. Direktivet täcker därmed alla former av dubbla avdrag och andra metoder som skatteskyldiga använder för att utnyttja kvarvarande kryphål pga. skillnader i rättsregler, även med tredjeland. Sverige och Malta ställde sig tveksamma till just denna fråga under lagstiftningsprocessen. Enligt mekanismen för subsidiaritetskontroll genomförde det svenska och maltesiska nationella parlamentet varsin subsidiaritetsprövning av utkastet. Parlamentens kritik riktades mot att vissa av reglerna även skulle tillämpas på interna transaktioner, utan att kommissionen förklarade varför. Kontroll av sådana interna transaktioner anses normalt ligga utanför EU:s befogenhet.

D. Smit noterar att direktivet blev väldigt ambitiöst och långtgående. För det första ställs frågan huruvida direktivets allokering av skattebaser, som regleras i direktivet, faller under EU:s delade kompetens om den inre marknaden. I sin praxis om etableringsfriheten har EU-domstolen aldrig låtit skillnader i lagstiftning rättfärdiga protektionistiska åtgärder, oavsett om det är i skatterätt eller i andra rättsområden. Tvärtom har domstolen ansett att den institutionella konkurrensen mellan medlemsstaterna är en sund förutsättning till en effektiv inre marknad. Dessutom faller det utanför domstolens befogenhet att koordinera medlemsstaternas lagstiftningar, varför den undvikit att ta ställning i sådana frågor. EU-domstolen har tillåtit EU-medlemsstaterna att kontrollera situationer av missbruk, men har samtidigt själv använt sig av en mycket snäv definition av missbruk. Enligt domstolens praxis utgör rena skentransaktioner en form av missbruk och kan därmed rättfärdiga att staterna tar till protektionistiska åtgärder (se exempelvis domen C-196/04 Cadbury Schweppes punkt 67). Motsatsvis används i skatteflyktsdirektivet en betydligt bredare definition av missbruk som innefattar *alla* typer av nollbeskattning. Detta är omstritt eftersom dubbelbeskattning å sin sida inte anses ingå i EU:s kompetensområde. Varför skulle då nollbeskattning/dubbel-ickebeskattning ingå i kompetensområdet?

Den reform som misslyckades under OECD:s initiativ, om skadlig skattekonkurrens under perioden 1997–2004 i form av en uppförandekod, verkar under 2010-talet gå i hamn hos medlemsstaterna och uttrycks nu genom nya EU-initiativ snarare än inom OECD. Att EU-lagstiftaren anpassar sig till medlemsstaternas behov är dock föga förvånande. Inom statsvetenskapen beskrivs ibland EU som en paradoxal organisation, vars utveckling i den ekonomiska politiken har skiftat mellan å ena sidan marknadsvänliga åtgärder och å andra sidan överstatlighet och interventionism. Att stödja medlemsstaternas behov att begränsa skattebaseroderingen som uppstått till följd av en oreglerad marknadstillgång kan klassificeras som den senare.

Det som däremot är besynnerligt är att medlemsstaterna lyckas komma överens om att lagstifta mot missbruk, skattekonkurrensen och allokering av skattebaser, men inte om alternativa beskattningsmodeller inom EU som skulle kunna reglera marknaden genom att harmonisera medlemsstaternas skatter istället för stänga skattegränserna. Under 2011 sjösattes ett projekt som ämnade ta itu med det senare problemet, vid namn *Common Corporate Tax Base* (CCTB, den gemensamma bolagsskattsbasen). Grundtanken med CCTB var att upprätta en gemensam bolagsskattebas i EU för multinationella företag. Genom denna gemensamma skattebas skulle skatt betalas där företagens ekonomiska verksamhet skedde och där vinst uppkom tack vare stora marknader, i stället för att beskattas i hemviststaten vilket sker idag. Projektet övergavs eftersom medlemsstaterna inte lyckades komma överens på politisk nivå, men sjösattes på nytt igen 2017 till följd av LuxLeaks-skandalen. Många medlemsstater med mindre marknader, såsom Sverige, har aktivt motverkat projektet. Detta eftersom det inte skulle gynna mindre ekonomiers skattebaser, då (svenska) företag huvudsakligen verkar på andra större marknader. Forskningsläget talar för att CCTB-projektets framgång är osäker eftersom det inte löser de institutionella skillnaderna mellan EU-medlemsstaterna. Sådana skillnader skulle istället eventuellt skulle kunna lösas genom ett harmoniserat skattesystem.

Vem främjas av EU-skatterättens utveckling?

Genom statsstödsmålen och skatteflyktsdirektivet har EU:s medlemsstater valt att skydda sina egna skattebaser genom att ge beskattningsföreträde till källstaten. Det är mycket troligt att medlemsstaterna med stora marknader kommer att vinna på reformen eftersom den medför en begränsad skattekonkurrens. Förlorarna kommer istället att vara de små medlemsstaterna. Tidigare har dessa medlemsstater med en begränsad marknadsstorlek (t.ex. Nederländerna) kunnat använda sig av just skattekonkurrens för att attrahera utländska investerare. Detta är nu inte längre möjligt.

En kritik som förekommer i kommentarer till reformen rör uppskattningen av skattebaseroderingen, som är omstridd. Forskare på området är oeniga och ifrågasätter till och med om skattebaserodering verkligen sker. Exempelvis i Sverige har bolagsskatten sänkts från 28 procent till 22 procent men bolagsskatteintäkterna har i stort sett varit oförändrade enligt Andersson (2016) bortsett från de variationer som uppstått på grund av konjunktursvängningar. Skatteintäkterna från bolag ligger stabilt kring 3 procent av BNP. Andra forskare, som Hansson, Olofsdotter och Thede (2018) kan visa att svenska koncerner med gränsöverskridande aktiviteter betalar mindre i skatt än de som endast verkar nationellt. Enligt den svenska regeringens egen konsekvensanalys av skattebaserodering skulle Sverige bli vinnare i händelsen av en systemändring och införlivandet av BEPS. Analysen har dock aldrig offentliggjorts. Enligt Andersson kan anledningen vara att Sverige självt vidtagit åtgärder för att attrahera en del av den verksamhet som enligt BEPS-åtgärderna skulle beskattas i ett annat land där värdet skapas. I en av åtgärderna inom BEPS-projektet försöker OECD mäta globala skattebaseroderingar och uppskattar att det handlar om 4 till 10 procent av bolagsskatteintäkterna som går förlorade på grund av skatteplaneringen, vilket motsvarar 100 till 240 miljarder USD per år. Enligt OECD är de största förlorarna USA och utvecklingsländerna, medan industriländerna såsom EU-medlemsstaterna förlorar i mindre utsträckning eftersom deras statsfinanser vilar på indirekta skatter snarare än bolagsskatter.

Oavsett vad den ekonomiska forskningen kan visa, är risken stor att bolagsskatten som betalas i EU idag kommer att minska ännu mer om den flyttas till länder där "värdet" skapas i BEPS-projektets termer. Att kräva bevis för "mervärdet" av en investering innebär att de transaktioner som enbart är motiverade av att minska företagets skattebörda kvalificeras som aggressiv skatteplanering och likställs med skatteflykt. Utan de skatteincitament som används för att attrahera multinationella företag kan sådana företag istället komma att flytta sin personal och sina investeringar till stora marknader i stora länder.

Frågan uppstår huruvida moralisering av de problematiska effekterna av skattekonkurrensen kan minska skattebortfallen inom EU. Från ett juridiskt perspektiv är det lätt att konstatera att skatteplanering numera presumerar missbruk. Detta antagande har lett till långtgående korrigeringsåtgärder och en radikal ändring i allokeringsreglerna för skattebaser. Man går så långt som att presumera missbruk för varje fall av dubbel icke-beskattning som orsakas av skillnader i skatteregler mellan olika stater. Resultatet av denna lagstiftning är att stora koncerner, i huvudsak amerikanska jättar såsom Apple och Starbucks, kan välja att omlokalisera sin verksamhet till sin hemmamarknad. Därmed slipper de bevisa att de inte har missbrukat skillnader mellan skattesystemen. Detta skulle kunna leda till en minskning av den gränsöverskridande handeln och kapitalflöden och skulle kunna få som effekt att länder vidtar fler protektionistiska åtgärder, med incitament att tillverka "hemma" för att undvika att gå miste om skattebaser som annars skulle beskattas i de andra länderna. I förlängningen skulle detta kunna utgöra ett hot mot EU:s inre marknad, och kanske även ett hot mot EU självt.

Att hitta ett alternativ till BEPS med global acceptans förefaller svårt. BEPS-projektets framgång bygger på ett frivilligt deltagande för att förhindra fri skattekonkurrens, framväxten av skatteparadis och skatteflykt, inklusive den typ av skatteincitament för multinationella företag som vissa (mindre) länder tillämpar. BEPS-projektet medför en viss harmonisering. Det bygger på minimistandarder som OECD-länderna tillsammans med bl.a. G20-länderna har lovat att införliva, vilka delvis även återfinns i EU:s skatteflyktsdirektiv. BEPS-projektet har därför lyckats få ett beundransvärt stort genomslag, särskilt i jämförelse med de tidigare försöken att koordinera skattebaser och minimera institutionella skillnader i staternas skattesystem, såsom OECD:s uppförandekod.

Mason och Wattel ser dock BEPS-projektet som ett sätt att komma åt de stora amerikanska bolagen inom den högteknologiska sektorn. Dessa kan undvika att betala skatt i USA tack vare en amerikansk skattelagstiftning som tillåter att utländska dotterbolags vinster undantas från amerikansk beskattning försåvitt de inte tas hem. Det verkar som de amerikanska storbolagen endast investerar utomlands (läs EU) om de får skatteincitament för att göra det, något som BEPS-projektet syftar till att stoppa. Emellertid har Trump-administrationen i USA uttryckt oro kring BEPS-projektet eftersom det kan resultera i en nedbrytning av den fria skattekonkurrensen globalt, något som den republikanska skattepolitiken historiskt sett har varit emot. Från en skattepolitisk synvinkel riskerar BEPS-projektet därmed att förvärra det rådande handelskriget mellan EU och USA, och möjliggöra för EU:s medlemsstater att tillämpa protek-tionistiska åtgärder som avskräcker företag från att investera i EU.

Digitalskatten, ett alternativ för EU?

Några stater har redan ensidigt infört en ny typ av bolagsskatt som försöker knyta skatten till deras territorium utan att följa OECD:s principer om skattehemvist och källbeskattning. Med andra ord skiftar deras lagstiftning rätten att beskatta från ursprungsland till destinationsland. Storbritannien, Australien och Indien har infört en destinationsbaserad skatt *(Diverted Profit Tax)* som fångar de skat-tebaser som går förlorade på grund av digitaliseringen av affärsmo-deller. Den franska och ungerska "klick/Starbucks/reklamskatten" försöker undvika problematiken genom att istället införa en kon-sumtionsskatt. Digitalskatten som alternativ till bolagsskatten anses lösa ett akut problem med ursprung i den amerikanska skatterätten. Enligt doktrinen kan problemet orsakas av USA:s toleranta lagstift-ning i förhållande till skatteparadis och låg inkomstbeskattning av utländska inkomster. Kombinationen låter företag som Google behålla vinster från internetbaserad handel utomlands och därmed undgå att bli beskattade för dessa.

I EU pågår parallellt en reform av den digitala ekonomin. Den digitala ekonomin skapar värde genom en kombination av algorit-mer, användardata, försäljningsfunktioner och kunskap. Till exempel bidrar en användare till värdeskapande genom att dela sina prefe-renser, som att gilla en sida på sociala medier. Dessa data används senare av företagen för att tjäna pengar på riktade annonser. Enligt kommissionen beskattas inte nödvändigtvis inkomsten i det land där användaren ser annonsen, utan exempelvis i det land där reklamalgoritmerna har utvecklats. Det innebär att mervärdet som skapas av användaren inte beaktas när och där bolaget beskattas, vilket orsakar skattebaserodering. Genom en rad olika förslag vill EU införa två nya komponenter. För det första föreslår kommissionen en ändring av bolagsskattsystemen i EU genom att reformera reglerna så att vinster registreras och beskattas där företagen har en betydande interaktion med användarna via digitala kanaler. Det andra förslaget svarar på önskemål från flera medlemsstater om införandet av en interimskatt som täcker de viktigaste digitala aktiviteterna som för närvarande inte täcks av någon skatt i EU.

Precis som med BEPS-projektet råder det i doktrinen delade uppfattningar beträffande EU-förslaget om digitaliseringen och skatt. De som ställer sig positiva till reformen anser att företagens tillgång till nya kunder genom internetplattformar ökar företagens skatteförmåga vilket därmed rättfärdigar beskattningen i källstaten. Som tidigare förklarades är kravet på stadigvarande plats inte längre tillräcklig för att företaget ska anses ha ett fast driftställe i en stat. Genom att definiera företagets tillgång till nya kunder genom internetplattformar som värdeskapande, upprättas en länk som rättfärdigar beskattning i källstaten. Andra ifrågasätter istället förekomsten av en länk mellan kunden och det värde som sedan beskattas. Exempelvis kan knappast ett verktyg baserat på artificiell intelligens, som beräknar kundkretsen till en viss tjänst eller produkt med hjälp av algoritmer, anses utgöra en dylik analys av ett substantiellt värdeskapande i verksamheten, och därmed inte heller vara något som rättfärdigar en beskattning i källstaten.

Bolagsskatten baserar sig på företagets globala nettovinster, som speglar dess skatteförmåga, och inte den försäljningspotential som en internetbaserad marknad utgör, dvs. värdeskapandet. Värdeskapande utgör bara en liten del av skatteförmågan. Att beskatta enbart värdeskapandet är inte förenligt med den nuvarande modellen av bolagsskatt, eftersom den modellen förutsätter att skatten dras efter att företagets alla kostnader (risk, funktion och tillgångar) har tagits i beaktande. BEPS-projektet samt digitalskatten kan leda till att bolagsskatten i sin nuvarande form försvinner.

EU-kommissionen kallar sin policy om digitalskatten "en rättvis beskattning" *(Fair taxation)* och rättfärdigar därmed sin kompetens att lagstifta inom området för direkta skatter med politiska skäl. Att EU-medlemsstaterna behöver skydda nationalstatens välfärd är obestridligt, men detta behöver förankras i lagen och lagen bör sedan tillämpas baserat på objektiva kriterier. Det finns anledning att tro att reformen bygger på subjektiva kriterier (rättvisa) som inte är adekvata för att rättfärdiga de åtgärder som vidtagits. Att EU bekräftar användningen av dessa kriterier kan tolkas som ett tecken på nationalstatens återkomst då medlemsstaterna fått sin vilja igenom. Konsekvensen blir dock att företagens tilltro till EU försvagas. Investerarna kan därmed välja att verka i andra delar av världen som har tydligare regler, vilket gör det lättare för företagen att nå marknaden och öka sin vinst.

Mot en gemensam skattepolitik som skyddar (främjar) EU:s inre marknad

Ovan har visats att utvecklingen inom EU-skatterätten mot ett ökat skydd av suveränitet kan vara ett tecken på att nationalismen påverkar den politiska och ekonomiska utvecklingen inom EU. Med nationalism menas att man ser till sitt egna lands intressen på bekostnad av det mer globala perspektivet. BEPS-projektet och skatteflyktsdirektivet tyder på att medlemsstaterna räknar med att internationella organisationer kommer att lösa det problem med förlorade skattebaser som hotar den nationella välfärdsstaten. Genom det nya skatteflyktsdirektivet och begränsningen av skatteplanering, verkar EU som en garant för protektionistiska metoder avsedda att skydda den nationella välfärden. Medlemsstaternas nationalism uttrycks genom deras vilja att stänga de nationella gränserna för att säkra sina skattebaser i rättvisans namn, i stället för att hålla dem öppna för fri konkurrens. Efter åratal av försiktiga åtgärder inom skatterätten tycks plötsligt flera initiativ, som tidigare skulle varit helt otänkbara, accepteras hos många av medlemsstaterna med hänvisning till att skydda skatterättvisan. Att EU:s medlemsstater numera ska beskatta den värdeökning som uppkommer på deras respektive territorium om andra stater inte gör det *på grund av skatteflykt och missbruk* framstår som kontroversiellt ur juridisk och politisk synpunkt. Om detta är avsikten bör medlemsstaterna istället enas kring en gemensam skattepolitik som återspeglar behovet att skydda EU:s inre marknad på riktigt och inte enbart skydda den egna finansieringen av välfärdsstaten. Risken är stor att populistiska rörelser, som är motståndare till globaliseringen och som vill skydda den nationella skattesuveräniteten och den egna välfärden, anser att BEPS-projektet och EU:s förändrade skattepolitik är i linje med deras synsätt. I en tid där populismens framgång ökar med Brexit, samtidigt som EU ställs inför utmaningar som migration och terrorism, borde EU-medlemsstaterna låta bli att moralisera och istället enas kring möjligheterna som en integrerad marknad med en gemensam valuta erbjuder. Som Frans Vanistendael, grundaren till det akademiska ämnet EU-skatterätt, skriver i sin artikel "Democratic Taxation: Necessity or Utopia för Euroland?" behöver EU först och främst kunna motsäga populistiska argument om att EU:s integrerade handelsområde symboliserar (skatte)suveränitetens förlust.

För att kunna bemöta sådana argument, som på sikt syftar till att underminera EU, behöver forskningen noggrant analysera varför nollbeskattning sker i integrerade rättsområden, såsom i EU, och vilka företag eller EU-medlemsstater som vinner på det. Det räcker sannolikt inte att åberopa etik och moral för att täcka luckorna som bristen på koordinering av skatterätten medger. Även om medlemsstaterna redan har enats kring ett direktiv för att motverka aggressiv skatteplanering så kvarstår grundproblemet, nämligen skattekonkurrens mellan länder. Skattesuveräniteten hindrar de framsteg som behövs för att motverka de skattebortfall som drabbar alla. Att tänka konstruktivt och anta en gemensam skattebas för gränsöverskridande transaktioner tycks var den mest gynnsamma vägen framåt.

Källor och litteratur

För den som vill läsa vidare om internationell skattepolitik rekommenderar jag Krister Anderssons artikel "Vad är BEPS och vad innebär det för Sverige?" (*Skattenytt* 2016, s. 639–654). En annan underhållande och lättläst analys om den svåra situationen mellan USA och EU återfinns i Torsten Fensbys artikel "Kommer BEPS-projektet överleva Trump-administrationen?" (*Skattenytt* 2017 s.187–201). En kortfattad beskrivning av BEPS-projektet publicerades av Jérôme Monsénégo under titeln "Utfallet av BEPS-projektet, (*Svensk Skattetidning*, nr 10 2015, s. 827–845). Se också Frans Vanistendaels artikel "Democratic Taxation: Necessity or Utopia för Euroland?" (*Intertax*, (2018) vol. 46, nr 4. s. 342–351).

För en teoretisk analys om skatterättvisa, se David G. Duff, "Tax Fairness and the Tax Mix" (Foundation for Law, Justice and Society, 2008). Tillgänglig via: https://papers.ssrn.com/sol3/papers. cfm?abstract_id=1457983https://ssrn.com/abstract=1457983. Se även Åsa Gunnarsson doktorsavhandling *Skatterättvisa* publicerade 1995, (Uppsala, Iustus förlag). Axel Hilling och Daniel T. Ostas fördjupar etiska synsätt på kravet att betala skatt i sin bok om *Corporate Taxation and Social Responsibility* från 2017 (Stockholm, Wolters Kluwer). Reuven Avi-Yonahs artikel "Three steps forward, one step back? Reflections on "Starbucks taxes" and the destination-based corporate tax" (*Nordic Tax Journal* 2016, 2, s.69–76) är tillgänglig i open access och beskriver översiktligt behovet av skattereformer pga. digitaliseringen. Se också Hans J.L.M Gribnau och Ave-Geidi Jallai, "Good Tax Governance: A Matter of Moral Responsibility and Transparency" (*Nordic Journal* 2017, 1;) tillgänglig via 10.1515/ntaxj-2017-0005.

En analys av ekonomisk forskning kring EU:s uppförandekod från 1997 och skattekonkurrensen i EU publicerades i Europaperspektiv *EU, skatterna och välfärden*, Gustavsson, Oxelheim och Wahl, red. Santérus förlag (2004) av Åsa Hansson och Karin Olofsdotter. Nyare data och analyser återfinns i kommissionens rapport "Taxation trends" som publicerades senast 2018. Artikeln författade av Hansson och Olofsdotter och Thede som hänvisas till i kapitlet återfinns i *World Economy* (2018) 2, s. 393–413 under rubriken "Do Swedish Multinationals Pay Less In Taxes than Domestic Firms?". Skattekonkurrens betydelse för skattepolitik studeras noggrant i Andersson, Eberhartinger och Oxelheim, *National tax Policy in Europe – to be or not to be*, 2010 (Springer Verlag). Kapitlet refererar till internationella skattepolitikens Richard Musgrave och Peggy Musgrave med boken *Public Finance in Theory and Practice*, (McGraw Hill Higher Education, 1989 (1:a utgåva 1973)). D. Smit diskuterar skatteflyktsdirektivet i sitt bokkapitel "The Anti-Tax-Avoidance Directive" i Wattel-Terras bok *European Taxation* från 2018. (Wolters Kluwer, 7:e upplagan).

Angående de pågående statsstödsmålen har forskningen publicerat många skrivelser på engelska. Se exempelvis Peter J. Wattels "Stateless Income, State Aid and the (Which?) Arm's Length Principle" 2016 (*Intertax*, vol 44, s. 791–801). För en amerikansk syn på problemet, se Ruth Mason "The Tax Subsidy War" 2018 (SSRN). Statsstödsmålet om Apple rapporteras kortfattat av kommissionen själv här: http://europa.eu/rapid/press-release_IP-16-2923_sv.htm

Min forskning om EU:s skatterättens reform av skatteplaneringen återfinns i "Anti-Directive Shopping on Outbound Dividends in the Light of the Pending Decision in Holcim France (C-6/16)," (*European Taxation*, 2016, s. 395–399. (editor's review)), samt i "Interactive law building and EU tax law" i D. Weber (red) *EU Law and the Building of Supranational Tax Law: EU BEPS and State Aid*, IBFD, s. 1–16.

För att läsa vidare om statsvetenskapliga teorier om historiska framställningar av EU:s roll som lagstiftare, se exempelvis Nicolas Jabko, "The Janus-Faced European Union" i *Playing the Market: A Political Strategy for Uniting Europe*, 2006 (Cornell, Cornell University Press, s. 179-187).

Euron och nationalstaten som aldrig försvann
– behöver Europa fler valutor?

av Fredrik N G Andersson

År 2019 är det tjugo år sedan elva länder övergav sina nationella valutor och införde den gemensamma valutan euron. Sedan dess har euroområdet expanderat till att inkludera nitton länder. På många sätt har valutasamarbetet varit framgångsrikt. Inflationen har varit låg och Europa har undvikit de återkommande valutakriser som präglade 1970- och 1980-talen. Ända sedan starten har det dock funnits ekonomiska och politiska spänningar inom valutaunionen. Dessa har med tiden ökat och under 2010-talet har euroområdet gått från kris till kris. Vid flertalet tillfällen har eurons existens varit hotad. Trots återkommande kriser har euroländerna haft svårt att samla sig kring ett gemensamt program för att stärka euron. Länderna har många gånger agerat efter sitt nationella intresse istället för efter det gemensamma intresset. På sikt utgör detta ett hot mot eurons fortlevnad.

Eurons problem är inte nationalstatens återkomst utan att nationalstaten aldrig försvann. För att vinsterna med en gemensam valuta skall överstiga kostnaderna måste medlemsländerna harmonisera lagar, regler, välfärds- och skattesystem så att varor, tjänster, arbetskraft och kapital kan flyta lika fritt mellan länderna som inom länderna. Valutaunionen måste med andra ord kompletteras med en ekonomisk union och en politisk union. I Europa har nationalstaten i slutet av 2010-talet fortsatt stort inflytande över den ekonomiska politiken och länderna har inte vuxit samman på det sätt de borde för att vinsterna med euron tydligt skall överstiga kostnaderna.

Att en valutaunion som inte kompletteras av en ekonomisk och en

politisk union är förenad med stora risker var känt redan innan euron
infördes. Enligt en av arkitekterna bakom euron, Tysklands tidigare
förbundskansler Helmut Kohl, var tanken på en valutaunion utan
en ekonomisk union "absurd". Nationalstaterna var dock inte redo
att överge makten över den ekonomiska politiken och den politiska
unionen har förblivit relativt svag.

Den internationella finanskrisen 2007/09 blottade svagheterna
i konstruktionen av den europeiska valutaunionen. Sedan dess har
flera reformförslag presenterats för att åtgärda svagheterna. EU-kom-
missionens reformprogram är ett av de mest konkreta och kanske det
viktigast eftersom det ligger till grund för flera pågående reformer av
euroområdet. I korthet går det ut på att skapa, eller vidareutveckla,
tre unioner för budget, finans och ekonomiska frågor. Genom ökad
harmonisering skall det gemensamma intresset ges en större roll i
det nationella beslutsfattandet. Steg har tagits längs denna väg, men
det har gått trögt. Nationalstaten är fortsatt stark och de enskilda
medlemsländernas intressen går isär.

Behovet av ökad integration ställs mot nationalstaternas motvilja
att släppa ifrån sig makten. Denna konflikt ger upphov till ett antal
frågor som utgör grunden för detta kapitel. För det första, kommer
de europeiska länderna någonsin vara villiga att bygga klart de
ekonomiska och politiska unionerna? Är EU-kommissionens reform-
förslag tillräckliga för att lösa eurons problem? Är det kanske bättre
om euron splittras i två eller flera valutor så att nationalstaterna kan
behålla ett stort inflytande över den ekonomiska politiken?

Min analys, baserad på min egen och andras forskning, visar att
många av de ekonomiska problem euroområdet brottas med har
uppkommit pga. starka nationalstater som fört sin egen politik. Alla
euroländer, inte enbart de ekonomiskt svagare sydeuropeiska länder-
na, bär ett ansvar för den uppkomna situationen. För att stärka euron
måste alla länder hjälpas åt att återställa den ekonomiska balansen
i euroområdet. Därefter måste euroområdet utvecklas i en tydlig
riktning mot en federalstat. EU-kommissionen reformförslag åstad-
kommer inte detta. Reformerna är bakåtblickande och inriktade på
att förhindra en framtida finans- och skuldkris likt den som uppstod
2008. Framåtblickande och visionära förslag är det ont om. Bristerna

i kommissionens förslag är lätta att förstå. Nationalstaternas ovilja att ge upp tillräckligt mycket av makten till en federal myndighet har djupa rötter och handlar ytterst om viljan att föra en politik som avviker från den europeiska. Ländernas ekonomier har växt fram ur delvis olika historiska, sociala och ekonomiska kontexter vilket gör att en och samma modell inte passar alla länder. Därför behövs det fler valutor i Europa så att länderna ges större utrymme att föra en självständig politik. Min slutsats är således att eftersom euroländerna inte är beredda att gå hela vägen mot en federal stat för att säkerställa eurons framtid är det bättre om euron splittras. Om inte i nitton nationella valutor så åtminstone i två eller tre olika valutor. Fler valutor skulle inte lösa alla ekonomiska problem, men återkomsten av växelkurser ger Europa en säkerhetsventil som lättar på det destruktiva ekonomiska och sociala tryck som byggts upp inom valutaunionen. Mindre euro kan betyda mer Europa i framtiden på andra viktiga områden. Eurons instabilitet hotar på lång sikt hela Europasamarbetet.

Resten av kapitlet har följande disposition. Först diskuterar jag vilka förutsättningar som krävs för att en gemensam valuta skall bli framgångsrik. Därefter beskriver jag utvecklingen i euroområdet sedan euron infördes 1999. Jag visar på hur nationalstaten påverkat utvecklingen och gett upphov till stora ekonomiska obalanser som ger avtryck i politiken och skapar konflikter mellan euroländer. Sedan följer en diskussion om EU-kommissionens reformprogram. Vad programmet innehåller och om det är tillräckligt för att lösa eurokrisen. Slutsatsen är att förslagen är logiska och realistiskt, men tyvärr otillräckliga. Det väcker frågan om Europa hade tjänat på att ha fler valutor vilket diskuteras i det efterföljande avsnittet. I det sista avsnittet argumenterar jag för att det är dags att förbereda en vänskaplig skilsmässa där ett eller ett par länder tillåts lämna euro-området under så vänskapliga förhållanden som möjligt.

Varför en gemensam valuta?

En gemensam valuta har både för- och nackdelar. Bland fördelarna finns ökad handel och integration över nationsgränserna. Utan möjlighet till att devalvera kan en valutaunion bidra till att länderna för en mer ansvarsfull ekonomisk politik. Länder som lidit av hög inflation och återkommande devalveringar kan få en stabil valuta som behåller sitt värde över tiden. På lång sikt är det positivt för den ekonomiska utvecklingen. Bland nackdelarna finns att länderna förlorar växelkursen som en ekonomisk regulator. All anpassning till ekonomiska chocker måste ske genom flexibla löner och priser. Länderna måste även vara villiga att ge upp sin självständighet över den ekonomiska politiken och låta det gemensamma intresset, och inte det nationella intresset, diktera politikens inriktning. Ett land som går sin egen väg i ekonomiska frågor kan skapa stor skada både för sig självt och för andra.

Vinsterna av en gemensam valuta är inte alltid större än kostnaderna. Att skapa en valutaunion är därför inget mål i sig självt. Vinsterna i en bredare bemärkelse måste helt enkelt överstiga kostnaderna. För att avgöra huruvida ett land skall gå med i en valuta union har forskare tagit fram ett antal kriterier som måste vara uppfyllda. Den kanadensiske nobelpristagaren Robert Mundell var den förste att sätta upp sådana kriterier. Dessa har sedan utvecklats över tid. I korthet finns det fem viktiga kriterier:

- Hög grad av arbetskrafts- och kapitalmobilitet inom valuta-området. Mobiliteten är viktig för att utjämna ekonomiska skillnader mellan olika delar av valutaunionen.
- Pris- och löneflexibilitet så att länderna kan anpassa sig till nya ekonomiska situationer och bibehålla sin konkurrens-kraft. Pris- och löneflexibilitet är speciellt viktigt om arbets-kraftsmobiliteten är låg.
- Harmonisering av konjunkturcykeln så att en gemensam kon-junkturpolitik (penningpolitik) passar alla delar av unionen. Ett land får inte ha lågkonjunktur samtidigt som ett annat land har högkonjunktur.

- Budgetunion (fiskalunion) där ekonomiskt framgångsrika delar av unionen hjälper länder som hamnat på efterkälken.
- Gemensam syn på hur den ekonomiska politiken ska bedrivas. Den ekonomiska politiken måste harmoniseras i en valutaunion vilket kräver en samsyn kring hur skatte- och välfärdssystems skall se ut och hur arbets- och kapitalmarknader skall regleras.

Kriterierna ställer alltså krav både på de enskilda länderna och på unionen som helhet. Medlemsländerna måste vara flexibla och anpassningsbara till nya förhållanden. Unionen måste tillåta varor, tjänster, kapital och arbetskraft flöda fritt utan hinder över landsgränserna så att ekonomiska skillnader inom unionen jämnas ut. Rätten till fri rörlighet räcker inte. Nationell lagstiftning som ställer upp indirekta hinder för rörligheten måste reformeras. Det kräver i sin tur att länderna har en gemensam syn på hur lagar och regler ska utformas.

En valutaunion förutsätter med andra ord att det finns en ekonomisk union och en politisk union utöver valutaunionen. Om någon av dessa saknas eller är svaga är riskerna med en gemensam valuta stor. Saknas den politiska viljan till ett djupare samarbete utöver penningpolitiska frågor är det bättre om länderna behåller sina nationella valutor. Växelkursen utgör då en regulator som åtminstone delvis kompenserar för skillnader i den ekonomiska utvecklingen och den förda ekonomiska politiken.

Den europeiska valutaunionen

Euron är det tredje steget i den ekonomiska- och monetära unionen (EMU). Under steg ett och två avskaffades kapitalregleringarna och en oberoende centralbank bildades. EMU är i sin tur en del av ett större europeiskt integrationsprojekt där även den inre marknaden ingår. Makten över den ekonomiska politiken är delad mellan den Europeiska centralbanken (ECB) som ansvarar för den gemensamma penningpolitiken och medlemsländerna som har stort inflytande över finans-, skatte-, välfärds- och strukturpolitik, även om vissa gemensamma regler sätter gränser för vad nationalstaterna får lov att göra. Penningpolitiken anpassas efter euroområdets samlade ekonomi utan hänsyn till enskilda länders enskilda situation. Indirekt får dock stora ekonomier ett större inflytande över penningpolitiken eftersom de utgör en större andel av euroområdets. Den tyska ekonomin får därmed större inverkan på ECB:s penningpolitiska beslut än vad t. ex. Estlands får. Det betyder att små ekonomier måste vara mer flexibla och anpassningsbara än stora ekonomier.

EMU består förutom av valutaunionen även av en ekonomisk union genom den inre marknaden som garanterar fri rörlighet av varor, tjänster, kapital och arbetskraft. Den ekonomiska unionen är mindre utvecklad än valutaunionen och rörligheten begränsas av nationella skillnader i skatteregler, lagar och välfärdssystem. Den politiska unionen är också relativt svag. Ökad harmoniseringen av den ekonomiska politiken har skett sedan 2010 då de europeiska planeringsterminerna infördes. Målet med terminerna är att föra in det gemensamma intresset i det nationella beslutsfattandet. En risk med ett stort nationellt inflytande över den ekonomiska politiken är att ett land kan bedriva en politik som på lång sikt leder till stora obalanser som hotar eurons stabilitet. Två övervakningsmekanismer har därför tagits fram. Tillväxt- och stabilitetspakten sätter gränser för finanspolitiken. Budgetunderskottet för högst uppgå till tre procent i förhållande till BNP. Enbart vid större kriser tillåts större budgetunderskott temporärt. Statsskulden får som högst uppgå till sextio procent i förhållande till BNP. Länder som bryter mot reglerna kan bestraffas ekonomiskt. Paktens inflytande över finanspolitiken har visat sig vara svagt. Både Belgien och Italien tilläts införa euron trots för höga statsskulder. Frankrike och Tyskland bröt mot underskottsreglerna i början av 2000-talet men slapp ekonomiska sanktioner. För att stärka paktens inflytande över finanspolitiken har den reformerats vid flertalet tillfällen. Huruvida den reformerade pakten kommer att bidra till hållbara statsfinanser i framtiden är dock osäkert.

Den andra mekanismen övervakar den makroekonomiska utvecklingen efter ett antal indikatorer kring konkurrenskraft, arbetsmarknad och finansiell stabilitet. Dessa indikatorer introducerades i början av 2010-talet efter den internationella finanskrisen. Om obalanser byggs upp inom ett land kan kommissionen ge rekommendationer för hur landet kan minska sina obalanser.

Jämfört med kriterierna om ett optimalt valutaområde lever euroområdet inte upp till alla kriterier. Outvecklade ekonomiska och politiska unioner är den främsta svagheten. Detta har gett avtryck i den ekonomiska utvecklingen där stora ekonomiska och sociala obalanser har byggts upp över tiden. När euron infördes 1999 trodde många att länderna skulle växa samman och ekonomiska skillnader skulle suddas ut. Sedan andra världskriget hade fattiga länder vuxit snabbare än rika länder och inkomstgapet mellan dem hade reducerats. Med en gemensam valuta skulle processen gå fortare. Så blev det inte vilket Tabell 1 visar. Övre delen av tabellen illustrerar genomsnittsinkomsten (BNP/capita) för tre representativa nordeuropeiska euroländer och tre representativa sydeuropeiska euroländer. Tabellen visar även inkomsten för Sverige, ett EU-land med en nationell valuta, och USA som en jämförelse. Siffrorna anger inkomsten i fasta priser (2010 års nivå), i tusentals amerikanska dollar (USD) och är köpkraftsjusterade. Året före euron infördes, 1998, hade Grekland en genomsnittsinkomst som motsvarade 69 procent av den tyska nivån. Inkomsten i Italien och Tyskland låg på nästan samma nivå. I Nederländerna var inkomsten 15 procent högre. Under eurons första år fram till 2008 blev inkomstskillnaderna generellt mindre. Därefter har de ökat igen. I Italien och Grekland har inkomsterna fallit och var 2017 är tillbaka på 1998 års nivå. I Tyskland och Nederländerna hade inkomsterna stigit med drygt tjugo procent mellan 1998 och 2017.

Varför har de ekonomiska skillnaderna ökat under eurons livstid? Fyra viktiga pusselbitar hjälper oss att förstå utvecklingen: i) Sydeuropa och Irland drabbades av en asymmetrisk "euro-boom" i samband med övergången till euro, ii) Tyskland genomförde en nationell interndevalvering under 2000-talets första år, iii) Sydeuropas ekonomier har inte hängt med i den tekniska omställning som pågått sedan 1980-talet, och iv) bristfällig krishanteringen under finans- och eurokrisen.

TABELL 1. EKONOMISK UTVECKLING I EUROOMRÅDET, SVERIGE OCH USA 1998, 2008 OCH 2017

	Nordeuropa				Sydeuropa			Euro-området	USA
	Tys.	Ned.	Fra.	Sve.	Ita.	Spa.	Gre.		
BNP/capita (i tusen USD)									
1998	34,3	39,4	32,0	32,7	33,6	27,0	23,5	31,4	42,2
2008	40,5	46,1	36,7	42,2	36,5	33,6	31,3	37,1	49,3
2017	43,9	47,4	37,6	45,5	34,1	33,7	23,7	38,3	53,1
Arbetslöshet (procent)									
1998	9,4	4,2	10,3	8,2	11,3	16,4	12,0	---	4,5
2008	7,4	3,7	7,4	6,2	6,7	11,3	7,8	7,6	5,8
2017	3,8	4,9	9,4	6,7	11,2	17,2	21,5	9,1	4,4
Statsskuld (procent av BNP)									
1998	59,4	58,4	61,3	66,8	110,8	62,5	98,9	71,9	63,3
2008	65,2	54,7	68,8	37,8	102,4	39,5	109,4	68,7	67,7
2017	64,1	56,7	97,0	40,6	131,8	98,3	178,6	86,7	105,4

Källa: OECD stat, Eurostat

Not: BNP/capita är i fasta priser (2010 års nivå) samt köpkraftsjusterad.

Den första pusselbiten är "euro-boomen" som Irland och flera sydeuropeiska länder upplevde efter att de övergett sina nationella valutor. Förtroendet för ländernas ekonomiska politik ökade och räntorna sjönk med mellan två och fyra procentenheter på bara några få år i slutet av 1990-talet. Nordeuropa som redan åtnjöt ett högt förtroende före euron såg ingen förändring i räntenivån. Tillgången till "billiga" krediter gav upphov till en boom i Sydeuropa. Boomen var extra kraftig i Spanien och på Irland där krediterna flödade in på fastighetsmarknaden. Som framgår av mitten av Tabell 1 föll arbetslösheten med upp mot fem procentenheter i de sydeuropeiska länderna under boomen fram till 2008. I de nordeuropeiska länderna var fallet cirka två procentenheter.

"Euro-boomen" var asymmetrisk. Den påverkade Sydeuropa och Irland, men inte norra Europa. Länder som Frankrike och Tyskland led istället av en utdragen lågkonjunktur under åren 2001-2004. Ena halvan av euroområdet hade alltså högkonjunktur medan i andra halvan rådde lågkonjunktur. Penningpolitiken blev för stram för norra Europa och för expansiv för södra Europa. Penningpolitiken var destabiliserande istället för stabiliserande. Euroområdet bröt mot ett av de viktiga kriterierna för ett optimalt valutaområde; en harmoniserad konjunkturcykel.

Penningpolitiken kunde inte svara på boomen i södra Europa. Ansvaret för stabiliseringspolitiken flyttades därför från ECB till den nationella finanspolitiken. Spanien och Irland skulle stramat åt statsfinanserna för att motverka "euro-boomen". Nedre delen av Tabell 1 visar statsskuldskvoten. Den föll med över trettio procentenheter i Spanien och på Irland. Finanspolitiken var alltså relativt stram. Även i Italien föll statsskuldskvoten med cirka tio procentenheter. Frankrike och Tyskland som befann sig i lågkonjunktur såg sina skuldkvoter öka.

Finanspolitiken i Irland, Italien och Spanien var alltså relativt stram men inte tillräckligt stram för att motverka "euro-boomen". Om det politiskt varit möjligt att föra en ännu stramare finanspolitik är tveksamt. Historien har visat att det är svårt för finanspolitiken att på egen hand motverka en kreditboom. Den behöver hjälp av penningpolitiken. Nationalstaterna var inte förmögna att hantera konsekvenserna av en gemensam valuta. Högkonjunkturen tilläts spåra ut. När finanskrisen bröt ut 2007/08 blev krisen extra djup och utdragen i dessa länder.

Den andra pusselbiten, som ofta glöms bort i debatten, men som skapat stora obalanser inom euroområdet, är Tysklands interndevalvering under det tidiga 2000-talet. Hög arbetslöshet och låg tillväxt hade utgjort ett återkommande problem för Tyskland sedan återföreningen 1990. Tyskland pekades ut som Europas "sjuke man", vilket var något missvisande eftersom även de sydeuropeiska länderna led av hög arbetslöshet.

För att motverka den höga tyska arbetslösheten bestämde sig den tyska regeringen och arbetsmarknadens parter för att genomföra en s.k. interndevalvering. Genom arbetsmarknadsreformer och låga löneökningar skulle kostnadsläget sänkas och tysk industri återfår sin konkurrenskraft. Därigenom skulle tillväxten öka och arbetslösheten minska. Politiken var nationell och inte koordinerad med övriga

FREDRIK N G ANDERSSON

länder i euroområdet. Målet var att stärka den tyska ekonomin inte den europeiska ekonomin. Lägre relativa produktionskostnader för tyska företag fick önskat resultat, den tyska ekonomin accelererade. Det skedde dock på bekostnad av övriga euroländer.

De ekonomiska konsekvenserna av den tyska interndevalveringen illustreras i Tabell 2 som visar samma länder som i Tabell 1. Kostnadsutvecklingen beror på två faktorer: hur snabbt de nominella lönerna stiger samt produktivitetstillväxten. Kostnaderna stiger om lönerna stiger snabbare än produktivitetstillväxten. Med ett inflationsmål på två procent bör lönerna stiga med två procent plus produktivitetstillväxten. Stiger lönerna snabbare blir inflationen i ekonomin högre och stiger de långsammare blir inflationen lägre. Under eurons första tid fram till finanskrisen 2008 steg de tyska nominella lönerna i genomsnitt med 1,2 procent per år. Produktivitetstillväxten var 0,9 procent per år varpå kostnadstrycket i genomsnitt var 0,3 procent per år. Den tyska kostnadsutvecklingen låg alltså långt under ECB:s inflationsmål på två procent. Ett lågt kostnadstryck i Tyskland påverkade penningpolitiken som blev mer expansiv. Lägre räntor förstärkte "euro-boomen" i södra Europa. I övriga nordeuropeiska euroländer steg kostnadstrycket med två procent i genomsnitt per år i linje med ECB:s inflationsmål. I Sydeuropa låg kostnadsökningarna för högt på mellan tre och fyra procent per år i genomsnitt mellan 1999 och 2008. "Euro-boomen" och lägre arbetslöshet bidrog till det höga inflationstrycket i dessa länder.

Alla länder i euroområdet har förlorat på den tyska interndevalveringen, i norr så väl som i söder. Förlusten var som störst för Sydeuropa där kostnadsläget steg med mellan 28 och 36 procent jämfört med Tyskland på tio år fram till finanskrisen 2008. Den relativt starka tyska ekonomin efter mitten av 2000-talet beror till stor del på reducerade produktionskostnader jämfört med övriga euroländer. Tack vare interndevalveringen är Tyskland ett av de länder som vuxit snabbast och sett arbetslösheten falla jämfört med 2008. För Sverige som EU medlem med en egen valuta blev konsekvenserna av den tyska interndevalveringen mindre. I svenska kronor steg lönekostnaderna med knappt två procent per år i linje med det svenska inflationsmålet. I euro räknat höll kostnadsökningarna jämna steg

194

**TABELL 2. KOSTNADSUTVECKLINGEN I EUROOMRÅDET 1999–2017.
GENOMSNITTLIG ÅRLIG PROCENTUELL FÖRÄNDRING.**

	Nordeuropa				Sydeuropa		
	Tys.	Ned.	Sve.	Fra.	Ita.	Spa.	Gre.
(1) Nominella löner i EUR							
1999–08	1,2	3,1	2,7	3,0	2,9	3,8	5,4
2011–17	2,7	1,4	2,3	1,4	0,6	0,5	-3,1
(2) Produktivitet							
1999–08	0,9	1,2	1,9	1,0	0,0	0,1	2,3
2011–17	0,7	0,8	0,8	0,6	-0,3	0,9	-0,9
Kostnadsutveckling i EUR = (1)-(2)							
1999–08	0,3	1,9	0,8	2,0	2,9	3,6	3,1
2011–17	1,9	0,5	1,5	0,8	0,9	-0,4	-2,2
Kostnadsläge jämfört med Tyskland (1998=1)							
1998	1,000	1,000	1,000	1,000	1,000	1,000	1,000
2008	1,000	1,177	1,043	1,185	1,289	1,389	1,361
2017	1,000	1,065	0,981	1,097	1,189	1,082	1,250

Noter: A. arbetsproduktivitet är mätt som förändringen i BNP per sysselsatt.
B. åren 2009 och 2010 har exkluderats från tabellen pga. den internationella
finanskrisen som snedvrider siffrorna. C. svensk lönetillväxt är korrigerad för för-
ändringar i växelkursen. svenska löneökningar i kronor var 1999–2008 3,6 procent
och 2011–2017 2,5 procent.

med Tyskland. Växelkursen kompenserade för den tyska interndevalveringen så att svenska företag inte förlorade i konkurrenskraft.

I en valutaunion måste alla länder bedriva samma ekonomiska politik. Annars kan stora obalanser uppstå. Det fanns inga formella hinder som stoppade Tyskland från att genomföra en interndevalvering. Det tyska intresset gick här ut över det europeiska intresset och många av de ekonomiska vinsterna Tyskland har upplevt av devalveringen har varit på bekostnad av inte minst länderna i Sydeuropa. Många av de politiska konflikter i euroområdet som blossat upp under 2010-talet skall ses i ljuset at konsekvenserna av den tyska interndevalveringen.

Den tredje pusselbiten är ekonomisk stagnation. Långsiktig tillväxt är ingen garanti för någon ekonomi. Länder som en gång i tiden var de mest utvecklade i världen har fallit tillbaka medan andra länder har tagit deras plats i toppen. Förutsättningen för varaktig tillväxt är ett konstant omställningstryck. Genom nya teknologier, produkter och branscher omvandlas och växer ekonomin. Sedan 1980-talet har kommunikationsteknologier (IKT) spelat en viktig roll som ekonomisk motor för tillväxten. Länder som investerat stort i IKT och IKT relaterade varor och tjänster har upplevt högst produktivitets- och inkomsttillväxten.

Mitten av Tabell 2 illustrerar den genomsnittliga tillväxten i produktivitet sedan 1999. Mönstret tabellen visar följer det mönster som utkristalliserat sig redan under 1980-let då IKT tog fart på allvar. Nordeuropa, främst Skandinavien och Storbritannien har investerat stort i IKT och sett en snabb produktivitets- och inkomsttillväxt. Franska och tyska investeringar i IKT har däremot varit måttliga och tillväxten likaså. De sydeuropeiska investeringarna har varit små och tillväxten avstannande. I Italien har tillväxten i genomsnitt t. o. m. varit negativ. Hela fallet i tillväxten kan inte tillskrivas IKT, men det är en avgörande faktor. "Euro-boomen" maskerade de fallande tillväxtrenderna under 2000-talets början. Sedan 2008 har Sydeuropa haft svår att återhämta sig från krisen eftersom ländernas tillväxtpotential är relativt låg.

Trenden med avtagande produktivitetstillväxt är inte den gemensamma valutans fel. Inte heller penningpolitiken har någon större inverkan på detta. Ekonomisk stagnation i en del av valutaunionen och tillväxt i en annan påverkar däremot eurons långsiktiga stabilitet. För att euron ska fungera måste det finnas utjämningsmekanismer inom unionen. Arbetskraft måste kunna flytta från länder i stagnation till länder i tillväxt. Starkare ekonomier måste stötta de svagare ekonomierna. Utan denna typ av utjämningsmekanismer byggs det upp sociala spänningar i unionen. Missnöjet växer i länder som stagnerat vilket avspeglas i politiken där det skapas en grogrund för populism och nationalism vilket i förlängningen försvårar samarbetet inom den Europeiska unionen.

Den fjärde och sista pusselbiten är den internationella finanskrisen 2008. Krisen drabbade alla länder. Hur kraftfull krisen blev skiljer sig dock åt. De länder som upplevt en kredit- och fastighetsboom under det tidiga 2000-talet fick den värsta krisen. På kort sikt stabiliserade ECB situationen genom krediter till bankerna. Huvudansvaret för den finansiella stabiliteten låg hos medlemsländerna varpå det var ett nationellt ansvar att på lång sikt garantera den nationella banksektorns stabilitet. För Irland och Spanien blev detta kostsamt. Stora statsfinansiella stöd till bankerna var nödvändiga. På Irland uppgick detta stöd till motsvarande drygt fyrtio procent av BNP. En kraftig lågkonjunktur med fallande skatteintäkter samt stora stöd till krisande banker drev Irland till ruinens brant och de fick be EU om ekonomiskt stöd. Spanien undvek statsbankrutt, men fick genomföra stora nedskärningar i de offentliga utgifterna vilket fördjupade nedgången i ekonomin.

Före finanskrisen hade Grekland fört en oansvarig finanspolitik med relativt stora budgetunderskott trots en växande ekonomi. Som framgår av Tabell 1 växte statsskulden i relation till BNP med drygt tio procentenheter mellan 1998 och 2008. Under finanskrisen blottades svagheterna i de Grekiska statsfinanserna och landet drabbades av en skuldkris. Varken Irland, Italien och Spanien hade misskött sina statsfinanser åren före krisen. Statsskuldskvoten hade fallit. För Irland och Spanien uppstod de statsfinansiella problem pga. det stöd länderna tvingades ge till sina banker. I Italien uppstod den statsfinansiella krisen då marknaden förlorade förtroendet för euroområdets förmåga att samla sig för att möta finans- och skuldkrisen i Grekland. Den statsfinansiella krisen spred sig då till Italien. Skuldkrisen i Sydeuropa har alltså olika ursprung.

Hela krisen kan inte tillskrivas de enskilda länderna som drabbats. Bristfällig krishantering är en viktig orsak till varför de ekonomiska effekterna av finans- och skuldkrisen blivit så pass stora i euroområdet. Bakom bristerna finns nationalstaten. Förutom den gemensamma penningpolitiken saknade euroområdet i stort gemensamma verktyg att möta krisen. Medlemsländerna måste därför komma överens om hur den ekonomiska politiken skulle utformas för att motverka krisen. Flera internationellt erkända forskare såsom Barry Eichengreen, Joseph Stiglitz och Adam Tooze har alla beskrivit hur nationella intressen tilläts styra under krisen och hur detta förhindrade en kraftfull gemensam krispolitik. Det nationella intresset gavs företräde framför det gemensamma intresset. Krisen blev därför djupare och längre än i USA. Inte minst ekonomiskt svaga länder blev lidande.

Trots att det inte låg på deras bord var ECB tvungna att gå in och stabilisera euron när länderna inte kunde samla sig bakom ett effektivt krisprogram. Genom stora stödköp av statsobligationer har ECB drivit ned räntorna på spanska och italienska statsobligationer. Hade så inte skett hade länderna troligen tvingats ut ur euron. Stödet är dock kontroversiellt och ligger i gränslandet mellan vad ECB får och inte får lov att göra enligt Maastrichtfördraget som reglerar den gemensamma penningpolitiken. Flera länder och aktörer, inte minst tyska Bundesbank, har ifrågasatt stöden. I oktober 2019 går nuvarande ECB chefen, Mario Draghis, mandat ut. En av de främsta kandidaterna att ersätta honom är Bundesbanks nuvarande chef Jens Weidmann. Weidmann är en stor kritiker av ECB:s köp av sydeuropeiska statsobligationer. Ett maktskifte inom ECB från italienske Draghi till tyske Weidmann kan minska ECB:s stöd till Sydeuropa i framtiden. Det kan utlösa en ny kris som kan hota eurons existens. Även på det penningpolitiska området gör sig nationalstaten påmind.

EU:s och ECB:s ekonomiska stöd till enskilda länder är betingade på att länderna genomför ekonomiska reformer och stora finanspolitiska åtstramningar. Politiken har varit hård och haft en kraftig negativ inverkan på de ekonomiska och sociala förhållandena i länderna. Ofta har de negativa effekterna varit större än vad många bedömare från början förutspådde. Missnöjet hos befolkningen i dessa länder är i början av 2019 stort.

Även hos väljare i Nordeuropa är krispolitiken kontroversiell. Viljan att stödja medlemsländer med ekonomier i kris har varit svagt. Partier som intar en nationalistisk och hård hållning mot Sydeuropa har vunnit framgång och pressar regeringarna i dessa länder till en allt hårdare linje mot Sydeuropa. Euroområdet polariseras politiskt allt mer.

Dessa fyra pusselbitar visar tydligt på hur nationalstaten och nationella intressen har gett upphov till att euroländernas ekonomiska utveckling divergerat. En gemensam penningpolitik passade inte alla dessa länder de första åren efter euron introducerats. Enskilda länder hade svårt att motverka den "euro-boom" de upplevde medan andra delar av euroområdet led av en utdragen lågkonjunktur. Tyskland genomförde en interndevalvering på övriga länders bekostnad. Sydeuropa hängde inte med i den tekniska utvecklingen. De mekanismer som ska jämna ut ekonomiska och sociala skillnader mellan länder i en valutaunion fungerar dåligt pga. bristande ekonomisk och social integration. Här utgör brister i harmonisering av lagar, regler, välfärds- och skattesystem ett problem. Krishanteringen under finans- och skuldkrisen var bristfällig och styrd av nationella intressen inte det gemensamma intresset. Svagare ekonomin drabbades hårdast av detta. Euroområdets problem bottnar alltså till stor del i att nationalstaterna agerar efter vad som är bäst för det enskilda landet och inte efter vad som är bäst för hela valutaunionen. Problemet för euron är inte så mycket att nationalstaten gör en återkomst utan att den aldrig försvann.

EU-kommissionens reformprogram

Debatten om euroområdets framtid har varit livlig. Flera förslag på hur euron kan reformeras har presenterats av såväl forskare som politiker. Den gemensamma nämnaren för de flesta av förslagen är "mer Europa". Eurons framtid skall säkras genom ökad ekonomisk och politisk integration. Längst har Frankrikes president Emmanuel Macron gått genom att under 2018 förespråka en i grunden federal stat med en gemensam finansminister och harmoniserade skatte- och välfärdssystem. Hans vision är kontroversiell och har mött motstånd från flera euroländer som är ovilliga att ge upp sitt nationella självbestämmande.

EU-kommissionens reformprogram är kanske det mest konkreta och viktigaste förslaget som har presenterats. Detta program har växt fram successivt sedan 2012. I maj 2017 presenterades ett diskussionsunderlag som gick ut till alla EMU-medlemmar för konsultation. I underlaget målas en problembild upp som består av fyra delar. För det första, euroländernas ekonomiska utveckling har varit ojämn. Länder vars ekonomier har stagnerat måste satsa på tillväxtreformer. För det andra, statsbankrutt hotar eurons stabilitet. Länder med svaga statsfinanser måste strama åt och euroområdet måste stödja länder med svaga statsfinanser medan de sanerar dem. För det tredje, före finanskrisen låg ansvaret för den finansiella stabiliteten hos de enskilda medlemsländerna. Detta vare ett misstag. Länderna tillät sina banker ta för stora risker. När finanskrisen bröt ut var länderna för små för att på ett effektivt sätt hantera krisen. Ansvaret för den finansiella stabiliteten måste bli ett gemensamt ansvar. För det fjärde, euroområdets krishantering under finans- och skuldkrisen var ineffektiv. Ländernas ekonomiska politik var inte tillräckligt koordinerad. Mer koordinering och samarbete behövs. Nyckelord som samarbete och koordinering avslöjar att kommissionen inte föreslår en ekonomisk och politisk union av amerikansk modell. Nationalstaterna skall fortsatt spela en viktig roll. Specifikt föreslår kommissionen tre "nya" unioner: en finansunion, en budgetunion och en ekonomisk union. Unionerna är nya i bemärkelsen att kommissionen föreslår ett djupare samarbete jämfört med tidigare. På många områden pågår dock redan ett samarbete.

Finansunionen består av en kapitalmarknadsunion och en bankunion. Målet är att riva ned återstående nationella hinder så att Europa får en gemensam kapitalmarknad. Risker och kapital skall spridas på ett effektivt sätt över unionen. Bankunionen etablerar en gemensam banköversyn och skapar ett gemensamt ansvar vid bankkriser. Bland annat införs en gemensam insättningsgaranti. Ett enskilt land ska inte riskera statsbankrutt om de drabbas av en större bankkris. Irland hade starka statsfinanser före finanskrisen. Stödet till bankerna var dock så stort att de var tvungna att be om ekonomiskt bistånd från EU och internationella valutafonden. Ett enskilt land skall inte kunna hamna i samma situation i framtiden.

Budgetunionen, eller en fiskal union som det ibland kallas, är nästa steg i tillväxt- och stabilitetspakten. EU-kommissionen föreslås få ett större inflytande över enskilda länders finanspolitik och de ska utgöra en garant för långsiktigt hållbara statsfinanser. Kommissionen föreslås även få större resurser att stödja länder ekonomiskt vid tillfälliga lågkonjunkturer. Ekonomiskt stöd kan även ges när länderna genomför större strukturreformer. Stödet är då betingat på att landet genomför de med kommissionen avtalade reformerna.

Ett sådant stöd finns redan delvis via struktur- och investerings-fonderna. Förslaget går ut på att öka storleken på detta stöd samt ge kommissionen större inflytande över politiken i enskilda länder. För att kunna ta på sig ett ansvar för finanspolitiken föreslås ett EU-finansdepartement som kan stödja kommissionen i dess arbete. Huvudansvaret för finanspolitiken skall dock fortsatt vara nationellt. Kommissionens inflytande skall främst ske genom förhandlingar med de nationella regeringarna. Förutom de verktyg kommissionen har genom tillväxt- och stabilitetspakten blir därför dess möjlighet att påverka den nationella politiken begränsad.

En budgetunion efter amerikansk modell med en självständig federal regering med en egen federal finanspolitik är det inte tal om. Stödet till enskilda länder inom budgetunionen ska främst vara tem-porärt vid kriser. Detta bygger bland annat på tanken om långsiktig ekonomisk och social konvergens mellan medlemsländerna så att ett permanent stöd inte ska vara nödvändigt. Storleken på transfere-ringarna kommer att vara förhållandevis små jämfört med t. ex. USA.

Den *ekonomiska unionen* är tänkt att vidareutveckla den inre mark-naden med nya initiativ inom energi och digitala tjänster. Nationell lagstiftning samt beskattning harmoniseras så att handel underlättas. Återigen bygger förslagen på redan existerande strukturer där målet främst är att färdigställa integrationen snarare än att ta nya initiativ. Inom den ekonomiska unionen ska den ekonomiska politiken har-moniseras mellan medlemsländerna. Den europeiska planeringster-minen ska förlängas till att bli fleråriga. Det gemensamma intresset ska få större inverkan på den nationella politiken. Harmonisering betyder dock inte att alla länder använder sig av samma politiska verktyg. På vissa områden kan länderna sträva mot samma mål fast på olika sätt. ECB har beskrivit harmoniseringen som att länderna "koordinerar sin självständighet". För att undvika att stora ekono-miska obalanser uppkommer inom unionen har ett förfarande för att hantera makroekonomiska obalanser tagits fram. Kommissionen övervakar den ekonomiska utvecklingen i alla länder och kan föreslå åtgärder om ett lands ekonomiska utveckling är ohållbar. En intres-sant aspekt med dessa indikatorer är att de troligen inte upptäckt eller varnat för effekterna av den ovan beskrivna tyska interndevalveringen förrän det var för sent. Ansvaret för att åtgärda de negativa konsekvenserna av interndevalveringen ligger därmed fortsatt hos de länder som drabbats av devalveringen och inte hos de som orsakat problemen.

Är kommissionens reformer vad euroområdet behöver? Slutsatserna som kommissionen drar är logiska givet den problembild som de målar upp. Dock är merparten av förslagen bakåtblickande och fokuserade på att förhindra en framtida kris av samma slag som finans- och skuldkrisen. Ett nytt Grekland, Irland, Italien eller Spanien som hotar eurons existens ska inte kunna inträffa. Framåtblickande förslag om ett djupare ekonomiskt och politiskt samarbete är vagt och innehåller få konkreta åtgärder. Det mesta har slutat vid ambitioner. Avsaknaden av vision är tydlig. Ännu allvarligare är bristerna i kommissionens problembild. Av de pusselbitar jag tidigare beskrivit för att förstå den ekonomiska utvecklingen i euroområdet utlämnas minst tre. Därmed har de föreslagna reformerna heller inga svar på hur de ekonomiska och sociala obalanserna inom unionen skall hanteras. De låter dessa problem förbli nationella problem.

Låt oss specifikt se närmare på tre punkter där kommissionen inte erbjuder några kraftfulla lösningar till problemen: i) Sydeuropas konkurrenskraft, ii) Sydeuropas långsiktiga ekonomiska stagnation, och iii) behovet av gemensamma regler, lagar, välfärds- och skattesystem för att valutaunionens potentiella vinster ska överstiga dess kostnader. Vi börjar med Sydeuropas konkurrenskraft som första punkt. Utan återställd konkurrenskraft kommer Sydeuropa ha svårt att ta sig ur sin djupa lågkonjunktur. Hög arbetslöshet och återkommande nedskärningar i de offentliga utgifterna kommer fortsätta i dessa länder. Som framgår av Tabell 2 beror ungefär en tredjedel av Sydeuropas förlorade konkurrenskraft beror på för höga löneökningar i dessa länder jämfört med ECB:s inflationsmål och produktivitetsutvecklingen. Knappt två tredjedelar beror på Tysklands interndevalvering, dvs. för låga löneökningar i Tyskland i förhållande till ECB:s inflationsmål och Tysklands produktivitetstillväxt. Sydeuropa bär alltså inte ensam skuld för den uppkomna situationen. En utjämning av konkurrenskraften inom euroområdet bör därför vara en gemensam fråga och inte ett nationellt problem. Sydeuropa kan återfå sin konkurrenskraft på tre sätt. För det första kan Tyskland återinflatera sin ekonomi. Högre löner i Tyskland skulle reducera dess konkurrenskraft i relation till övriga euroländer. Sådana förslag har diskuterats, men förkastats eftersom det skulle hota den tyska exportindustrin. Det tyska nationella intresset går här före det gemensamma europeiska intresset.

För det andra, Sydeuropa kan genomföra en egen interndevalvering genom att hålla sina egna kostnadsökningar under kostnadsutvecklingen i Tyskland. Som framgår av Tabell 2 har så skett sedan 2011. Efter sex år av interdevalvering har skillnaden i konkurrenskraft jämfört med Tyskland reducerats men det är lång väg kvar. Med nuvarande takt återstår fem till tio år. Totalt kommer länderna då ha genomgått en smärtsam interdevalvering under en hel generation. Anledningen till att det tar så lång tid är den låga omvärldsinflationen. I nuvarande långinflationsmiljö kan Sydeuropa återhämta mellan en eller två procent av sin förlorade konkurrenskraft per år så länge de vill undvika deflation dvs. fallande priser. Att återhämta mellan 25 och 40 procent förlorad konkurrenskraft tar då tid. De politiska konsekvenserna av en interndevalvering under en hel generation skall inte underskattas. För att reducera produktionskostnaderna måste den inhemska efterfrågan minska, vilket leder till högre arbetslöshet. Historien visar att väljare kan acceptera en sådan politik under några år, men inte i årtionden. Med tiden växer missnöjet och föder politisk extremism. Eftersom Sydeuropa inte ensamma är skyldiga till den uppkomna situationen vänds missnöjet inte enbart mot de egna politikerna utan även mot andra euroländer. Tyskland utmålas som fienden. Hela Europasamarbetet blir lidande.

För det tredje, Sydeuropa kan återfå sin konkurrenskraft genom att höja sin produktivitet. Enligt kommissionens förslag, och nuvarande politik, skall detta ske genom strukturreformer i de enskilda sydeuropeiska länderna. Det är dock tveksamt om det kommer fungera. Kommissionen utgår från att strukturella reformer som t.ex. liberalisering av arbetsmarknaden ska höja tillväxten i Sydeuropa och få länderna att konvergera ekonomiskt- och socialt med norra Europa. I den akademiska litteraturen förs ofta strukturreformer fram som en viktig faktor för att öka den ekonomiska tillväxten. Länder som Storbritannien under 1980-talet och Sverige under 1990-talet är två exempel på länder som lyckats vända utvecklingen med sådana reformer. I Sydeuropa finns det brister som behöver åtgärdas, men kommer reformerna att räcka? Sydeuropas tillväxtproblem uppstod långt före den internationella finanskrisen 2008. När IKT fick sitt stora genomslag som motorn för tillväxten under 1990-talet steg tillväxten i de anglosaxiska och skandinaviska länderna. Som jag visar i ett bokkapitel från 2015 genomförde även Sydeuropa stora reformer under 1980- och 1990-talen. Det var inte bara norra Europa som liberaliserade sina ekonomier. Enligt vissa mått var reformerna i Sydeuropa större jämfört med reformerna i norra Europa. Trots detta har den genomsnittliga tillväxten fallit och inte ökat i dessa länder.

Tron på enskilda reformer som ett mirakelmedel är överdriven bekräftas av utvecklingen i världens andra stora valutaunion, USA. Trots en stark ekonomisk och politisk union med i stort sätt samma lagar, regler, skatte- och välfärdssystem i alla amerikanska delstater skiljer sig den ekonomiska utvecklingen åt. Delstater starka inom IKT så som Kalifornien och Washington har sett sina ekonomier växa med upp mot 30 procent mellan 1998 och 2008. I delstater med en föråldrad industristruktur så som Ohio, Michigan och New Jersey är tillväxten mellan 1 och 7 procent totalt under 2000-talet. Harmonisering av politiken skapar inte samma ekonomiska utfall. Reformer i Sydeuropa kan säkert hjälpa dessa ekonomier, men det kommer inte skapa ekonomisk konvergens som kommissionen utgår från. Istället måste Europa utveckla mekanismer som mildrar konse-kvenserna av ekonomisk divergens. I USA finns sådana mekanismer i form av migration och en stark budgetunion (federal finanspolitik). Arbetskraften rör sig dit jobben finns. Skillnaderna i arbetslöshet är därför relativt liten i USA. I augusti 2018 låg arbetslösheten mellan två (Hawaii) och sex (Alaska) procent. Det kan jämföras med euro-området där Tyskland hade lägst arbetslöshet på drygt 3 procent och Grekland högst på knappt tjugo procent. Inkomster i USA jämnas ut mellan delstaterna genom att rikare delstater bidrar med upp mot sju procent av sin BNP i nettostöd till fattigare delstater. I Europa är utjämningsmekanismerna mindre välutvecklade. Den europeiska arbetskraftsmigrationen uppgår enbart till en femtedel av den amerikanska enligt vissa skattningar. Avsaknaden av gemensamt språk, gemensamt skattesystem och välfärdssystem är bidragande orsaker till den låga migrationen inom euroområdet. Här finns utrymme för viktiga reformer i Europa.

Ett problem för Europa är att nationalstaten ännu inte varit villig att harmonisera politiken tillräckligt mycket. Helst i form av en federalstat. En gemensam politik eller en federal stat är enbart möjlig i det fall det finns en värdegemenskap över nationsgränserna ur vilken en gemensam politik kan växa fram. Enligt en studie av professorerna Alberto Alesina, Guido Tabellini och Fransesco Trebbi finns en viss sådan gemensam värdegrund inom euroområdet. Ökad integration är teoretiskt möjligt. Det som håller Europa tillbaka är de nationella identiteterna enligt forskarna.

En nationell identitet baserad på en gemensam historia, språk och kultur ökar viljan till politiska kompromisser mellan olika intressegrupper i samhället. I många europeiska länder finns det en relativt hög grad av kompromissvilja som möjliggör en slagkraftig politik. Bristen på en gemensam europeisk identitet förhindrar detta på EU nivå. Ett illustrerande exempel på detta är det stora motstånd mot en europeisk budgetunion som finns inte minst i Tyskland. En budgetunion skulle troligen innebära att det rikare Tyskland skulle bidra ekonomiskt till det fattigare Sydeuropa. Det är tyska väljare emot. Samtidigt finns det en stor majoritet inom Tyskland som är för en omfördelning av inkomster från höginkomsttagare till låginkomsttagare inom den tyska befolkningen. Tyska väljare stödjer en tysk budgetunion men inte en europeisk budgetunion. Eller som den kanadensiske professorn Peter A. Hall noterar, solidariteten i Europa slutar ofta vid nationsgränserna. Slutsatsen Alesina, Tabellini och Trebbis drar är att den europeiska identiteten måste stärkas innan en djupare politisk integrering blir möjligt. Det tar troligen flera generationer. Det är således inte konstigt att kommissionen förslår att euroländerna fortsätter på den mittenväg mellan självständiga nationalstater och federalism som de så här långt har befunnit sig på (Se Bergman och Blomgrens kapitel i denna bok). För att säkra eurons framtid räcker det dock inte.

Sammanfattningsvis är kommissionens förslag ett steg i rätt riktning, men det har flera brister. Istället för att finna gemensamma lösningar på problem såsom skillnader i konkurrenskraft låter kommissionen dessa förbli nationella problem för de länder som har förlorat i konkurrenskraft. Kommissionen synes fortsatt hoppas på ekonomisk konvergens – trots att utvecklingen i bl. a. USA pekar på det motsatta – i stället för att försöka skapa de gemensamma utjämningsmekanismer som reducerar de sociala och ekonomiska konsekvenser av divergerande ekonomier. Att kommissionen inte går hela vägen och föreslår en federal stat kan ses som ett tecken på euroländernas vilja att behålla makten över den ekonomiska politiken. Att behålla makten över politiken är ett tecken på att man vill forma en politik som på vissa områden avviker från övriga euroländer. Men om länderna vill ha ett stort självbestämmande, hade det då inte varit bättre om länderna återgår till nationella valutor där kraven på politisk integration är mindre?

Vinster och kostnader av fler europeiska valutor

Precis som i fallet med en gemensam valuta har nationella valutor både ekonomiska och politiska för- och nackdelar. Vid en återgång till nitton nationella valutor överstiger kostnaderna troligen vinsterna. Flera euroländer har haft en relativt god ekonomisk utveckling med euron och de har visat sig villiga att öka den ekonomisk och politisk integration i framtiden. Frågan är inte om hela euroområdet skulle splittras utom om något eller några länder borde lämna euron.

Det finns fyra huvudsakliga vinster av fler europeiska valutor som alternativ till en, dvs. euron. För det *första*, en egen valuta ger möjligheten till en externdevalvering. Genom en devalvering av växelkursen återställs konkurrenskraften omedelbart. Italien eller Grekland behöver inte genomgå en generation av nedskärningar och hög arbetslöshet. Förbättrad konkurrenssituation höjer tillväxten och sänker arbetslösheten. Högre tillväxt gör det lättare att sanera statsfinanserna. Det ökar även optimismen i ekonomin vilket är bra för företagens investeringar och landets långsiktiga tillväxtpotential.

Vinsterna av att kunna genomföra en extern devalvering skall inte underskattas. I en studie från 2018 visar de tyska ekonomerna Martin Höpner och Alexander Spielbau hur viktiga de återkommande devalveringarna under 1980- och 1990-talen var för att utjämna konkurrenskraften i Europa och säkerställa tillväxten i de svagare (södra) ekonomierna.

För det *andra*, grogrunden för populism och nationalism minskar när ekonomin växer. Som den amerikanske ekonomiprofessorn Barry Eichengreen har visat så är en utdragen period av ekonomisk depression en viktig faktor till växande populism och nationalism. När tillväxten återvänder får dessa rörelser mindre näring och det blir lättare att bilda handlingskraftiga regeringar som är villiga att samarbeta och kompromissa med anda europeiska länder.

För det *tredje*, en starkt politisk union skulle inte vara nödvändig. Länderna kan behålla makten över den ekonomiska politiken så som många europeiska länder vid upprepade tillfällen har gett uttryck för att de vill. Växelkursen kommer kompensera för skillnader i den förda politiken. Länder som missköter sina ekonomier får en svagare valuta och länder som sköter sina ekonomier får en starkare valuta.

För det *fjärde*, växelkursen och räntorna återfår sin roll som ekonomiska indikatorer över tillståndet i ett lands ekonomi. Euron och ECB:s stödköp av statsobligationer har reducerat värdet av dessa viktiga ekonomiska indikatorer. Kopplingen mellan hur växelkursen och räntorna utvecklas och vilken politik landet bedriver har under euron försvagats. Med en egen valuta kommer dessa indikatorer att återfå sin viktiga roll. Svagare ekonomier drabbas av högre räntor och en undervärderad valuta. Dessa länder står då inför ett val. Antingen fortsätter de på inslagen kurs och accepterar kostnaden i form av högre räntor och svagare valutor eller så reformerar de sin ekonomi. Valet är deras eget deras. Kommissionen eller något annat land tvingar dem inte att genomföra några reformer.

Att ett land ansvarar för sin egen reformagenda är avgörande för hur framgångsrika reformerna blir. I en studie från 2016 visar jag att bankkriser ofta leder till ekonomiska reformer som stärker den ekonomiska utvecklingen. I länder där reformerna är påtvingade av internationella organisationer är effekten ofta kortvarig medan de i länder där reformerna kommer från landets egna politiker tenderar att vara långvariga. De europeiska forskarna Paolo Manasse och Dimitris Katsikas kommer till en liknande slutsats när de studerar ekonomiska reformer i Sydeuropa efter den internationella finanskrisen. Reformerna måste vara förankrade hos landets väljare och politiker för att vara framgångsrika. Det finns många möjliga förklaringar till detta. Reformer som kommer utifrån ruckar ofta på maktbalansen inom länder, vilket kan leda till politisk lamslagning. De möter ofta stort motstånd från landets ledare och befolkning som upplever sig tvingade till att genomföra reformer de inte anser sig behöva. Externt påtvingade reformer tenderar också att har en sämre konstruktion som inte tar hänsyn till landets specifika ekonomiska, sociala, kulturella och politiska kontext. Effekten av reformerna blir därmed mindre positiva.

Det finns även potentiella kostnader att bryta upp euroområdet inte minst på kort sikt. Barry Eichengreen gjorde 2011 en genomgång av kostnaderna och fann stora inte minst finansiella kostnader. Nobelpristagaren Paul Krugman argumenterar att de ekonomiska kostnaderna är små jämfört med de politiska kostnaderna. Om en splittring av euroområdet påverkar hela det europeiska samarbetet negativt blir kostnaden av en splittring stor enligt honom. Både Eichegreen och Krugman utgår från att ett land lämnar euron mot övriga länders vilja. Den amerikanske nobelpristagaren Joseph Stiglitz ställde sig däremot frågan vad som händer om euroländerna gemensamt kommer överens om att ett eller flera länder ska lämna euroområdet. Han fann att kostnaderna blir då små och kortvariga. På lång sikt överväger de positiva effekterna enligt honom eftersom konflikterna inom euroområdet skulle minska och det övriga Europasamarbetet skulle underlättas. Slutsatsen från dessa studier är att det är svårt att skatta de exakta kostnaderna och resultaten beror på vilka antaganden som görs. Den kanske viktigaste faktorn om de långsiktiga vinsterna överstiger kostnaderna är huruvida ett land lämnar på egen hand mot övriga länders vilja eller om det sker en vänskaplig skilsmässa.

Av de potentiella kostnader som finns av att bryta upp euron är de finansiella riskerna de största. Antag att ett sydeuropeiskt land annonserar att man tänker lämna euron och införa en nationell valuta. Den nationella valutan kommer troligen förlora i värde jämfört med euron. För att skydda sina sparmedel tar därför sparkunderna ut sina pengar i euro-kontanter eller försöker föra över dem till andra delar av euroområdet för att skydda värdet av sina besparingar. Det skapar en bankrusning som riskerar att leda till en större bankkris. Skulle bankerna överleva en sådan kris uppstår nästa problem när valutan deprecierar. Många banker i Sydeuropa har tagit lån i norra Europa. Lånen är i euro och skulle fortsatt vara så efter att landet infört sin nationella valuta. Tillgångarna som bankerna har finns främst i form av investeringar i södra Europa. Bankens tillgångar förlorar i värde då den nationella valutan deprecierar. Bankerna gör kreditförluster. Ett redan svagt sydeuropeiskt banksystem skulle ha problem att hantera större kreditförluster. Även högre räntor i Sydeuropa riskerar att öka kreditförlusterna när kunderna inte har råd att betala tillbaka sina skulder. Å andra sidan riskerar bankerna även stora förluster om länderna stannar kvar i euron eftersom långsiktig ekonomisk stagnation är en av de främsta orsakerna till bankkriser. Sydeuropeiska banker kommer troligen dras med allvarliga problem med eller utan euron under lång tid framöver.

På den statsfinansiella sidan kan länder som lånat i euro se statsskulden växa om landet inför en egen valuta som tappar i värde. För att undvika att så sker måste statsskulden göras om från euro till den nationella valutan. Det skapar ekonomiska förluster för internationella investerare och landet kan få svårt att låna pengar i framtiden. Att stanna i euron är dock ingen garanti för att räntorna ska vara låga i framtiden. Sedan 2012 är det ECB som håller räntorna låga. Om ECB upphör med stödköpen skulle räntorna stiga.

Ytterligare kostnader för svagare ekonomier som lämnar unionen är att en svag valuta leder till högre inflation. Högre räntor skulle bidra till lägre investeringar med negativa effekter på ekonomin. En genomgång av forskningen från den amerikanska centralbanken Federal Reserve visar dock att penningpolitikens effekt på företagsinvesteringarna är måttliga. Konjunkturen samt förväntningarna om framtiden spelar en större roll för företagsinvesteringarna. Givet att investeringarna är relativt okänsliga för ränteförändringar skulle möjligheten till en externdevalvering när länderna förlorat upp mot trettio procent av sin konkurrenskraft troligen överväga kostnaden av högre räntor.

Fler valutor i Europa kan även potentiellt minska den ekonomiska integrationen mellan länderna och bidra negativt till tillväxten. Det som talar emot är att länder som stått utanför euron såsom Danmark, Sverige och Storbritannien också har upplevt ökad integration med övriga Europa. Dessa länder har även haft bland den högsta tillväxten sedan 1999. Vikten av en gemensam valuta för tillväxt och handel ska med andra ord inte överskattas.

Sammanfattningsvis är en återgång till fler valutor inte nyckeln som löser alla problem, men förekomsten av fler valutor har fördelar på lång sikt. På kort sikt dominerar kostnaderna. För att minimera kostnaderna bör en splittring av euroområde ske under så vänskapliga förhållanden som möjligt.

Dags att förbereda en vänskaplig skilsmässa

Det förefaller i slutet av 2010-talet som mindre sannolikt att ett land frivilligt skall lämna euroområdet. Allt för mycket arbete och prestige har lagts ned i att hålla kvar alla länder inom valutaunionen för att ett enskilt land skall vilja eller tillåtas lämna. Min bedömning, baserat på min egen och andras forskning, är att detta är ett stort misstag. Europa hade mått bra av fler valutor. Det finns tre huvudsakliga anledningar till att jag når denna slutsats. För det första, euroområdet lider fortfarande av ett stora ekonomiska och sociala balanser som gör euron strukturellt svag. Föreslagna reformer går inte tillräckligt långt för att till fullo åtgärda detta. Därmed går det inte att utesluta att en framtida ekonomisk kris tvingar ett eller flera länder att lämna valutaunionen under kaotiska former med potentiellt katastrofala konsekvenser.

För det andra, euroländerna är för heterogena för att samlas kring en gemensam ekonomisk politik. Skillnaderna har djupa historiska rötter som tar tid att ändra. Forskare, såsom den amerikanske professorn Peter A. Hall och den tyske professorn Anke Hassel, delar in

Europa i mellan tre och fem ekonomiska modeller som vuxit fram över tiden ur ländernas historiska, ekonomiska och sociala kontext. Varje modell har vissa utmärkande drag när det kommer t.ex. till hur förhållandena på arbetsmarknaden ser ut, hur välfärdsstaten är konstruerad och vilken roll den offentliga sektorn har. Att föra samman alla länder i en federal stat vore olyckligt. Sådana försök väcker motstånd hos befolkningen inte minst i de länder som måste göra de största eftergifterna. Det är möjligt att det ser annorlunda ut i framtiden. Det lär dock ta tid. I en studie tillsammans med professor Sonja Opper analyserar jag hur historiska och kulturella skillnader påverkar ekonomin över tiden. Vi finner att kulturella skillnader kan bestå i många hundra år, trots handel och migration som borde jämna ut skillnaderna. Studien visar även att dessa skillnader gör att samma ekonomiska politik kan få olika utfall. Det finns en poäng att låta länder och regioner med stora kulturella skillnader bestämma över sin egen politik och därigenom hitta sin egen väg till ekonomiskt välstånd. De länder som är tillräckligt homogena för att skapa en federal stat som komplement till valutaunionen kan fortsatt använda euron som sin valuta. För dessa länder överstiger de potentiella vinsterna kostnaderna av en gemensam valuta.

För det tredje, Europasamarbetet är så mycket mer än euron. Under eurons livstid har stora ekonomiska obalanser byggts upp som ger avtryck i politiken genom populism, nationalism och ökade konflikter mellan euroländerna. På sikt hotar dessa konflikter hela samarbetet, inte enbart valutasamarbetet. Med fler valutor skulle Europa återfå den säkerhetsventil i form av växelkursen som från 1950-talet fram till 1990-talet användes för att minska på det ekonomiska och sociala tryck som då och då byggdes upp inom unionen. Fler valutor och flexibla växelkurser är inget mirakelmedel som löser alla problem, men det skapar möjlighet till flexibilitet. Länder får större utrymme att föra sin egen politik såsom väljarna i många länder har gett uttryck för att de vill i allmänna val. Flexibilitet, inom vissa gränser, kan vara bra för ett samarbete. Mindre euro kan betyda mer Europa inom andra viktiga områden.

Att splittra euroområdet under kontrollerade former är inte enkelt och en vänskaplig skilsmässa tar tid att förbereda. Även om euroländerna fortsatt vill hålla fast vid den gemensamma valutan och hoppas på att EU-kommissionens reformer är det mirakelmedel euron behöver har det blivit dags att ta fram en plan för hur länder så som Italien och Grekland skall kunna lämna euron utan att det utlöser en större kris. Brexit har visat att det som en gång föreföll otänkbart ibland inträffar. När så sker kan det, för att rädda EU-gemenskapen, vara bra att vara väl förberedd.

Källor och litteratur

EU-kommissionens förslag på att reformera euroområdet har presenterats i EU-kommissionens *Diskussionsunderlag om en fördjupad ekonomisk och monetär union* (Bryssel: EU-kommissionen, 2017) och *Economic & Monetary Union: Main Legal Texts & Policy Documents for Further Strengthening of the Economic and Monetary Union* (Bryssel: EU-kommissionen, 2018). En kortare sammanfattning av reformerna och hur de har växt fram ges av Ad van Riet i *Safeguarding the Euro as a Currency Beyond the State* (Frankfurt am Main: ECB Occasional paper series nr 173). Behovet av en fiskalunion samt hur en sådan bör utformas diskuteras bland annat i Europaperspektiv 2011 *Överlever EMU utan fiskal union?* (Bernitz, U, Oxelheim, L och Persson T (red.), Santérus Förlag). Om hur övervakningen och förfarandet krig makroekonomiska obalanser ser ut inom unionen går att läsa om i Beatrice Pierluigi och David Sondermanns working paper "Macroeconomic imbalances in the euro area: Where do we stand? (ECB Occasional Paper Series 211, 2018). European Parliament Research Service publicerar kontinuerligen skattningar på hur mycket olika delar av den ekonomiska integrationen har bidragit till den ekonomiska utvecklingen i rapporter med namnet "the cost of non-Europe". Dessa rapporter skattar även storleken på hur stora vinsterna skulle bli av de reformer EU-kommissionen föreslagit för ett ökat samarbete inom euroområdet.

Barry Eichengreen diskuterar kostnaderna och vinsterna av att splittra euron i fler valutor i "The Breakup of the Euro Area" publicerat i Alesina, A och Giavazzi, F (red) *Europe and the Euro*

(Chicago: The University of Chicago Press, 2010). En mindre pessimistisk syn på frågan finns hos Joseph Stiglitz i boken *The Euro. How a Common Currency Threatens the Future of Europe* (Norton paperbacks, 2018). Paul Krugman diskuterar ämnet i artikeln "The Economics and Politics of the Euro Crisis" (*German Politics* 21:4 355–371, 2012).

Fyra böcker har använts som underlag för hur Europa mötte och påverkades av finanskrisen: Barry Eichgengreens *Hall of Mirrors. The Great Depression, the great Recession and the Uses-And Misues- of History* (Oxford: Oxford University Press, 2015). Mervyn Kings *The End of Alchemy. Money, Banking and the future of the Global Economy.* (London: Little Brown, 2016). Ashoka Moodys bok *EuroTradegy. A Drama in Nine Acts* (Oxford: Oxford University Press, 2018). Moody beskriver även konsekvenserna av euron för det övriga Europasamarbetet samt vinsterna av att splittra euroområdet i fler valutaområden. Adam Toozes bok *Crashed: How a Decade of Financial Crisis Changed the World* (London: Allen Lane, 2018).

Om teorierna optimala valutaområdet kan man läsa i Robert Mundells artikel "A Theory of Optimal Currency Areas" (*American Economic Review* 51(4), 657-665, 1961). Paul de Grauwe beskriver hur Mundells tankar har vidareutvecklats i boken *Economics of Monetary Union* (Oxford: Oxford University Press, 2005). Alberto Alessina, Guido Tabellini och Fransesco Trebbi ställer sig frågan om Europa är ett optimalt politiskt område i "Is Europe an Optimal Political Area?" (*Brookings Papers on Economic Activity* Spring 2017, 169–234, 2017).

Om ekonomiska kriser och dess effekter på den ekonomiska politiken och demokratin går att läsa i Barry Eichengreens bok *The Populist Temptation, Economic Grievances and Political Reaction in the Modern Era* (Oxford: Oxford University Press, 2018). Hur bankkriser påverkar ekonomiska reformer diskuterar jag i artikeln "A Blessing in Disguise? Banking crises and Institutional Reforms" (World Development 83 135–147, 2016).

Vikten av Informations- och kommunikationsteknologi för länders ekonomiska utveckling sedan 1980-talet beskrivs is Andersson, F N G. "Sekulär Stagnation. Vad är det, finns det och hur påverkar det penningpolitiken?" (*Ekonomisk Debatt* 45 (7) 13–25, 2017. Hur ικτ har bidragit till en ny ekonomisk geografi studeras av Martin Henning, Kerstin Enflo och Fredrik N G Andersson i "Trends in Regional Economic Growth: How Spatial Differences Shaped the Swedish Growth Experiece 1860–2009" publicerad 2011 (*Explorations in Economic History* 48(4), 538–555).

Hur länders ekonomiska och politiska historia formar dess ekonomiska utveckling diskuteras i Joel Mokyr *A Culture of Growth. The Origins of the Modern Economy* (Princeton: Princeton University Press, 2018). Tillsammans med Sonja Opper studerar jag hur historia och kultur påverkar entreprenörskap i "Are Entrepreneurial Cultures Stable Over Time? Historical Evidence from China" (*Asia Pacific Journal of Management* in press, 2018). En sammanfattning av litteraturen om kultur och historia finns i Nathan Nunns artikel "The Impact of History for Economic Development" (*Annual Review of Economics* 1 65–92, 2009).

Vikten av rätt ekonomisk politik för att skapa ekonomisk utveckling diskuteras i Daron Acemoglu and James A Robinons bok *Why Nations Fail. The Origins of Power, Prosperity and Property* (Crown Business, 2012). Sixten Korkman och Antti Suvanto diskuterar vikten av ekonomiska reformer för Svensk och Finländsk tillväxt sedan 1980-talet i bokkapitlet "Finland and Sweden in a Cross-Country Comparision" (I: Torben M. Andersen, U. Michael Bergman och Svend E. Hougaard Jensen (red) *Reform Capacity and Macroeconomic Performance in the Nordic Countries*, Oxford: Oxford University Press, 2015). Jag diskuterar deras slutsatser i en kommentar publicerad i samma bok där jag visar att reformerna varit större i många sydeuropeiska länder. Trots det har deras tillväxt fallit jämfört med Norden. Peter A. Hall diskuterar olika ekonomiska modeller i euroområdet i "The Economics and Politics of the Euro Crisis" (*German Politics* 21:4 355–371, 2012). Anke Hassel diskuterar samma fråga i "Adjustments in the Eurozone: Varieties of Capitalism and the Crisis in Southern Europe" (LSE Europe in Question Discussion Paper Series, 2014).

En beskrivning av tyska arbetsmarknadsreformer finns i artiklarna "From Sick Man of Europe to Economic Superstar" av Christian Dustmann, Bernd Fitzenberger, Uta Schönberg och Alexandra Spitz-

Oener (*Journal of Economic Perspectives* 28(1) 167–188, 2014) samt i "Peripheral Europe's Debt and German Wages: the Role of Wage Policy in the Euro Area" (*International Journal of Public Policy* 7 83–96, 2011).

Federal Reserves genomgång av förhållandet mellan företagsinvesteringar och räntor är publicerad i Steve A Sharpe och Gustavo A Suarez "Why Isn't Investments more Sensitive to Interest Rates: Evidence from Surveys (Federal Reserve Finance and Economics Discussion Series, 2015). Martin Höpner och Alexander Spielau studerar vikten av externa devalveringar före euron infördes i "Better than the Euro? The European Monetary System (1979–1998)" (*New Political Economy* 23:2 160–173, 2018). Migration inom den Europeiska Unionen var temat för Europaperspektiv 2006 (Gustavsson, S, Oxelheim, L och Wahl N (red) *En gränslös europeisk arbetsmarknad? Europaperspektiv 2006.* Santérus Förlag, 2006).

Rättsstatsprincipen och sanktioner mot enskilda
– kan medlemsstaterna låta EU bestämma?

av Jane Reichel

En av de grundläggande skillnaderna mellan en internationell organisation och en nationalstat är deras respektive förhållande till offentligt maktutövande. Inom staten representeras maktutövande av den verkställande makten, som ytterst grundar sitt genomdrivande av makten på ett våldsmonopol. I en demokratisk rättsstat förutsätts detta offentligrättsliga maktutövande tillämpas under rättsstatsprincipen; det vill säga vara begränsat och kontrollerbart genom krav på lagbunden och förutsebar offentlig maktutövning och konstitutionella regler till skydd för grundläggande rättigheter. Rättsstatsprincipen i denna mening tjänar det dubbla syftet att ge medborgarna och andra som befinner sig inom statens jurisdiktion garantier mot en godtycklig och felaktig maktutövning och att möjliggöra ansvarstagande. Principen uppställer exempelvis krav på formföreskrifter för hur ingripande och betungande regler kan antas, vanligen genom involverande av ett demokratiskt valt parlament, samt individuella skyddsregler att tillämpa i enskilda fall.

Inom den internationella rätten saknas däremot en sammanhållen verkställande makt med våldsmonopol. Verkställigheten av beslutade regler är istället beroende av de fördragsslutande parternas lojala samarbete. EU är inte en traditionell internationell organisation, utan har genom åren utvecklat allt mer överstatliga drag. Även om EU-samarbetet inte har gått så långt att organisationen har övertagit medlemsstaternas våldsmonopol, har EU antagit rättsakter som kan läggas till grund för betungande beslut mot enskilda, såsom straffrättsliga eller administrativa sanktioner. Gränser för offentligt

217

maktutövande är särskilt viktigt i dessa situationer, eftersom det är enskilda personer och företags rättssäkerhet som står på spel.

Tillämpningen av rättsstatsprincipen och regler till skydd för grundläggande rättigheter inom EU-rätten hör till de mest omdebatterade frågorna inom konstitutionell EU-rätt. Genom att EU-rätten har anspråk på att tillämpas med direkt effekt och med företräde på nationell nivå, har det varit nödvändigt att utveckla ett EU-rättsligt skydd för grundläggande rättigheter att tillämpas av såväl EU-institutionerna som medlemsstaterna, de senare när de agerar inom EU-rättens tillämpningsområde. En avgörande uppgift i sammanhanget är därför att definiera vad som utgör EU-rättens tillämpningsområde. Även om EU inte tilldelats någon självständig kompetens att utöva offentligt våld eller besluta om straffrättsliga sanktioner mot enskilda i egen regi, är EU-rätten relevant vid tillämpning av regler med sanktioner mot enskilda i vidare bemärkelse, framför allt i form av regler för ömsesidigt erkännande av straffrättsliga ingripanden och beslut om administrativa sanktioner. EU-organ kan också fatta beslut om kännbara administrativa sanktioner mot enskilda aktörer inom ramen för de områden där EU har tilldelats kompetens, såsom kommissionens mandat att besluta om sanktioner i form av böter och viten i konkurrensärenden, samt uppdra åt medlemsstater att besluta om sanktioner som ett led i att genomföra EU-rätten. Ju mer EU-samarbetet har utvecklats, desto mer har EU-rättens krav på företräde kommit att aktualiseras även inom områden som berör sanktioner mot enskilda av olika slag.

I kapitlet analyseras två typsituationer där EU-rätten är relevant vid beslut om sanktioner mot enskilda; för det första när betungande beslut fattas av nationella myndigheter och domstolar i en gränsöverskridande situation, för det andra när EU-rätten innehåller regler om sanktioner mot enskilda som tillämpas inom en medlemsstat. Det är inom den första typsituationen som medlemsstaterna under senare år har uppställt en del reservationer, inte minst vad gäller den europeiska arresteringsordern. Den innebär att domstol eller rättsvårdande myndighet i en medlemsstat kan begära att en domstol i en annan medlemsstat fattar beslut om att lämna ut en person som är misstänkt eller dömd för brott i den begärande staten. På senare tid har det hänt att domstolar har ifrågasatt den begärande statens tillämpning av rättsstatsprinciper och rättsliga garantier i förhållande till personer som utlämnas. Några exempel är vissa nationella domstolars vägran att lämna ut misstänkta brottslingar till Ungern och Polen, på grund av ländernas bristande skydd för grundläggande rättigheter, och den tyska delstatsdomstolen i Schleswig-Holstein strikta prövning av förutsättningarna för att lämna ut den tidigare delstatspresidenten för Katalonien, Carles Puigdemont, till Spanien. På den förvaltningsrättsliga sidan märks särskilt ett allmänt stopp att överföra asylsökande till Grekland, till följd av att bristerna i mottagningssystemet i Grekland kunde anses vara så allvarliga att en överföring skulle utgöra ett brott mot tortyrförbudet i artikel 3 Europakonventionen.

Vad gäller den andra typsituationen, beslut om sanktioner mot enskilda som fattas inom en medlemsstat eller av ett EU-organ riktat till enskilda i en medlemsstat, har motsvarande kritik i allmänhet uteblivit. I de här situationerna saknas ett gränsöverskridande element och den nationella rättsstatsprincipen kommer istället att konkurrera med den EU-rättsliga. Ett exempel som rönt mycket uppmärksamhet i Sverige och andra EU-länder är frågan om tillämpning av rättighetsstadgans förbud mot dubbelbestraffning vid prövning av ärenden enligt EU:s mervärdesskatt(moms)direktiv. Så länge domstolarna och allmänheten uppfattar att den EU-rättsliga principen bidrar till att öka skyddet för enskilda på nationell nivå, kan utvecklingen många gånger uppfattas som positiv i den meningen att rättsstatsprincipen och skyddet för grundläggande rättigheter stärks, även om åsikten även framförts att EU i första hand skyddar näringslivet och eroderar medlemsstaternas skattebas. I ytterligare två fall som diskuteras nedan, sanktioner för överträdelser av EU:s dataskyddsregler som införts genom EU:s nya allmänna dataskyddsförordning, GDPR, samt beslut om sanktioner i form av böter inom den direkttillsyn som genomförs av Europeiska värdepappers- och marknadsmyndigheten, Esma, har frågan om gränser för det offentligrättsliga maktutövande knappt diskuterats alls.

I den första typsituationen skulle man således vid en första anblick kunna uppfatta att frågan handlar om nationalstatens återkomst.

219

När en medlemsstat står inför att fatta beslut om att överföra en enskild person till en annan medlemsstat, där personens grundläggande rättigheter riskerar att kränkas, kan skönjas en trend att stater som identifierar sig som etablerade demokratier med starka rättsstatstraditioner protesterar och vägrar. Medlemsstaten är inte beredd att låta sina egna medborgare, eller andra som befinner sig under dess beskydd, betala ett personligt pris för att ge effekt åt en EU-rättslig reglering. Men situationen behandlar inte i första hand en konflikt mellan medlemsstaten och EU. EU-organen, inklusive EU-domstolen, delar de vägrande medlemsstaternas uppfattning att ömsesidighet och tillit inför varandras rättssystem inte längre går att upprätthålla i dessa situationer.

I den andra typsituationen är positionerna inte lika tydliga. Den enskildes – som i de här fallen ofta är ett företag - utsatthet är inte lika påtaglig, eftersom det inte finns ett tydligt alternativ att jämföra med. Tvärtom är tanken i allmänhet att enskilda ska behandlas lika, oavsett vilken medlemsstat de befinner sig i. EU-rätten ska garantera ett enhetligt och effektivt genomförande av EU:s lagstiftning och samtidigt garantera ett högt ställt skydd för alla, på lika villkor. Som kommer att diskuteras nedan kan det dock finnas anledning att ställa frågan om det verkligen finns förutsättningar för att upprätthålla rättsstatsprincipen i det offentligrättsliga maktutövandet i denna typsituation. Om medlemsstaterna vill säkerställa kontrollen av det offentliga maktutövandet är det kanske mer aktuellt att kräva makten åter här.

Den övergripande fråga som diskuteras i detta bidrag är således vem som ytterst garanterar rättsstatsprincipen och skyddet för grundläggande rättigheter vid beslut om sanktioner mot enskilda inom EU-rättens tillämpningsområde, EU eller medlemsstaterna? Är det möjligt för medlemsstaterna att fortsätta att förlita sig på att EU kan garantera säkra former för beslut som är betungande för enskilda i en tid när rättsstatsprincipen utmanas öppet i flera medlemsstater? Hur kan det grundläggande kravet på att lika fall ska behandlas lika i så fall kunna upprätthållas? Finns det verkligen ett EU-rättsligt grundat offentligt maktutövande som bör bedömas enligt samma rättsstatsprincip i hela unionen, eller bör medlemsstaterna återta makten?

Detta kapitel är indelat i fem avsnitt på följande sätt. I nästkommande avsnitt diskuteras tillämpningen av regler till skydd för grundläggande rättigheter och rättsstatsprincipen inom EU-rättens tillämpningsområde på nationell nivå. Härefter analyseras EU-rättsligt grundade sanktioner mot enskilda i gränsöverskridande situationer. I efterföljande avsnitt analyseras tillämpningen av EU-rättsligt grundade sanktioner i en intern situation, dvs. inom en medlemsstat. I det näst sista avsnittet frågas om EU:s rättsstatsprincip är en och samma, eller snarare kan beskrivas som varierad. I det avlutande avsnittet analyseras problemen med den rådande ordningen, varefter en möjlig väg framåt presenteras.

Rättsstatsprincipen inom EU-rättens tillämpningsområde

Som omnämnts ovan är tillämpningsområdet för rättsstatsprincipen och de allmänna rättsprinciperna till skydd för grundläggande rättigheter som utvecklats av EU-domstolen en av de mest omdebatterade frågorna inom den konstitutionella europarättsdoktrinen under de senaste decennierna. EU-domstolen har allt sedan 1980-talet funnit att medlemsstaterna är skyldiga att tillämpa EU-rättens allmänna rättsprinciper när de agerar "inom EU-rättens tillämpningsområde", principer som i sin tur har hämtats från medlemsstaternas gemensamma konstitutionella traditioner och internationella konventioner, i första hand Europakonventionen. I artikel 51.1 i EU-stadgan om de grundläggande rättigheterna, rättighetsstadgan, som kodifierar de principer som EU-domstolen har utvecklat, uttrycks detta så att bestämmelserna i EU:s stadga är riktade till medlemsstaterna "endast när dessa genomför unionsrätten". Frågan om tillämpningen av EU:s rättsstatsprincip och andra principer till skydd för grundläggande rättigheter kan delas in i två led. För det första, hur ska det område som kallas "EU-rättens tillämpningsområde" avgränsas? För det andra, vilken effekt ska principerna ha inom detta område, eller med andra ord, i vad mån är medlemsstaterna skyldiga att tillämpa EU:s principer och i vad mån kan det nationella skyddet fortfarande tillämpas?

Vad gäller den första frågan, om EU-rättens tillämpningsområde, kan området något förenklat delas in i två huvudsakliga kategorier; det icke-harmoniserade området för fri rörlighet och det harmoniserade området, där EU-lagstiftaren har antagit sekundärlagstiftning som reglerar ett visst politikområde. Indelningen motsvarar den kompetens som medlemsstaterna tilldelat EU i fördragen, dvs. att inrätta en gemensam marknad utifrån de fördragsfästa förbuden mot hinder för den fria rörligheten för varor, tjänster, arbetstagare och kapital, fri konkurrens, m.m., samt de mer specifika kompetenser EU tilldelats att anta sekundärlagstiftning på en rad områden. Vad som gör gränsdragningen komplicerad är att lagstiftningskompetensen ofta är delad mellan medlemsstaterna och EU. I den kompetenskatalog som införts genom Lissabonfördraget, delas EU:s kompetensområden in i tre övergripande kategorier; exklusiv befogenhet, delad befogenhet eller koordinerande, samordnande och kompletterande befogenhet. Att en fråga faller under EU-rättens tillämpningsområde utesluter således inte att den också regleras av nationell rätt. EU-rättens tillämpningsområde överlappar därför med nationell lagstiftning på många områden, även sådan som antagits helt fristående från EU-rätten.

I fokus för detta kapitel står EU-rättsliga beslut om sanktioner och andra betungande beslut mot enskilda inom EU-rättens tillämpningsområde. EU har haft kompetens att vidta åtgärder inom det straffrättsliga området allt sedan Amsterdamfördraget år 1997. Det straffrättsliga samarbetet var då fortfarande mellanstatligt, och utgjorde till stor del ett ramverk för straffrättsligt samarbete mellan medlemsstaterna. Sedan Lissabonfördraget år 2009 ingår policyområdet numera i det överstatliga samarbetet, men EU:s lagstiftningskompetens är fortfarande begränsad. Enligt artikel 82 i fördraget om den Europeiska unionens funktionssätt, FEUF, får EU anta lagstiftning för att fastställa regler för principen om ömsesidigt erkännande av domar och rättsliga avgöranden. Enligt artikel 83 FEUF får EU även anta straffrättsliga direktiv som fastställer minimiregler om brottsrekvisit och påföljder bl.a. inom områden med särskilt allvarlig brottslighet med gränsöverskridande inslag. Den allmänna utgångspunkten är fortfarande att utgå ifrån minimiregler och i övrigt följa principen om ömsesidigt erkännande, vilket tillåter att den centrala lagstiftningsmakten ligger kvar på nationell nivå. Som diskuterats av Ester Herlin-Karnell i 2017 år upplaga av Europaperspektiv, har de höga krav på ömsesidig tillit som EU:s straffrättsliga system förutsätter inte alltid kunnat upprätthållas i praktiken (se vidare nästkommande avsnitt).

Vad gäller administrativa sanktioner används de i allmänhet som ett verktyg för att garantera ett effektivt genomförande av andra materiella regler. Det innebär att sanktionerna tillhör den kategori av regler som hänförs till medlemsstaternas interna förvaltning, ett område som traditionellt har ansetts falla inom ramen för medlemsstaternas processuella autonomi. EU-domstolen uttalade i sin tidiga praxis att medlemsstaterna, i avsaknad av EU-rättsliga regler, har att tillämpa sin egen förvaltnings- och processrätt, under förutsättning att EU-rätten genomfördes effektivt och likvärdigt med nationell rätt. Utgångspunkten är att de nationella förvaltningarna styrs och kontrolleras inom ramen för varje medlemsstats konstitutionella system, under sina respektive regeringar. Än i dag, år 2019, har inte heller EU någon självständig kompetens att reglera medlemsstaternas interna förvaltnings- och processrätt, utan kan enligt artikel 197 i funktionsfördraget enbart anta koordinerade och stödjande åtgärder. Eftersom administrativa sanktioner i allmänhet regleras i samband med materiella regler (avseende t.ex. moms, jordbruksstöd, dataskydd eller finansmarknad) har den materiella kompetensen ansetts innefatta en möjlighet att anta sådana förvaltnings- och processrättsliga regler som behövs för att göra lagstiftningen effektiv. Regler om administrativa sanktioner kan därför antas av EU med stöd av EU:s kompetens inom de olika materiella områdena. Vanligen har dock EU-lagstiftaren nöjt sig med att föreskriva att den nationella lagstiftningen ska tillhandahålla lämpliga påföljder för överträdelser. Sanktionerna kan därmed se olika ut i de olika medlemsstaterna, men enligt EU-domstolens fasta praxis ska de vara "effektiva, proportionella och avskräckande". Numera finns dock även inom detta område exempel när EU-rätten tillhandahåller en hel del regler för hur sanktionera ska hanteras på nationell nivå, vilket diskuteras vidare nedan.

En central fråga i detta kapitel är om dessa nationellt antagna regler faller inom EU-rättens tillämpningsområde, och vad det i så fall innebär. EU-domstolen har besvarat den första frågan jakande; även om ett rättsområde enbart är delvis reglerat av EU-rätten kan nationellt antagna regler om sanktioner likväl falla inom EU-rättens tillämpningsområde. I rättsfallet *Åkerberg Fransson*, angående tilllämpning av svenska straff- och förvaltningsrättsliga sanktioner vid en överträdelse av momsregler härrörande från EU-momsdirektiv (dvs. skattebrott och skattetillägg), förefaller domstolen anse att frågan egentligen är ganska enkel:

> De grundläggande rättigheter som garanteras i stadgan måste således iakttas när en nationell lagstiftning omfattas av unionsrättens tillämpningsområde, och något fall som sålunda omfattas av unionsrätten, utan att de grundläggande rättigheterna äger tillämplighet, är följaktligen inte möjligt. Är unionsrätten tillämplig innebär detta att de grundläggande rättigheter som garanteras i stadgan är tillämpliga.

Den andra frågan som identifierats inledningsvis, vilken effekt EU:s rättsstatsprincip och övriga principer till skydd för grundläggande rättigheter ska ha på nationell nivå, blir följaktligen nästa steg att utreda. I artikel 51 i rättighetsstadgan har kravet på medlemsstaterna formulerats som att de ska "respektera rättigheterna, iaktta principerna och främja tillämpningen av dem". Utifrån EU-domstolens praxis på området kan konstateras att innebörden av kravet kommer att variera, dels beroende på om några EU-organ är involverade i genomförandet av EU-rätten på nationell nivå, dels på intensiteten i EU-regleringen inom det aktuella policyområdet.

Schematiskt kan genomförandet av EU-rätten organiseras enligt en av tre modeller för förvaltning; direkt, indirekt eller delad. Direkt förvaltning är sådan som utförs av EU-organ, kommissionen eller en EU-myndighet, indirekt förvaltning avser genomförande av EU-rätten av medlemsstaterna, medan delad förvaltning avser genomförande av medlemsstaterna i samarbete med EU-organ. Vid direkt förvaltning utförd av EU-organ gentemot enskilda i en medlemsstat, är frågan om tillämpningsområdet för rättsstatsprincipen och de grundläggande rättigheterna inte särskild komplicerad. EU-organen har att tillämpa de EU-rättsliga principerna fullt ut. Direkt förvaltning är i sig ovanligt, och beslut om sanktioner mot enskilda likaså. Som omnämnts inledningsvis har exempelvis kommissionen kompetens att inom EU:s konkurrensrätt besluta om sanktioner i form av böter och viten mot enskilda företag, vilka kan uppgå till mycket stora belopp. Det finns en rikhaltig praxis från EU-domstolen om vilka rättssäkerhetsgarantier som kommissionen ska upprätthålla i sitt beslutsfattande, liksom en omfattande juridisk doktrin. Frågan kommer inte närmare att diskuteras här.

Den indirekta modellen följer den traditionella utgångspunkten, att medlemsstaterna genomför EU-rätten självständigt från EU. Formerna för genomförandet kan därmed variera betydligt mellan staterna. Modellen är numera vanligast inom policyområden med mindre intensiv EU-reglering, där medlemsstaterna har bibehållit en stor andel av regleringskompetensen. Det ovannämnda målet *Åkerberg Fransson* gällde skatterätt, där EU enbart antagit sekundärlagstiftning inom begränsade delar av den nationella skatterätten, nämligen moms. Åkerberg Fransson hade i målet varit föremål för dels en administrativ process om skattetillägg, dels en straffrättslig process om skattebrott, för samma skatteförseelse. Frågan i målet gällde således om det svenska systemet med sanktioner för överträdelser av svensk skatterätt, inklusive de delar som bygger på EU:s momsdirektiv, var förenligt med förbudet mot *ne bis in idem*, förbudet mot dubbelbestraffning. Förbudet återfinns både i artikel 50 i rättighetsstadgan och i artikel 2 i tilläggsprotokoll 4 till Europakonventionen. EU-domstolen fann att rättighetsstadgan var tillämplig, eftersom sanktionernas koppling till momsdirektiven gjorde att frågan fick anses falla inom EU-rättens tillämpningsområde. EU-domstolen överlät åt den nationella domstolen att pröva om förbudet mot dubbelbestraffning hade överträtts i det konkreta fallet, men gav ändå vissa anvisningar kring förutsättningarna för prövningen. EU-domstolen uttalade följande:

> När en domstol i en medlemsstat har att – i ett fall där de åtgärder som vidtas av medlemsstaterna inte är fullständigt bestämda av unionsrätten

– pröva huruvida en bestämmelse eller en åtgärd i nationell rätt, som
utgör en tillämpning av unionsrätten i den mening som avses i artikel
51.1 i stadgan, är förenlig med de grundläggande rättigheterna, förblir
nationella myndigheter och domstolar behöriga att tillämpa nationella
normer för skydd av grundläggande rättigheter förutsatt att tillämpning-
en av dessa normer varken undergräver den skyddsnivå som föreskrivs i
stadgan, såsom den tolkats av domstolen, eller unionsrättens företräde,
enhetlighet och verkan.

Under förutsättning att de åtgärder som medlemsstaterna vidtar inte
är fullständigt harmoniserade av EU-rätten, förblir nationella myn-
digheter och domstolar behöriga att tillämpa nationella normer för
skydd av grundläggande rättigheter så länge EU-rättens miniminivå
upprätthålls och EU-rättens företräde inte undergrävs. Inom skat-
teområdet skulle tillämpningen av EU:s allmänna rättsprinciper även
kunna aktualiseras i den icke-harmoniserade delen av EU-rätten, för
det fall skatterättsliga regler har utformats så att de på ett otillåtet
sätt hindrar handel mellan medlemsstaterna. Även i denna situation
regleras sanktioner för eventuella överträdelser i nationell rätt. På
så vis liknar hanteringen av grundläggande rättigheter i indirekt
förvaltning det sätt som rättigheterna hanteras i den gränsöver-
skridande situationen som diskuterats ovan. Medlemsstaterna kan
upprätthålla egna traditioner, så länge EU:s tolkning av rättsstats-
principen och skyddet för grundläggande rättigheter inte överträds.
Som framgår av *Åkerberg Fransson*-målet, kan tillämpningen av EU:s
principer ändå ha betydande konsekvenser för nationell rätt. Målet
har legat till grund för en omsvängning i en skatterättslig fråga som
har diskuterats i svensk rätt sedan 1970-talet, nämligen om det är
lämpligt att två sanktioner utgår för samma överträdelse.

Även den indirekta förvaltningsmodellen har blivit alltmer ovan-
lig, i synnerhet inom policyområden som är mer eller mindre
heltäckande reglerade av EU-rätten. Här är istället olika former av
delad förvaltning huvudregeln. Inom exempelvis EU:s struktur- och
jordbruksfonder, finansmarknadsrätt och dataskyddsrätt finns idag,
i början av 2019, ett omfattande regelverk för hur myndigheter ska
samverka med varandra liksom minimiregler för hur ärenden ska

handläggas. Som jag har studerat i min egen forskning har ett tätt förvaltningssamarbete utvecklats inom ramen för denna modell, vilket ibland benämns en sammansatt eller integrerad förvaltning. Den integrerade förvaltningen kännetecknas av att hierarkiskt likställda myndigheter samarbetar nära inom ett visst policyområde, men där formerna för samarbetet varierar mycket områdena sinsemellan. Frågan om EU:s rättsstatsprincip på nationell nivå blir därför också komplicerad och svår att förutse. Nedan ska tillämpningen av EU:s rättsstatsprincip och andra principer till skydd för grundläggande rättigheter analyseras i två typsituationer; dels utlämnade av enskilda i enlighet med EU:s asyl- respektive straffrättsliga reglering för gränsöverskridande situationer, dels vid tillämpning av administrativa sanktioner inom en enskild medlemsstat. Den första situationen kan i sammanhanget hänföras till indirekt förvaltning; medlemsstaterna genomför här EU-rätten självständigt från EU-organen, medan den andra situationen är inriktad på delad förvaltning, när EU-organ och nationella organ gemensamt ansvarar för genomförandet.

Sanktioner och betungande beslut mot enskilda i gränsöverskridande situationer

Den första typsituationen som analyseras i detta kapitel är betungande beslut som fattas av nationella myndigheter och domstolar i en gränsöverskridande situation. Såväl EU:s asylrätt som straffrätt innehåller regler som innebär att en medlemsstat i vissa fall ska föra över enskilda personer till en annan medlemsstat. Såsom har analyserats av Ester Herlin-Karnell, bygger båda regelverken på en grundläggande utgångspunkt om tillit. Medlemsstaternas rättsgemenskap antas vara så långtgående att medlemsstaterna kan förlita sig på att de överförda personerna kommer att omhändertas på ett korrekt och rättsenligt sätt i den mottagande staten. I teorin ska enskilda därför inte behöva uppleva några negativa konsekvenser av att betungande beslut riktat mot dem kommer att verkställas i en annan stat än den som fattar beslutet om överföring. Principen har nära anknytning till det EU-rättsliga förbudet mot att medlemsstaterna ägnar sig åt

227

så kallad självhjälp, dvs. att medlemsstaterna själva kan vidta åtgärder för att avhjälpa brister i en annan medlemsstats rättsordning. Principen om förbud mot självhjälp slogs fast i rättsfallet *Hedley Lomas*, där Storbritannien hade vidtagit åtgärder för att stoppa import av får från Spanien, då de brittiska myndigheterna misstrodde de spanska myndigheternas efterlevnad av EU:s djurskyddsregler. EU-domstolen menade att Storbritannien genom att ta saken i egna händer agerade i strid mot EU-rätten. De rättsliga möjligheter som stod till buds var istället att få Spaniens agerande prövat inom ramen för en fördragsbrottstalan. Ömsesidigt förtroende och ömsesidigt erkännande ska således gälla för medlemsstaternas rättsordningar, inklusive upprätthållande av rättsstatsprincipen och principer till skydd för grundläggande rättigheter.

Under senare år har dock EU-domstolen öppnat för möjligheten att göra undantag från principen om förbud mot självhjälp och därmed medgett att enskilda medlemsstater underlåter att följa EU-rätten på den grund att en annan medlemsstats rättsordning inte håller måttet. I målet *N. S. mot Secretary of State for the Home Department m.fl.* gällde frågan om brittiska och irländska migrationsmyndigheterna och domstolar kunde fullfölja ett överlämnande av asylsökande till Grekland i enlighet med Dublin III förordningen och principen om första asylland. Bakgrunden var att mottagningsförhållandena var så undermåliga i Grekland att Europadomstolen i ett tidigare mål, *M. S. S. mot Belgien och Grekland*, hade funnit att Belgien genom att överföra asylsökande till Grekland gjort sig skyldig till överträdelser av artikel 3 i Europakonventionen och förbudet mot tortyr eller omänsklig eller förnedrande behandling eller bestraffning. Överträdelsen bestod i att utsätta asylsökande för risker, bl. a. genom att förhållandena i grekiska förvar var sådana att de kunde anses utgöra en förnedrande behandling. I EU-domstolens prövning av irländska och brittiska domstolars möjligheter att vägra överföring, tolkades motsvarande regel om förbud mot tortyr och förnedrande behandling som finns i artikel 4 i rättighetsstadgan. EU-domstolen uttalade inledningsvis att inte varje form av kränkning av en grundläggande rättighet som den ansvariga medlemsstaten gör sig skyldig till påverkar de andra medlemsstaternas skyldighet att följa bestämmelserna i gällande EU-rätt. Likväl kom domstolen fram till att i den aktuella situationen fanns anledning att göra en annan bedömning. För det fall det finns anledning "att hysa allvarliga farhågor för att det föreligger systembrister i asylförfarandet och mottagningsvillkoren för asylsökande i den ansvariga medlemsstaten, vilket innebär en omänsklig eller förnedrande behandling enligt artikel 4 i rättighets-stadgan", kan en medlemsstat vägra att överföra asylsökande. I ett senare mål, *c.K. m.fl. mot Slovenien* från 2017, fann EU-domstolen att en överträdelse av artikel 4 i rättighetsstadgan även kunde vara för handen om det föreligger en verklig och konstaterad risk för att den berörda personen utsätts för omänsklig och förnedrande behandling i ett enskilt fall, även utan att det föreligger systematiska brister i mottagarlandets mottagningsorganisation. Frågan i målet gällde överföring av en nyförlöst kvinna med allvarlig depression och självmordstendenser.

Även inom EU:s straffrätt finns regler för överföring av enskilda personer från en medlemsstat till en annan, genom den europeiska arresteringsordern. Till att börja med var arresteringsordern kontro-versiell, men har kommit att tillämpas i relativt hög utsträckning. Att arresteringsordern utmanar de nationella rättsordningarnas möjlig-heter att upprätthålla en egen version av rättsstatsprincipen är dock klart. För visso anges i preambeln till rambeslutet om arresterings-ordern att en nationell myndighet eller domstol får vägra ett utläm-nande, för det fall en medlemsstat allvarligt och ihållande åsidosätter de principer som fastställs i artikel 2 fördraget om den Europeiska unionen, FEU, om respekt för mänskliga rättigheter, demokrati och rättsstaten, vilket slagits fast av Europeiska rådet med tillämpning av artikel 7.2 FEU. Något sådant beslut har hittills aldrig fattats, men som diskuteras av Andreas Moberg i denna bok pågår för närvarande ett artikel 7-ärende mot Polen, vilket jag strax återkommer till.

I det uppmärksammade *Melloni*-målet uppkom frågan vilken standard för grundläggande rättigheter som skulle få genomslag i målet; rambeslutet för arresteringsordern, EU:s rättighetsstadga eller Spaniens konstitutionella regler. Situationen gällde en italiensk man bosatt i Spanien som under en längre tid hållit sig undan en brottmålsutredning gällande ekonomisk brottslighet. Han hade sedermera dömts i sin frånvaro till ett tioårigt fängelsestraff i Italien och italienska myndigheter begärde honom utlämnad. Den spanska domstolen fann att ett sådant förfarande stred emot den spanska konstitutionen och dess krav på en rättvis rättegång, och menade att förfarandet även stred mot motsvarande regler i artikel 47 och 48 i rättighetsstadgan, som också garanterar en rättvis rättegång. EU-domstolen höll dock inte med, utan fann att förfarandet var förenligt med gällande EU-rätt. Mot denna bakgrund kunde inte heller begränsningen i den spanska konstitutionen göras gällande. En sådan tolkning skulle enligt EU-domstolen innebära att unionsrättens företräde åsidosattes, eftersom en medlemsstat därmed skulle kunna underlåta att tillämpa en EU-rättsakt med hänvisning till nationell rätt trots att rättsakten befunnits vara förenlig med EU-rätten och rättighetsstadgan.

Sedan 2016 har EU-domstolen i två fall medgett att medlemsstater kan vägra verkställighet till följd av brister i skyddet av grundläggande rättigheter i den utfärdande staten, under förutsättning att det är fråga om en överträdelse av rättighetsstadgan och inte enbart nationell rätt. Frågan i det första målet, förenade målen *Aranyosi och Căldăraru* från 2016, gällde arresteringsorder utfärdade av ungerska domstolar mot två personer bosatta i Tyskland, misstänkta för inbrott respektive olovlig körning. De berörda personerna menade att en överföring till ungerskt häkte riskerade att kränka artikel 3 Europakonventionen respektive artikel 4 rättighetsstadgan, dvs. förbudet mot tortyr och annan omänsklig eller förnedrande behandling. På motsvarande sätt som i målet *N. S. mot Secretary of State for the Home Department m.fl.* avseende tolkningen av Dublin III förordningen, hade Europadomstolen tidigare funnit att förhållandena i ungerska fängelser var sådana att artikel 3 Europakonventionen kunde anses överträdd. EU-domstolen uttalade att artikel 3 Europakonventionen motsvarade artikel 4 i rättighetsstadgan, vilken stadfäste EU:s och dess medlemsstaters grundläggande värden. Även om preambeln till rambeslutet om arresteringsordern, som angetts ovan, uttalar att det är först då Europeiska rådet har fattat ett beslut enligt artikel 7.2 FEU som ett förfarande med arresteringsordern får avbrytas, fann EU-domstolen att principerna om ömsesidigt erkännande och ömsesidigt förtroende mellan medlemsstaterna kunde begränsas under "exceptionella omständigheter". Den verkställande myndigheten kunde efter en konkret och precis kontroll i det enskilda fallet, göra en bedömning om "det finns grundad anledning att tro att den person, mot vilken en europeisk arresteringsorder har utfärdats för lagföring eller för verkställighet av ett frihetsstraff, löper en verklig risk – på grund av förhållandena under personens frihetsberövande i denna medlemsstat – för att utsättas för en omänsklig och förnedrande behandling i den mening som avses i artikel 4 rättighetsstadgan". I så fall kunde verkställighet vägras.

Sommaren 2018 tog EU-domstolen ytterligare ett steg i samma riktning i målet *Arresteringsorder mot LM*. Frågan i målet gällde en man som var misstänkt för narkotikabrott i Polen, och som begärdes utlämnad i enlighet med arresteringsorder av tre polska domstolar. Den berörda personen menade att de lagstiftningsreformer som nyligen genomförts i Polen innebar att han fråntogs sin rätt till en rättvis rättegång, och att reformerna äventyrade grundvalen för det ömsesidiga förtroendet mellan medlemsstaterna. Till skillnad från de ovan diskuterade fallen fanns inte någon dom från Europadomstolen, här avseende brott mot rätten till rättvis rättegång enligt artikel 6 Europakonventionen hade fastställts, vilket skulle motsvara en kränkning av artikel 47 i rättighetsstadgan. EU-domstolen hänvisade dock till den pågående process enligt artikel 7 FEU, där kommissionen har lämnat ett motiverat förslag till rådet. Mot denna bakgrund fann EU-domstolen att den verkställande myndigheten, en irländsk domstol, kunde göra en egen bedömning av frågan. EU-domstolen uttalade således att det ankom på den nationella domstolen att bedöma om den "förfogar över uppgifter som synes visa att det föreligger en verklig risk för kränkning av den grundläggande rätten till en rättvis rättegång enligt artikel 47" och om det finns grundad anledning att tro att personen i det aktuella fallet löper en sådan risk. Prövningen om huruvida en medlemsstat kan uppvisa tillräckliga garantier för att rättsstatsprincipen upprätthålls och att grundläggande rättigheter skyddas, kom således att läggas på nationella domstolar i övriga medlemsstater.

Ytterligare exempel på vilka utmaningar som medlemsstaternas olika tolkningar av rättsstatsprincipen ställer på arresteringsordern finns i det inledningsvis omnämnda fallet med den tidigare katalanska delstatspresidenten Puigdemont, och frågan om han kunde lämnas ut till Spanien. Fallet rönte står uppmärksamhet i media under våren och sommaren 2018. Efter att spanska rättsvårdande myndigheter inlett undersökningar som kunde leda till mycket långa fängelsestraff på grund av anordnandet av en folkomröstning för Kataloniens självständighet från Spanien, valde den tidigare delstatspresidenten att lämna landet och bege sig till andra EU-länder. En spansk domstol utfärdade då en arresteringsorder, dels på grund av misstanke om högförräderi eller störande av den allmänna ordningen, dels på grund av misstanke om missbruk av offentliga medel. Utfärdandet försatte medlemsstaterna i en svår situation. Få medlemsstater ansåg att de åtgärder som Puigdemont vidtagit i samband med folkomröstningen var straffbara, men vare sig EU eller de enskilda medlemsstaterna var villiga att ta ställning i konflikten eftersom man inte ville utmana Spanien. Till slut kom frågan om arresteringsordern att prövas av en tysk domstol i delstaten Schleswig-Holstein. Enligt medierapportering fann den tyska domstolen att Puigdemont kunde utlämnas, dock enbart på grunden om misstanke om missbruk av offentliga medel. Avgörandet innebar att den spanska domstolen var förhindrade att pröva frågan om högförräderi. Härefter drog den spanska domstolen tillbaka arresteringsordern och någon prövning av frågan i högre instans kom aldrig till stånd.

Sanktioner och betungande beslut mot enskilda inom en medlemsstat

Den andra typsituationen som analyseras utgörs av fall då EU-rätten innehåller regler om sanktioner mot enskilda som ska tillämpas vid genomförande av EU-rätten i inom en medlemsstat. I dessa fall får den EU-rättsliga dimensionen en annan karaktär. Sanktioner och andra betungande beslut fungerar oftast som ett påtryckningsmedel för att främja ett effektivt genomförande av EU-rätten. Frågan som ska diskuteras här är hur den allt tätare EU-regleringen på området

för administrativa sanktioner påverkar tillämpningen av rättsstats-
principen och skyddet för grundläggande rättigheter.

Som angetts ovan, är den traditionella utgångspunkten att med-
lemsstaterna tillämpar sin egen processordning för sanktioner, även
inom EU-rättens tillämpningsområde. Hur stort utrymme medlems-
staterna har att tillämpa den egna processordningen beror dock i
hög grad på hur detaljerad den EU-rättliga regleringen är. När beslut
om sanktioner och andra betungande beslut fattas inom ramen för
den integrerade förvaltningen där ansvaret är delat mellan EU och
medlemsstaterna, kan EU:s rättsstatsprincip och skydd för grundläg-
gande rättigheter få en annan funktion än vid den mer traditionella
indirekta förvaltningen. Istället för att utgöra minimiregler, kan
nationella myndigheter och domstolar inom delad förvaltning för-
väntas tillämpa EU:s allmänna principer fullt ut.

Ett exempel är återbetalning av EU-stöd som utbetalats till enskil-
da i medlemsstaterna, vilket ingår i ett policyområde som genomförs
genom delad förvaltning. Om en enskild, i allmänhet ett företag, har
tagit emot stöd från EU:s strukturfonder eller inom ramen för EU:s
jordbrukspolitik, och det av någon anledning krävs att stödet åter-
betalas, är frågan vilka principer som ska vara styrande för bedöm-
ningen, de EU-rättsliga eller de nationella. Återtagande av positiva
förvaltningsbeslut är en välkänd rättsfigur i samtliga medlemsstaters
interna förvaltningsrätt, men hur den enskildes rättssäkerhet han-
teras skiljer sig åt. Vid tillämpning av rättsfiguren på EU-rättsliga
ärenden vid indirekt förvaltning har EU-domstolen upprätthållit den
traditionella utgångspunkten, att varje stat tillämpar sin egen interna
förvaltnings- och processordning under förutsättning att effekti-
vitets- och likvärdighetsprincipen beaktas. Vid delad förvaltning,
såsom vid återkrav av EU-stöd, har EU-domstolen under det senaste
decenniet intagit en annan ståndpunkt. EU-lagstiftningen om eko-
nomiskt stöd innehåller i allmänhet uttryckliga regler för under
vilka omständigheter felaktigt utbetalt stöd ska återkrävas. Eftersom
nationell rätt därmed inte blir tillämplig på förfarandet, har EU-
domstolen i dessa situationer ansett att återbetalningar av stödet ska
bedömas enbart utifrån de EU-rättsliga principerna om rättssäkerhet
och berättigade förväntningar. Denna rättspraxis har accepterats av

de nationella domstolarna, bl. a. svenska Högsta förvaltningsdomstolen (HFD 2016:13). Hur långt slutsatserna av denna praxis kan dras i början av 2019 oklart, dvs. om det även kan tänkas gälla vid tillämpning av sekundärlagstiftning med integrerade beslutsprocesser om administrativa sanktioner, som blir allt vanligare.

Som nämnts inledningsvis innehåller GDPR regler om sanktioner för överträdelser av EU:s dataskyddsregler. Tre kategorier av rättsföljder för överträdelser omfattas; dels regler för rätt till ersättning vid överträdelser, dvs. skadestånd, i artikel 82, dels regler om administrativa sanktioner i artikel 83, samt därutöver, bestämmelser i artikel 84 om att medlemsstaterna ska fastställa regler för andra sanktioner, vilka enligt preambeln bör vara straffrättsliga. GDPR innehåller inte mycket instruktioner till medlemsstaterna avseende grunderna för att ersättning i form av skadestånd ska utgå, och mycket litet vad gäller de övriga, företrädesvis straffrättsliga sanktionerna. De administrativa sanktionerna omfattas däremot av en hel del regler. De grundläggande kriterierna för när administrativa sanktioner ska utgå, på vilka grunder och hur avgifterna ska beräknas återfinns i artikel 83 GDPR, men dessa förutsätts fyllas ut på nationell nivå. Därutöver har den nyinrättade Europeiska Dataskyddsstyrelsen getts mandat att utforma riktlinjer i fråga om tillämpning av reglerna. Vidare anges i preambeln att den särskilda mekanism för samarbete som införs via GDPR ska kunna användas inför beslut om sanktioner. Sammantaget finns en förhållandevis tät reglering av tillämpningen av sanktionsreglerna i GDPR till stöd för medlemsstaterna. Det är till och med så att en medlemsstat ska kunna tillämpa ett förfarande grundat på artikel 83 GDPR i sig. Artikel 83.9 GDPR anger följande:

> Om det i medlemsstatens rättssystem inte finns några föreskrifter om administrativa sanktionsavgifter får den här artikeln tillämpas så att förfarandet inleds av den behöriga tillsynsmyndigheten och sanktionsavgifterna sedan utdöms av behörig nationell domstol, varvid det säkerställs att rättsmedlen är effektiva och har motsvarande verkan som de administrativa sanktionsavgifter som påförs av tillsyns-

myndigheter. De sanktionsavgifter som påförs ska i alla händelser vara effektiva, proportionella och avskräckande.

Nationella domstolar, efter att den nationella dataskyddsmyndigheten har inlett förfarandet, *får* alltså besluta om sanktioner direkt på grundval av GDPR. Medlemsstaten som använder sig av detta förfarande ska ha anmält det till tolkningar senast det datum GDPR trädde i kraft, den 25 maj 2018, liksom senare ändringar.

GDPR ger något motstridiga tolkningar om frågan vilken rättsstatsprincip och vilka regler till skydd för grundläggande rättigheter som ska vara tillämpliga på ärenden om administrativa sanktioner i medlemsstaterna. I preambeln anges att "utdömandet av sanktioner, inbegripet administrativa sanktionsavgifter, bör underkastas adekvata rättssäkerhetsgarantier i överensstämmelse med allmänna principer inom unionsrätten och stadgan, vilket inbegriper ett effektivt rättsligt skydd och korrekt rättsligt förfarande". För straffrättsliga sanktioner anges på motsvarande sätt att "utdömandet av straffrättsliga påföljder för överträdelser av sådana nationella bestämmelser och administrativa sanktioner bör dock inte medföra ett åsidosättande av principen *ne bis in idem* enligt domstolens tolkning". Här inkluderas således enbart EU-rättens tolkning av de relevanta allmänna rättsprinciperna. I artikel 83.8 har dock en direkt hänvisning till medlemsstaternas rättsordning inkluderats, då artikeln anger att de behöriga myndigheterna ska "omfattas av lämpliga rättssäkerhetsgarantier i enlighet med unionsrätten och medlemsstaternas nationella rätt, inbegripet effektiva rättsmedel och rättssäkerhet" när de utövar sina befogenheter. Vad detta innebär i det konkreta fallet är inte helt enkelt att utröna. Frågan har inte uppmärksammats särskilt i den juridiska doktrinen eller i den allmänna debatten, vilket skulle kunna förklaras av att GDPR i sig är en överväldigande lagstiftning med en uppsjö av tillämpningsproblem för såväl privatpersoner, företag och myndigheter. Denna omständighet bidrar förvisso inte till att göra den oklara situationen om rättsföljder för överträdelser mindre oroväckande.

Ytterligare exempel på en integrerad reglering av administrativa sanktioner finns inom EU:s finansmarknadsrätt. Efter finanskrisen år 2008 har EU-regleringen på området expanderat betydligt, vilket även innefattat inrättande av tre tillsynsmyndigheter för banker, försäkringsrörelse samt värdepapper och marknader; Europeiska bankmyndigheten, EBA, Europeiska försäkrings- och tjänstepensionsmyndigheten, Eiopa och den i inledningen omnämnda Esma. Esma har i CRA-förordningen om kreditvärderingsinstitut tilldelats befogenheter att utöva vad som benämns direkttillsyn avseende vissa finansiella aktörer och har då kompetens att vidta ett antal åtgärder, bl.a. att återkalla kreditvärderingsinstituts registrering samt besluta om böter för överträdelser av regelverket. Som ett led i utredningen inför beslut får tjänstemän från Esma göra platsbesök hos tillsynsobjekten, varvid den behöriga myndigheten i medlemsstaten (i Sverige Finansinspektionen) kan bjudas in att delta. Esma kan också begära att behöriga myndigheter utför särskilda utredningsuppgifter å Esmas vägnar. Den behöriga myndigheten ska då ha samma befogenheter som Esma. Förfarandet kan således beskrivas som ett mellanting mellan direkt och delad förvaltning. Kommissionen la hösten 2017 fram ett lagförslag till Europaparlamentet och rådet där den direkta tillsynen på finansmarknadsområdet skulle utökas ytterligare och förhandlingarna var i början av 2019 ännu inte avslutade. Vad som är anmärkningsvärt är att vare sig kommission i utredningen eller de företag och andra intressenter som lämnat synpunkter i tidigare skeden av lagstiftningsprocessen synes ha uppfattat frågan som ett problem ur rättsstatssynpunkt. Av kommissionens redogörelse för inkomna synpunkter framgår att det i första hand är frågor av praktisk natur, såsom att de nationella myndigheterna har bäst kännedom om de nationella marknaderna och det kan komma att uppstå avgränsningssvårigheter i förhållande till den kvarvarande nationella tillsynen, som framförts. Kommissionen tar i sin tur upp EU:s rättighetsstadga vid ett tillfälle, då det framhålls att förslaget respekterar rättigheterna samt iakttar principerna som stadgan innehåller. Den enda artikel som lyfts fram särskilt är artikel 37 och iakttagandet av ett högt miljöskydd i enlighet med principen om hållbar utveckling. Miljön är förvisso alltid en viktig fråga att beakta, men när det gäller gränssättande för offentlig maktutövning vid beslut om sanktioner mot enskilda i en mycket komplex förvaltningsrättslig kontext, framstår referensen som mindre relevant.

En varierad rättsstatsprincip?

Som angetts inledningsvis förstås rättsstatsprincipen här som krav på lagbunden, kontrollerbar och förutsebar offentlig maktutövning, dvs. en lagstyrd maktutövning grundad på konstitutionella regler som uppställer gränser för offentliga organs utrymme att fatta beslut. Regler som därmed kan fungera som en måttstock som de offentliga organen kan hållas ansvariga emot. Rättsstatsprincipen i denna mening tjänar det dubbla syftet att ge medborgarna, och ibland även andra, garantier mot en godtycklig och felaktig maktutövning och att möjliggöra ansvarstagande. En viktig aspekt hos principen blir därmed möjligheten att kunna identifiera vilka de tillämpliga reglerna är och vem som har "sista ordet", dvs. vem som rättmätigt kan kräva att de offentliga organen utövar sin makt på ett rättsenligt sätt och som kan kontrollera att detta sker.

De två typsituationer som har analyserats, gränsöverskridande situationer respektive situationer inom ramen för en medlemsstats förvaltning, ser ut att fungera på skilda sätt. I den gränsöverskridande situationen kommer en medlemsstats skyddsnivå för rättsstatsprincipen och andra grundläggande rättigheter att ställas mot en annan medlemsstats skyddsnivå och frågan uppkommer om den första medlemsstaten kan tvingas medverka i en process som befinns strida mot dennas tolkning av rättsstatsprincipen. I den andra situationen, inom ramen för en medlemsstats förvaltning, saknas ett direkt jämförelseobjekt i form av en annan medlemsstat, utan frågan här blir snarast i vad mån en medlemsstat kan tillämpa en nationell tolkning av rättsstatsprincipen även inom EU-rättens tillämpningsområde. Två faktorer är dock gemensamma för de båda situationerna. För det första kan nationella åtgärder inte tillämpas på ett sådant sätt att EU:s skydd för grundläggande rättigheter undergrävs. Som framgår av rättsfallen *N. S. mot Secretary of State for the Home Department*, *Aranyosi och Căldăraru*, *Arresteringsorder mot LM* och *Åkerberg Fransson* kan EU ställa krav på medlemsstaterna att upprätthålla en miniminivå av skydd för rättsstatsprincipen och grundläggande rättigheter, när staten agerar inom EU-rättens tillämpningsområde. På motsvarande sätt får en medlemsstat inte upprätthålla ett så högt skydd att EU-rättens företräde och effektiva genomslag undergrävs. Såsom framgår av *Melloni*-målet kan det faktum att tillämpningen av en EU-rättslig regel innebär en överträdelse av den nationella konstitutionen inte i sig medför att medlemsstaten kan vägra tillämpa EU-rätten. EU-rätten utgör således såväl ett tak som ett golv för medlemsstaternas tillämpning av rättsstatsprincipen på nationell nivå. Den stora skillnaden består i hur stort mellanrum medlemsstaterna har att röra sig på mellan taket och golvet, eller med andra ord, hur stort utrymmet är att tillämpa en nationell tolkning av rättsstatsprincipen inom EU-rättens tillämpningsområde.

Av EU-domstolens uttalande i *Åkerberg Fransson* följer att medlemsstaternas utrymme styrs av graden av harmonisering av den nationella rätten, hur intensivt ett rättsområde är reglerat av EU-rätten. Områden som enbart är partiellt reglerade kan ge medlemsstaterna ett större utrymme, varför tillämpning av sanktioner och betungande beslut inom gränsöverskridande situationer inom EU:s asyl- och straffrätt liksom den traditionella formen av indirekt förvaltning följer samma princip: medlemsstaterna kan i allmänhet följa sin egen rättsstatsprincip och upprätthålla nationella grundläggande rättigheter, så länge inte skyddsnivån vare sig understiger de krav som EU-rätten uppställer, eller utmanar EU-rättens företräde. Den interna rättsordningen kan hållas intakt; inom en och samma stat kan offentligt maktutövande behandlas på samma sätt i likartade situationer, oavsett om maktutövandet grundar sig på nationella eller EU-rättsliga föreskrifter. För det fall den egna medlemsstaten tillhandahåller ett svagt skydd, kan EU-rätten ses som ett instrument för att stärka rättsstaten. I exempelvis Sverige har EU-domstolens dom i *Åkerberg Fransson* i allmänhet betraktats positivt; äntligen ett verktyg att begränsa verkningarna av statsmaktens alltför hårdföra metoder att samla in skatt. Dock har det även förekommit andra åsikter, såsom att EU alltid står på näringslivet sida, och att skyddet för den nationella skattebasen i längden riskerar att eroderas.

I en gränsöverskridande situation, när en medlemsstat ställs inför beslutet att medverka i en överföring av en person till en medlemsstat med ett svagt skydd för rättsstaten kan EU-domstolens senare praxis i mål om arresteringsordern istället användas som verktyg för att begränsa verkningarna av andra medlemsstaters hårdföra regim mot enskilda. Sett ur det perspektivet kan det i det sistnämnda fallet finnas anledning att tala om nationalstatens återkomst. När en medlemsstat står inför att fatta beslut om att överföra en enskild person till en annan medlemsstat, där personens grundläggande rättigheter hotas, finns en trend att stater som identifierar sig som rättsstater använder sig av det utrymme som EU-rätten och EU-domstolen ger. Därigenom kan dessa länder driva igenom en tolkning av grundläggande rättigheter som möjliggör att personer inte utlämnas till vissa medlemsstater.

I en situation med intensiv EU-reglering, såsom vid delad förvaltning inom den euroepiska integrerade förvaltningen, blir situationen en annan. Utrymmet att tillämpa en nationell tolkning av rättsstatsprincipen och skyddet för grundläggande rättigheter är här mindre, kanske till och med icke-existerande. Som framgår av EU-domstolens rättspraxis om återkrav av EU-stöd, är utgångspunkten att det offentliga maktutövandet ska bedömas utifrån en EU-rättslig tolkning av rättsstatsprincipen, även om den enskilda som berörs av beslutet enbart haft kontakter med en nationell myndighet. EU-rätten kräver således att nationella myndigheter ska tillämpa andra principer än de som tillämpas i rent nationella ärenden, liksom ärenden som faller inom mindre intensivt reglerade delar av EU-rättens tillämpningsområde. Hur långt slutsatser av denna praxis kan dras i början av år 2019 oklart, men det förefaller inte osannolikt att integrerade beslutsprocesser om administrativa sanktioner, såsom inom EU:s dataskyddsrätt och finansmarknadsrätt, bör bedömas utifrån en enhetlig EU-rättslig rättsstatsprincip. Olika versioner av rättsstatsprincipen och övriga principer till skydd för grundläggande rättigheter kan därmed vara tillämpliga på likartade beslutsprocesser inom samma myndighet. Hur stor skillnaden är mellan en EU-rättslig och nationell princip kan naturligtvis variera mellan olika områden inom varje medlemsstat, liksom mellan olika medlemsstater. På så vis kan tillämpningen av EU:s rättsstatsprincip beskrivas som varierad på flera sätt, och tillämpningen av principen riskerar därmed att bli oförutsebar.

Vägen framåt: våga lagstifta om gränserna för offentligt maktutövande i den europeiska integrerade förvaltningen

Frågan som har analyserats i detta kapitel är vem som ytterst garanterar rättsstatsprincipen och skyddet för grundläggande rättigheter vid beslut om sanktioner mot enskilda inom EU-rättens tillämpningsområde, EU eller medlemsstaterna? Som framgått ovan är svaret påfallande ofta "det beror på", vilket i praktiken betyder att rättsstatsprincipens innehåll och effekt kan variera från situation till situation. Två svårigheter med rådande ordning kan identifieras. För det första kan ifrågasättas om en så varierad tillämpning av rättsstatsprincipen i sig kan vara förenlig med likställighetsprincipen, som kräver att lika fall ska behandlas lika, och olika fall olika. Likställighetsprincipen är allmänt erkänd inom såväl EU-rätten som i de nationella rättsordningarna och återfinns i svensk rätt i 1 kap. 9 § regeringsformen. Om hela EU ska upprätthålla en och samma version av rättsstatsprincipen skulle en strikt tillämpning av principen kunna innebära att minsta gemensamma nämnare blev utslagsgivande, vilket knappast är önskvärt. Men även inom en medlemsstat kan problem uppstå, om enbart den ena av två snarlika fall kan anses falla inom EU-rättens tillämpningsområde. Frågan är dock vilka situationer som ska anses vara lika, tillämpningen av snarlika regler i två näraliggande rättsområden inom en och samma medlemsstat, eller tillämpningen av samma regel i behöriga myndigheter i olika medlemsstater? Det är snarast en fråga om perspektiv; är det viktigast att alla nationella situationer inom ett visst område behandlas lika, eller att alla europeiska situationer under ett visst regelverk behandlas lika, oavsett i vilken medlemsstat situationen uppstår i? Om det är ett område som är intensivt reglerat av EU-rätten, såsom jordbruksstöd, dataskydd eller finansmarknadsreglering, kan det var viktigt att samtliga fall inom policyområdet behandlas lika, oavsett land. Om enbart en del av ett policyområde regleras av EU-rätten, såsom skatterätten, kan det vara mer naturligt att behandla samtliga fall inom en och samma stat lika.

Det saknas således inte övertygande argument för att motivera en enhetlig tillämpning av rättsstatsprincipen inom en europeisk integrerad förvaltning, när varje rättsområde analyseras isolerat. Problemet är snarast att systemet i sig riskerar att bli ogenomträngligt och oförutsebart för enskilda aktörer som befinner sig mer eller mindre kortvarigt inom respektive fält. I min tidigare forskning har frågan om den bristande transparensen inom denna komplexa förvaltningsrättsliga kontext i sig identifierats som problematisk, dels eftersom enskilda aktörer riskerar att hamna fel när de inte kan förutse vilka regler som kommer att tillämpa i deras ärende, dels eftersom det försvårar ansvarsutkrävande.

Rättsstatsprincipen så som den förstås här förutsätter att den offentliga maktutövningen är lagstyrd, dvs. grundad på konstitutionella regler som uppställer gränser för offentliga organs utrymme att fatta beslut. Om det är svårt att veta vilka de grundläggande reglerna är, och vem som slutligen kan fastställa deras innebörd, vem som har "sista ordet", finns ett problem. Nationella myndigheter kan knappast förväntas veta detta på intuitiv väg; det måsta vara möjligt att få ett konkret svar att tillämpa i konkreta situationer. Osäkerhet om vilka gränserna är för det offentliga maktutövandet och vem som ska stå för uttolkningen av gränserna, är i sig ett problem för rättsstatsprincipen. Som har framhållits av Herwig Hofmann är frågan om att säkerställa efterlevnaden av rättsstatsprincipen utmanande inom ett enhetligt rättssystem, där den lagstiftande, verkställande och kontrollerande makten befinner sig inom samma konstitutionella kontext. I en integrerad förvaltning kan problemen framstå som oöverstigliga. Svårigheterna utgör i sig inte någon ursäkt att förhålla sig passiv. Genom en ökad medvetenhet från EU-lagstiftaren och en fortsatt utveckling av rättspraxis från EU-domstolen – i dialog med de nationella domstolarna - kan en större klarhet och i förlängningen förhoppningsvis en större samsyn komma att växa fram. I början av 2019 är dock en sådan insikt inte självklar. I det ovan diskuterade lagstiftningsförslaget från kommissionen om ökad direkttillsyn över den finansiella marknaden har frågor som rör rättsstatsprincipen och skydd för enskildas grundläggande rättigheter knappast berörts alls. När det väl har nämnts så har det varit som referens till miljöskydd och en hållbar utveckling, något som framstår som apart i sammanhanget.

Den andra svårigheten som kan identifieras är bristen på respekt för rättsstatsprincipen som sådan, vilket visar sig i enskilda medlemsstater. I de två typsituationer som granskats här, gränsöverskridande situationer och situationer då EU-rätten tillämpas inom en och samma medlemsstat, är det i första hand i den första typsituationen som problemet har ställts på sin spets. I gränsöverskridande situationer med överföring av enskilda asylsökande eller brottsmisstänkta, riskerar enskilda medlemsstaters bristande respekt för rättsstatsprincipen komma att spilla över på övriga medlemsstater, som därmed ser sig föranlåtna att avvika från EU-rättsliga principer om ömsesidigt förtroende och ömsesidigt erkännande. EU har som organisation tagit på sig att upprätthålla en rättsordning byggd på rättsstatsprincipen. För EU är det därför inte möjligt att acceptera att enskilda personer riskerar att få sina grundläggande rättigheter kränkta vid tillämpning av EU-rättsliga regler om överföring från en medlemsstat till en annan, till följd av brister i enskilda medlemsstater rättsordningar. Som diskuterats ovan har också EU-domstolen vid flera tillfällen fått göra avsteg från hävdvunna principer om förbud för medlemsstaterna att ägna sig åt självhjälp, som slogs fast i rättsfallet *Hedley Lomas* på 1990-talet. I de fallen som hittills har nått EU-domstolen har de negativa konsekvenserna för enskilda medborgare, som uppstår då en medlemsstat visar bristande respekt för rättsstatsprincipen, kunnat avhjälpas. Frågan är dock om problemet inte är större än så. Inom området för delad förvaltning, med integrerade beslutsprocesser för administrativa sanktioner, finns det en högre förväntan på medlemsstaterna att inte enbart upprätthålla en nationell version av rättsstatsprincipen utan även en enhetlig EU-rättslig version.

Men hur ska EU-lagstiftaren och EU-domstolen kunna utveckla en transparent och förutsebar integrerad förvaltning, när delar av förvaltningen inte accepterar rättsstatsprincipens grundläggande förutsättningar, en lagstyrd maktutövning grundad på grundläggande eller konstitutionella regler som uppställer gränser för offentliga organs utrymme att fatta beslut?

Under senare år har Polen och Ungern fått motta omfattande kritik för brister i detta hänseende, vilket analyseras av Andreas Moberg i ett annat kapitel i denna volym. Under 2018 har också Italien fått en regering med klara populistiska drag och flera andra medlemsstater visar liknande tendenser. Kan EU i längden upprätthålla sina krav att medlemsstaterna ska tillämpa rättsstatsprinciper inom den integrerade förvaltningen som de nationella konstitutionella organen inte själva vill eller förmår upprätthålla principerna i nationella sammanhang?

Inledningsvis framfördes att man vid en första anblick skulle kunna tro att frågan om nationalstatens återkomst aktualiserades främst i de fall nationella domstolar i en gränsöverskridande situation vägrat överlämna enskilda personer till medlemsstater vars rättsstatstraditioner inte bedömts tillförlitliga. I en demokratisk rättsstat är det trots allt de nationella konstitutionella organen, i allmänhet domstolarna, som har att garantera att rättsstatsprincipen följs vid tillämpning av betungande regler mot enskilda inom den egna jurisdiktionen. I det här fallet är det dock knappast en fråga om någon motsättning mellan nationalstat och "överstaten" EU. Som har framgått har EU-domstolen inte tvekat att acceptera avsteg från principer om ömsesidigt erkännande när det har funnits uppenbara brister i den ena statens rättssystem, när två staters skydd ställs mot varandra. Istället kan konstateras att det finns ett större utrymme och behov för de nationella domstolarna att värna rättsstatsprincipen inom den andra typsituationen som diskuterats här, när beslut om sanktioner mot enskilda beslutas inom ramen för den europeiska integrerade förvaltningen. I de här fallen är utmaningarna mot rättsstatsprincipen svårare att identifiera och vare sig EU-lagstiftaren, kommissionen eller EU-domstolen har visat någon större förståelse för de utmaningar som uppkommer. Det är dock svårt för nationella domstolar att, i en dialog med EU-domstolen, kräva etablerandet av transparenta, väl avvägda och likabehandlande beslutsprocesser i en så komplex förvaltningsrättslig miljö som den som vuxit fram inom den euroepiska integrerade förvaltningen. Ansvaret bör i första hand ligga på EU-lagstiftaren.

Om EU-lagstiftaren – där ju medlemsstaterna i rådet utgör den ena av de två lagstiftningsorganen - inte kan prestera ett klart svar på dessa frågor är det tveksamt om de nationella domstolarna i längden är beredda att acceptera vad som knappast kan bli annat än ad hoc lösningar från EU-domstolen. Istället för att vänta och se bör EU-lagstiftaren se problemet i vitögat och våga lagstifta om vilka begränsningar av det offentliga maktutövandet som ska upprätthållas inom EU-rättens tillämpningsområde. Som diskuterats ovan finns goda argument varför en och samma rättsstatsprincip bör tillämpas inom de policyområden som är intensivt reglerade av EU-rätten, där det finns ett starkt intresse av att rätten tolkas och tillämpas lika i hela unionen. Det bör dock klargöras vilka dessa områden är och vilka närmare krav som den EU-rättsliga rättsstatsprincipen uppställer. Då har domstolarna, i EU och i medlemsstaterna, något att pröva det offentliga maktutövandet emot. Annars kan det vara bättre att de nationella domstolarna vägrar tillämpa EU:s rättsstatsprincip vid prövning av beslut om sanktioner mot enskilda och istället hålla sig till de egna, väletablerade och bekanta inom respektive stats rättsordning. På så sätt kan åtminstone enskilda personer och företags rättssäkerhet garanteras.

Källor och litteratur

Kapitlet bygger i stor utsträckning på min forskning om den europeiska integrerade förvaltningen, liksom tillämpningen av EU:s allmänna rättsprinciper på nationell nivå. Uppbyggnaden av den integrerade europeiska förvaltningen studerades inledningsvis i min bok *Ansvarsutkrävande – svensk förvaltning i EU*, publicerad 2010 (Stockholm: Jure). Frågan om enskildas möjlighet att komma till tals med relevanta aktörer inom den integrerade förvaltningen analyserades i min artikel "Communicating with the European Composite Administration", (*German Law Journal* 15, 2014). Vad gäller frågan om tillämpningen av rättsstatsprincipen inom den integrerade förvaltningen har denna behandlats i bidraget "The rule of law in the twilight zone – administrative sanctions within the European composite administration" i antologin som Russel Weaver varit redaktör för *Administrative Law, Administrative Structures, and Administrative Decision-making, Comparative Perspectives*, 2019 (The Global Papers Series, Volume IX, Carolina Academic Press, USA)

Frågan om tillämpningen av rättighetsstadgan och EU:s allmänna rättsprinciper i medlemsstaterna har beskrivits utförligt i europarättslig doktrin. I den europeiska doktrinen kan nämnas Michael Dougan, "Judicial Review of Member State Action under the General Principles and the Charter: Defining the 'Scope of Union Law'" (*Common Market Law Review*, 52(5) 2015). I svensk doktrin har Ulf Bernitz analyserat frågan i flera sammanhang, bl.a. i boken *Europarättens genomslag*, 2012 (Stockholm, Norstedts Juridik).

Forskning rörande EU:s straffrätt utifrån ett tillitsperspektiv har, som angetts ovan, bedrivits av Ester Herlin-Karnell under titeln "Ett konstitutionellt perspektiv på frågan om tillit inom EU:s straffrättsliga samarbete" i Antonina Bakardjieva Engelbrekt, Anna Michalski & Lars Oxelheim (red.) *Tilliten i EU vid ett vägskäl, Europaperspektiv 2017*, (Stockholm, Santérus Förlag). Vidare kan rekommenderas Annika Suominen: *The principle of mutual recognition in criminal matters- a study of the principle in four framework decisions and the implementation of these in the Nordic Member States*, 2011 (Cambridge, Intersentia). Beträffande tillämpningen av administrativa sanktioner, se gärna Wiweka Warnling-Nerep, *Sanktionsavgifter – särskilt i näringsverksamhet*, 2010 (Stockholm, Norstedts Juridik), liksom Annika K. Nilsson, "Förvaltningslagen och sanktionsförfarande", (*Förvaltningsrättslig tidskrift (FT)* 2018 s. 531–553).

Den europeiska integrerade förvaltningen har analyserats ingående i flera texter av Herwig Hofmann, bl.a. "Current Debates in European Administrative Law – Background and Perspectives", i *Droit de Procédure Administratif*, 2015 redaktörer Auby, J-B, & Perroud, T. (Bruylandt, Brussels). Inom svensk doktrin kan särskilt framhållas Henrik Wenander "Skydd för berättigade förväntningar i svensk förvaltningsrätt? – Negativ rättskraft, EU-rätt och styrning av förvaltningen" (*FT* 2017, s. 637–649) och "Proportionalitetsprincipen i 2017 års förvaltningslag", (*FT* 2018, s. 443–456.)

245

Nationalstatens återkomst ur ett europeiseringsperspektiv
Att lappa och laga europeisk integration?

av Malin Stegmann McCallion

Europeiska unionens (EU:s) integrationsprocess inleddes 1957 då Romfördraget lade de formella grunderna för ett ekonomiskt och politiskt samarbete mellan sex europeiska stater under ledning av gemensamma, överstatliga, institutioner. Fram till 2010-talet har samarbetet utvidgats till att innefatta 28 medlemsländer och en mängd olika politikområden. Under den här tiden har pendeln flera gånger svängt, från att betona de mellanstatliga elementen i samarbetet till att istället betona de överstatliga inslagen. Exempelvis har pendeln ofta svängt mot utökad överstatlighet vid kriser i integrationsprocessen. EU och dess medlemsländer har alltså tidigare ansett att lösningen på olika utmaningar och konflikter har varit ett fördjupat samarbete. Efter de kriser som skakat den europeiska kontinenten under 2010-talet så står EU vid ännu ett vägskäl. Hur kan medlemsstaterna hitta vägar framåt när det gäller hanteringen av de utmaningar som diskuteras i denna bok, såsom flyktingfrågan och det fortsatta samarbetet inom den ekonomiska och monetära unionen (EMU)?

Utgångspunkten för kapitlet är följande frågeställning: Hur kan europeiseringsprocesser förstås i en tid när pendeln i EU:s integrationsprocess rör sig emot en ökad betydelse av nationalstaten? Europeiseringsprocesserna ska inte ses som synonyma med EU:s integrationsprocess. I litteraturen brukar två perspektiv på europeisering lyftas fram. Den europeiseringsprocess som är lättast att identifiera handlar om hur medlemsstaterna påverkas av EU-medlemskapet. Den processen benämns som *top-down* (uppifrån och ned) europeisering och beskrivs av statsvetaren Karl Magnus Johansson på följande sätt i en artikel från 2010: "[e]uropeiseringsforskningen studerar *om* EU återverkar på politik i vid mening (politics, policy, polity) på lägre nivåer (nationell och subnationell nivå) och i så fall *vilka* anpassningar eller förändringar som sker och *hur* och med vilken *effekt*". Den andra europeiseringsprocessen är *bottom-up* (nedifrån och upp), i vilken medlemsstaterna eller andra politiska aktörer istället påverkar EU genom att överföra sina politiska preferenser till EU:s politiska system.

En slutsats i tidigare forskning är dock att oberoende om man ser förändringarna som en del av en top-down eller en bottom-up process så innebär EU-medlemskapet att det sätt som politiken *bedrivs* i medlemsländerna har förändrats i grunden. Det knyter an till den övergripande frågan om hur medlemsstaternas samarbete kommer att se ut i framtiden. Ett alternativ till en generell fördjupning av europeisk integration är att introducera en mer flexibel hållning, som innebär att medlemsstater ges möjlighet att fördjupa samarbetet i särskilda frågor om de så önskar. Omvänt innebär det att medlemsländer också ges möjlighet att avstå från att delta. I EU-kommissionens vitbok om EU:s framtid som presenterades den 1 mars 2017 ses just en sådan *differentierad integration* som en lösning och en möjlig väg framåt för EU-samarbetet.

Kapitlet är indelat i sex avsnitt. Det första avsnittet undersöker europeisering ur ett top-down-perspektiv, det vill säga hur EU har inverkat på medlemsstaterna. Det andra avsnittet fokuserar på europeisering utifrån ett bottom-up-perspektiv, vilket handlar om hur medlemsstaterna kan inverka på den politik som förs på EU-nivå. Därefter behandlas medlemsstaternas strategier för att möta förändringstryck från EU. Det fjärde avsnittet analyserar om och hur EU rör sig mot en mer differentierad integrationsprocess och vilka för- och nackdelar som en sådan process för med sig. Det femte avsnittet undersöker om det finns stöd för ett utökat överstatligt samarbete bland EU:s medborgare. Kapitlet avslutas med handlingsrekommendationer avseende möjliga vägar framåt för EU:s integrationsprocess.

Europeisering ur ett top-down-perspektiv

Europeiseringsprocesser kan utifrån ett top-down-perspektiv förstås som förändringar inom medlemsstaterna som kan spåras tillbaka till EU. Statsvetaren Neill Nugent förtydligade hur EU-medlemskapet påverkar medlemsstaten när han 1999 skrev att "det mest påtagliga priset en stat betalar för sitt medlemskap i EU är ett betydande bortfall i nationella beslutsbefogenheter". Här blir spänningen i den europeiska integrationsprocessen, mellan överstatligt och mellanstatligt samarbete, tydlig. Medlemsstaterna har varit ovilliga att överföra beslutandemakt till EU i frågor som upplevs som politiskt känsliga och som berör deras suveränitet. I den typen av frågor är det mer sannolikt att samarbetet är mellanstatligt till sin natur. Medlemsstaterna och EU kan inom sådana känsliga områden ha delade beslutsbefogenheter eller så har EU enbart en stödjande roll alltmedan medlemsstaterna stiftar lagarna. Exempel på politikområden där medlemsländerna har delade befogenheter med EU är den inre marknaden, jordbrukspolitiken, miljöpolitiken samt säkerhet och rättsliga frågor. Politikområden inom vilka EU har stödjande befogenheter är kultur, näringsliv och turism. Detta kan jämföras med de politikområden där EU har exklusiva befogenheter, det vill säga där EU:s institutioner har ensamrätt när det gäller att stifta lagar. Exempelvis har EU exklusiva befogenheter i frågor som berör handel, tullunionen och konkurrensregler.

Medlemsstaterna har valt att samarbeta inom en mängd olika politikområden, till exempel när det gäller ekonomiska och monetära frågor, energi, handel, fiske- och havsfrågor, humanitärt bistånd och civilskydd, den inre marknaden och tullar, klimatåtgärder och miljö, konkurrens, mänskliga rättigheter, regionalpolitik, rymdpolitik, livsmedelssäkerhet, sysselsättning och socialpolitik, transportfrågor och infrastruktur, utbildning, utrikes- och säkerhetspolitik samt framtida utvidgningar av EU. EU kan därmed inverka på medlemsstaternas politik inom alla dessa områden. Graden av tvång gällande en medlemsstats anpassning till EU:s förda politik beror bland annat på vilken typ av rättsakt som ligger till grund för beslut fattade på EU-nivå. Införandet av rättsakter på EU-nivå är den vanligaste och kanske mest synliga anledningen till förändringar i en medlemsstats politik. Det finns olika typer av rättsakter och inom dessa kan olika grader av europeisering urskiljas. Oftast ska EU:s rättsakter först införlivas i den nationella lagstiftningen och därefter implementeras. Graden av anpassning som krävs från medlemsstatens sida för att leva upp till den nya lagen kan till exempel bero på hur framgångsrikt medlemsstaten fört fram sina politiska preferenser till den europeiska nivån under lagstiftningsprocessen, vilket jag återkommer till i kapitlets nästa avsnitt.

Nedan beskrivs exempel på EU:s olika rättsakter och hur de införlivas och implementeras i nationella regelverk. Detta berör således europeiseringen av *policy*, det vill säga politikens sakinnehåll i form av konkreta förslag som syftar till att lösa samhälleliga problem. De andra två dimensionerna där vi kan identifiera europeisering är *polity* och *politics*. Polity är det politiska spelets regelverk och avser rättsordningen och statsskickets karaktär. Med politics avses olika aktörers (relativa) makt och deras konfliktstrategier.

Bland EU:s olika typer av rättsakter återfinns förordningar, direktiv, beslut, rekommendationer och yttranden. Dessa har olika formell inverkan på medlemsstaterna och i det följande kommer de tre förstnämnda att beskrivas mer ingående. En förordning är den strängaste av EU:s rättsakter då den är bindande för alla medlemsstater. Det betyder att alla medlemsstater måste tillämpa förordningen i sin helhet. Förordningar är även direkt tillämpliga vilket innebär att inga genomförandeåtgärder på nationell nivå behövs för att innehållet i förordningen ska få rättslig effekt. Oftast handlar det om ett politikområde där EU har exklusiv kompetens eller ett där EU har delad befogenhet med medlemsstaterna. Inom det miljöpolitiska området hittar vi följande exempel: Europaparlamentets och rådets förordning (EU) 2016/1627 av den 14 september 2016 om en flerårig återhämtningsplan för blåfenad tonfisk i östra Atlanten och Medelhavet. Målet med denna förordning är bland annat att återställa den blåfenade tonfiskens bestånd som finns i EU:s vatten på ett hållbart sätt. Medlemsstaterna måste ordagrant följa förordningen och detta är ett mycket tydligt exempel på hur beslutsfattande på EU-nivå påverkar medlemsstatens politik (top-down-europeisering) inom området marina växter och djur där EU har exklusiv befogenhet.

Den andra rättsakten, direktiv, gäller precis som förordningar i alla medlemsstater. Däremot är direktiven inte direkt tillämpliga vilket betyder att de, till skillnad mot förordningarna, måste införlivas i nationell rätt för att få rättslig effekt. När det gäller implementeringen av EU-direktiv så har medlemsstaten en viss tid på sig att ställa om sin politik. En annan skillnad är att ett direktiv är bindande med avseende på vilka politiskt mål som ska uppnås, men när det kommer till själva genomförandet kan direktiven lämna mer eller mindre utrymme för medlemsstaten att välja tillvägagångssätt. Ett exempel är Europaparlamentets och rådets direktiv 2008/56/EG som upprättade en ram för åtgärder på havsmiljöpolitikens område (Ramdirektiv om en marin strategi). Även i detta fall är inverkan av EU:s politik på medlemsstaterna tydlig och europeiseringsprocessen väl synlig. Den tredje bindande rättsakten på EU-nivå är beslut. Ett beslut är bindande för den eller de medlemsstater som det riktar sig till. Beslutet kan även rikta sig till en eller flera organisationer och företag som har sin hemvist i de nämnda medlemsstaterna. Även när det gäller rättsakten beslut så är EU:s inverkan på medlemsstaternas politik tydlig.

Låt oss nu fokusera på vad europeisering innebär för medlemsstaternas statsskick och det politiska spelets regler *(polity)*. Statsvetenskapliga forskare som Magnus Blomberg och Torbjörn Bergman beskriver medlemsstaternas, däribland Sveriges, statsskick som sammanlänkat med EU. Även forskarna Bengt Jacobsson och Göran Sundström hävdar att de nationella statsskicken är invävda i EU:s politiska system. När en stat blir medlem i EU läggs en överstatlig (supranationell) politisk nivå till det redan existerande nationella politiska systemet. Under integrationsprocessen har fler politikområden överförts till denna EU-nivå från den nationella nivå genom politiska beslut om ändringar i EU:s fördrag. Enhetsakten (1986) fokuserade till exempel på den gemensamma marknaden och hur den skulle kunna realiseras. Detta innebar ett utvecklat överstatligt samarbete inom områden som gränsar till den fria rörligheten för varor, tjänster, personer och kapital. Maastrichtfördraget (1992) fördjupade därefter samarbetet inom EMU och den gemensamma valutan, euron. Maastrichtfördraget lyfte även upp rättsliga och inrikespolitiska frågor till den supranationella nivån inom den dåvarande tredje pelaren, som till en början präglades av mellanstatligt samarbete. Detta kom dock att förändras i Amsterdamfördraget (1997) som innebar att EU fick delade beslutsbefogenheter med medlemsstaterna i dessa frågor. Det politiska spelets regelverk (polity) har genom den fördjupade integrationsprocessen blivit europeiserat och skiljelinjen mellan inrikes- och utrikespolitik har därmed suddats ut.

Genom att utgå från denna upplösning av gränsen mellan inrikes- och utrikespolitik så har jag och statsvetaren Alex Warleigh-Lack i en studie från 2012 visat hur EU-medlemskapet har använts som argument för att ändra maktförhållandet mellan olika politiska nivåer i Sverige. EU:s regionalpolitik genomgick under slutet av 1980-talet och början av 1990-talet flera förändringar, som till exempel fördubblad finansiering och introduktion av partnerskapsprincipen. Denna princip innebär att det ska finnas ett nära samarbete mellan offentliga myndigheter på nationell, regional och lokal nivå i medlemsstaterna. Vidare institutionaliserandes Regionkommittén, vilket säkerställde att regioner och kommuner fick ett formellt inflytande i EU:s lagstiftningsprocess då kommittén måste tillfrågas i alla beslut som rör lokalt och regionalt styre. Därigenom har regioner och kommuner fått ett större inflytande på EU-nivå. Sammantaget har detta ändrat maktbalansen inom medlemsländerna, vilket kan ses som indirekt europeisering där ursprunget till förändring kan spåras till beslut fattade på den europeiska nivån.

Hur det komplexa samarbetet mellan olika politiska nivåer inom EU (*multi-level governance*) kan se ut och vilka aktörer som är involverade har beskrivits av Lisbet Hooghe och Gary Marks i början av 1990-talet, då med fokus på regionalpolitik. Under den senare delen av 2010-talet kan det dock användas för att beskriva EU-samarbetet generellt. Denna trend med indirekt europeisering och förändringar i maktbalanser inom medlemsstaternas olika politiska nivåer har bland annat diskuterats utifrån perspektivet att det urholkar välfärds- och nationalstaten. Delegeringen av beslutsbefogenheter till EU i kombination med decentraliseringsprocesser inom medlemsländerna, där makt överlämnats till regioner och kommuner, har lett till en relativ försvagning av den nationella nivåns betydelse. Dessutom har den nationella nivån försvagats som ett resultat av globaliseringsprocesser. Det som en gång var politikområden som medlemsstaterna kunde styra över själva bestäms nu delvis på EU-nivå. Detta innebär att medlemsstaten kan behöva implementera politiska beslut som går emot den egna nationella linjen i frågan.

Statsvetaren Alex Warleigh har undersökt hur det kommer sig att medlemsstaterna har valt att delta i ett politiskt system där beslutsbefogenheter helt eller delvis delegerats till överstatliga institutioner. Han fann sju anledningar till detta i den akademiska litteraturen. Dessa inbegriper: 1) ideologisk övertygelse, 2) att förstärka den centrala nationella nivåns maktposition i internationella förhandlingar, 3) att förstärka den nationella nivån gentemot andra inrikespolitiska aktörer och intressegrupper, 4) möjligheten att förmå efterföljande regeringar att följa den fastlagda politiska linjen, 5) möjligheten att kunna använda EU som syndabock för impopulära beslut, 6) att kunna nå politiska mål och 7) att man upplever att man inte har något val. Detta leder oss till den tredje dimensionen som berörs av europeiseringen nämligen politics, som definieras som aktörers relativa makt och deras konfliktstrategier. Vad som blir intressant här är hur medlemsstaterna påverkar EU, nämligen om de lyckas få genomslag för sina politiska preferenser på europeisk nivå. Detta kan förstås utifrån ett bottom-up-perspektiv på europeisering.

Europeisering ur ett bottom-up-perspektiv

Europeiseringsprocesser kan utifrån ett bottom-up-perspektiv förstås som förändringar inom EU som kan spåras tillbaka till medlemsstaterna. EU är ett politiskt system inom vilket olika intressen representeras genom olika institutioner. EU-kommissionen ska arbeta för hela EU:s bästa och är den enda institution som har rätt att lägga fram nya lagstiftningsförslag. I det ordinarie lagstiftningsförfarandet finns medlemsstaterna representerade i ministerrådet. Ministerrådet delar lagstiftningsbefogenheter med Europaparlamentet, vilket i sin tur representerar EU-medborgarna. Medlemsstaterna finns också

representerade i Europeiska rådet genom sina stats- och regerings-
chefer, men det är dock inte en institution som deltar i det ordinarie
lagstiftningsförfarandet. Att studera europeiseringsprocessen ur ett
bottom-up-perspektiv är ofta komplicerat då den politik som förs på
EU-nivå är resultatet av kompromisser mellan olika institutioner och
aktörer. Det kan därför vara svårt att särskilja hur enskilda medlems-
stater påverkar EU.

Hur framgångsrik en medlemsstat har varit när det gäller att
påverka EU:s politik beror bland annat på medlemsstatens politiska
aktörskap. Det innefattar hur strategiskt skicklig medlemsstaten är,
vilka konfliktlösningsstrategier den använder sig av och vilken makt
den har jämfört med andra medlemsstater och institutioner. Det kan
sammanfattas som medlemsstatens reella handlingsutrymme och
handlingsförmåga. Medlemsstatens argument, samverkansmöjlighe-
ter och förmåga att hitta gemensamma beröringspunkter med andra
aktörer blir här avgörande för om den lyckas påverka politiken på
EU-nivå.

Inom de politikområden där EU har exklusiva beslutsbefogenheter
eller där befogenheterna är delade mellan EU och medlemsstaterna
behöver medlemsstaten hitta en gemensam linje med andra länder
för att kunna påverka de politiska besluten. Hur EU-medlemskapet
har inverkat på medlemsstaternas statsskick (polity) och politikens
sakinnehåll (policy) blir synligt även när vi studerar europeise-
ring utifrån ett bottom-up-perspektiv. När det gäller statsskickets
utformning och organiseringen av den nationella förvaltningen blir
det tydligt att detta har förändrats för att EU-samarbetet ska fungera
och för att medlemsstaten ska få gehör för sina politiska preferenser
på EU-nivå.

När ett medlemsland, som till exempel Sverige, vill påverka EU:s
politik är det viktigt att visa upp en gemensam linje och att kunna
argumentera för sin ståndpunkt. Även om det är den svenska rege-
ringen som representerar Sverige på EU-nivå i det ordinarie lagstift-
ningsförfarandet så får regeringen sitt mandat från riksdagen. Inför
möten i ministerrådet samråder regeringen därför med riksdagens
EU-nämnd. Regeringen är visserligen inte rättsligt bunden att följa
EU-nämndens synpunkter, men riksdagens konstitutionsutskott har

slagit fast att regeringen bör göra det. Att den svenska riksdagen har en EU-nämnd är ett exempel på både top-down och bottom-up europeisering. Det är ett exempel på indirekt top-down då Sveriges parlament har förändrat sitt arbetssätt till följd av EU-medlemskapet genom inrättandet av en nämnd i riksdagen som rådgör med regeringen i syfte att lägga fast Sveriges förhandlingsposition i EU. Det är även ett exempel på en bottom-up europeisering då Sverige ser det som viktigt att ha ett brett nationellt politiskt stöd i förhandlingar på EU-nivå. Detta kan uppnås genom att regeringen förankrar Sveriges position i EU-nämnden inför förhandlingar i ministerrådet och Europeiska rådet. Hur ett medlemsland organiserar sig för att påverka EU varierar dock från medlemsland till medlemsland.

Givetvis kan även andra aktörer än medlemsstater påverka politiken som förs på europeisk nivå. Exempelvis har forskaren Darren McCauley visat hur den franska "Anti-GMO"-rörelsen, som är motståndare till genetiskt modifierade grödor, påverkat EU:s inställning i frågan. Det som är av intresse för den förevarande diskussionen är dock huruvida medlemsstaterna antingen avvisar eller stödjer de politiska beslut som läggs fram på EU-nivå samt vad som kan förklara skillnader i deras agerande. Vad som även spelar roll i bottom-up europeiseringsprocessen är de nationella ledarnas beskrivning av EU-samarbetet i den nationella politiska debatten. Det knyter an till en av Warleighs förklaringar till varför medlemsstaterna delegerat delar av sin beslutandemakt till EU, nämligen för att ha någon att skuldbelägga. Att EU ofta framställs i negativ dager av nationella politiska ledare är något som bland andra kommissionsordförande Jean-Claude Juncker (2014–2019) reagerat på. I ett uttalade i samband med lanseringen av vitboken om EU:s framtid sa Juncker att det var dags för medlemsstaterna att sluta använda EU som en syndabock för impopulära politiska beslut som medlemsstaterna själva varit med och fattat. Detta för oss tillbaka till spänningen mellan mellanstatligt och överstatligt samarbete och medlemsstaternas agerande inom vissa känsliga politikområden som är intimt förknippade med deras suveränitet.

255

Att ta täten, ställa sig vid sidan av eller dra i bromsen

Även om begreppet europeisering analytiskt kan delas upp i bottom-up och top-down så är de i slutändan två olika sidor av samma mynt och bör därmed förstås tillsammans. Hur väl en medlemsstat lyckas påverka politiken som förs på EU-nivå handlar enligt forskaren Tanja Börzel om hur skickliga medlemsstaterna är på att använda sig av olika strategier. Börzel identifierar tre strategier: 1) att medlemsstaten tar täten genom att vara pådrivande i EU:s integrationsprocess *(pace-setting)*, 2) att medlemsstaten ställer sig vid sidan av, det vill säga att medlemsstaten inte har en tydlig ståndpunkt i frågan och därför håller sig utanför diskussionen *(fence-sitting)*, eller 3) att medlemsstaten drar i bromsen, och därmed hindrar vidare samarbete på EU-nivå *(foot-dragging)*.

Ett exempel på en grupp medlemsstater som har valt att påverka EU:s miljöpolitik genom att anamma den första strategin och forma en tätgrupp är de "gröna" medlemsstaterna Danmark, Finland, Nederländerna, Sverige, Tyskland, och Österrike. Enligt Börzel har dessa medlemsländer tagit täten i olika miljöpolitiska frågor och lyft dem till EU-nivå genom att bygga koalitioner med varandra. En anledning till att medlemsstater väljer att på detta sätt ta ledarrollen i en fråga är att det minimerar kostnaden för implementering av de politiska beslut som fattas på EU-nivå. Genom att överföra sina egna nationella politiska lösningar till EU-nivå, något som i den akademiska litteraturen kallas för *uploading*, så har medlemsstaterna inte bara fått igenom sina politiska mål, de slipper också ställa om sin egen politik. I själva verket blir det då EU som får anpassa sig efter den nationella politiken, vilket är ett exempel på bottom-up europeisering.

Ett annat exempel är hur Danmark, Estland, Finland, Irland, Lettland, Litauen, Nederländerna och Sverige har gått samman i Hansagruppen för att verka som en motvikt till Frankrikes president Emmanuel Macrons reformagenda. I Macrons Sorbonnetal i september 2017 föreslog han en fördjupad integration som lösning på statsskuldskrisen i eurozonen. Bland annat föreslog Macron att euroländerna ska ha en gemensam "finansminister" och budget. Hansagruppens medlemmar vänder sig mot det förslaget och argumenterar för att om det ska till förändringar inom EMU så bör man fokusera på vikten av att medlemmarna följer befintliga regelverk som till exempel budgetreglerna. Ländernas samarbete har enligt *Financial Times* (19 juli 2018) gett visst resultat då Macrons förslag har reviderats och inte längre är lika långtgående som när det först presenterades.

Den andra strategin som medlemsländerna har använt sig av i integrationsprocessen är enligt Börzel att de ställer sig vid sidan av. Det vill säga, de försöker varken vara pådrivande i EU:s integrationsprocess eller förhindra ett fördjupat samarbete. Denna strategi kan användas när den politiska fråga som diskuteras är av mindre betydelse för medlemsstaten ifråga. Landet använder sig då av möjligheten att vara "neutral" för att inte stöta sig med andra medlemsstater, vilket kan vara fördelaktigt i framtida koalitionsbildningar. Den avvaktande hållningen kan därför förstås som ett sätt för medlemsstaten att få sin vilja igenom i kommande politiska förhandlingar, där landet har större intressen.

En del medlemsstater har använt sig av den tredje strategin, som innebär att länder försöker bromsa integrationsprocessen genom att blockera, alternativt försena, beslut som ska tas i ministerrådet eller Europeiska rådet. En anledning till detta kan vara att ett medlemsland vill ha tillfälliga undantag från nya regler eller få finansiell kompensation för de kostnader som implementeringen av nya regler medför. Det kan även handla om att försöka lösa en fråga som är extra viktig för medlemslandet ifråga. Ett exempel hämtat från Börzel är den förhandlingsstrategi som Grekland, Irland, Portugal och Spanien använde sig av under regeringskonferensen som utmynnade i Maastrichtfördraget. För att skriva under fördraget krävde dessa länder att en speciell fond för finansiering av miljö- och infrastrukturinvesteringar skulle inrättas. Detta för att klara av de extra kostnader som skulle uppstå vid implementeringen av EMU och dess regelverk. Ett annat sätt som medlemsstaterna kan bromsa integrationen är genom att inte implementera redan överenskomna beslut. Tjeckien, Ungern och Polen använde sig av denna strategi när de valde att inte implementera omplaceringsmekanismen av asyl-sökande vilket resulterade i att EU-kommissionen påbörjade ett överträdelseärende mot dem i juni 2017.

Det finns tillfällen i den europeiska integrationsprocessen då nästan alla medlemsstater har varit oense om hur samarbetet ska organiseras och om beslutsmakt ska delegeras till EU:s institutioner. Inom den akademiska litteraturen framhålls att en tänkbar lösning på denna typ av låsta läge är differentierad integration, vilket innebär att man låter de medlemsländer som vill fördjupa samarbetet göra det medan övriga tillåts stå utanför.

Är lösningen en mer differentierad integrationsprocess?

Differentierad integration är något som har diskuterats under i stort sett hela integrationsprocessen, alltsedan EU-samarbetet inleddes på 1950-talet. Det introducerades formellt som så kallat *fördjupat samarbete* i och med Amsterdamfördraget. Differentierad integration innebär att det finns ett alternativ till ett utvidgat samarbete mellan samtliga medlemsstater. De medlemsländer som inte vill ha en för-djupad integration kan ställa sig utanför sådana initiativ och behöver därmed inte bromsa andra medlemsländers försök att utveckla nya samarbeten. I den akademiska litteraturen ges tre olika förslag på vad differentierad integration kan innebära. Warleigh argumenterar för att det finns flera olika idealtyper av differentierat samarbete och dessa får olika betydelse i den europeiska integrationsprocessen. Några av dessa idealtyper inbegriper ett Europa à la carte, ett EU med koncentriska cirklar och ett EU i olika hastigheter *(multi-speed EU)*. Ett Europa à la carte innebär att samarbetet inom EU blir mer flexibelt än vad det har varit traditionellt sett. Medlemsstaterna tillåts välja vilka politikområden som de vill samarbeta inom och i vilken omfattning. Tanken är att i ett Europa à la carte så kan medlemsländer välja att stå utanför ett fördjupat samarbete inom ett område utan risk för att bli marginaliserade i den övergripande integrationsprocessen. Ett Europa med koncentriska cirklar är tänkt att fungera på ett liknande sätt, där fattas beslut på olika sätt för olika medlemsstater inom olika politikområden.

Slutligen innebär ett EU i olika hastigheter att medlemsstater som vill fördjupa samarbetet inom ett politikområde tillåts att gå före och göra det. Medlemsstater som däremot inte vill eller kan delta får stanna utanför, men har möjlighet att komma ikapp längre fram. Alla medlemsstater kan inte vara med i vissa former av samarbeten från start då de inte uppfyller kraven, t.ex. måste en medlemsstat ha sunda statsfinanser för att få införa euron som valuta. Ett EU i olika hastigheter kan hantera sådana situationer genom att låta medlemsstater delta fullt ut när de väl uppfyller de formella kriterierna för deltagande.

Differentierad integration i olika former möjliggör därmed djupare integration mellan de medlemsstater som vill gå vidare i integrationsprocessen trots att andra länder motsätter sig det. Differentierad integration lyfts även fram som en möjlig väg framåt för EU-samarbetet i kommissionens vitbok om EU:s framtid. Två exempel på existerande differentierad integration är EMU och Schengensamarbetet. Dessa två politikområden kan ses som framgångsrika exempel på hur EU har lyckats få till stånd ett samarbete även inom politikområden som är känsliga för nationalstaten och dess suveränitet, nämligen penningpolitiken och kontrollen av landets gränser. Det finns dock både för- och nackdelar med olika typer av differentierad integration och dessa diskuteras under en egen rubrik nedan.

EMU är ett led i integrationsprocessen av den inre marknaden och ett bra exempel på hur medlemsstaterna lyckades fördjupa samarbetet trots att två medlemsstater inte ville delta i EMU:s samtliga tre steg. För att förverkliga den inre marknaden bad stats- och regeringscheferna den dåvarande kommissionsordföranden Jacques Delors (1985–1995) att se över vad som saknades i regelverket för att få till stånd ett fullt fungerande monetärt samarbete. I Delorsrapporten som presenterades 1989 återfanns en plan i tre steg som beskrev vad som behövde ske för att förverkliga EMU. De två första stegen handlar bland annat om att möjliggöra fri rörlighet för kapital inom den gemensamma marknaden, samordning av medlemsländernas monetära politik, ett ökat samarbete mellan medlemsländernas centralbanker samt att centralbankerna ska göras oberoende från politiskt inflytande. Det tredje steget i Delorsrapporten innefattar framförallt införandet av den gemensamma valutan euron.

EMU kan ses som ett exempel på två typer av differentierad integration. Det kan dels ses som ett Europa à la carte då två medlemsstater, Danmark och Storbritannien, begärde formella undantag från att delta i EMU-samarbetet. Vi kan också förstå det som en form av integration i olika hastigheter då de övriga medlemsstaterna som ännu står utanför EMU har möjlighet att införa den gemensamma valutan när de väl uppfyller konvergenskriterierna. Fram till år 2019 har 19 av 28 medlemsländer bytt sina nationella valutor mot euron. Medlemsstaterna ansåg att denna differentierade integration var acceptabel i syfte att få till stånd ett fördjupat ekonomiskt och monetärt samarbete mellan flera medlemsländer och ett formellt regelverk för EMU (se även Anderssons kapitel i denna bok).

Det andra exemplet på när EU använt sig av differentierad integration i form av Europa à la carte är Schengensamarbetet som bygger på Schengenavtalet mellan Belgien, Frankrike, Luxembourg, Nederländerna och Tyskland från 1985. Dessa fem länder valde att fördjupa samarbetet i syfte att underlätta den fria rörlighet för sina medborgare inom den gemensamma marknaden. I praktiken betydde det att EU-medborgare i de länder som undertecknat avtalet kunde resa inom området utan att behöva passera en fysisk gränskontroll. Schengenavtalet införlivades i EU:s regelverk i samband med Amsterdamfördraget och blev därmed en integrerad del av unionsrätten. De länder som har anslutit sig till Schengenområdet har även gemensamma regler när det gäller unionens yttre gränser. Schengensamarbete är ytterligare ett exempel på hur några medlemsstater valt att påbörja ett samarbete inom ett område medan andra medlemsstater beslutat sig för att stå utanför. Fram till år 2019 har Schengenområdet utvidgats till att inkludera 22 av EU:s medlemsländer samt fler icke-medlemmar som Norge och Island (se även kapitlet av Henreksson, Sanandaji och Öner i denna bok).

Forskarna Benjamin Leruth och Christopher Lord argumenterar för ett förändrat synsätt när det gäller differentierad integration. Deras argument är att differentierad integration bör ses som ett normalt förfarande i den europeiska integrationsprocessen, och inte bara som ett undantag. Deras förslag är intressant. En fördel med att se differentierad integration som det normala tillvägagångssättet för att utveckla EU-samarbetet är att det öppnar upp möjligheter att fördjupa integrationen mellan olika konstellationer av medlemsstater inom olika politikområden. Differentierad integration skulle då inte ses som något avvikande eller som ett misslyckande för det europeiska samarbetet som helhet. De medlemsstater som väljer att stå utanför kommer inte heller att ses som motsträviga eller bli anklagade för att bromsa upp den europeiska integrationsprocessen.

Det finns dock risker med en normalisering av differentierad integration. Det är främst två aspekter av differentierad integration som skulle kunna påverka integrationsprocessen negativt. Den första utgår från ett medborgarperspektiv och berör transparensen i EU:s beslutsprocess. En återkommande kritik när det gäller den europeiska integrationsprocessen är att den är alltför elitdriven. Om medborgare redan nu upplever att EU:s politiska system är komplext och att det är svårt att utkräva ansvar från politiker för de beslut som fattas på EU-nivå så skulle ett normaltillstånd av olika typer av differentierad integration förvärra detta ytterligare. Om medlemsstaterna får välja vilka områden som de ska delta i, och i vilken omfattning, kan det bli ännu svårare att urskilja vilket inflytande respektive medlemsland har på europeisk nivå och vem som är ansvarig för vilka beslut. Om medborgarna upplever att de får ännu mindre insyn i EU:s beslutsprocesser kan det leda till att EU:s legitimitet undergrävs, vilket fördjupar det demokratiska glappet mellan EU och dess medborgare.

The Economist publicerade en artikel den 23 september 2004 med underrubriken "med många fler medlemmar och ökande spridning av intressen, så passar inte ett *one size fits all* EU längre". Artikeln avslutas med att EU nog bör överge sitt motto *ever closer union* och ersätta det med *vive la différence*. Detta leder oss till en andra nackdel med differentierad integration, nämligen att det kan bidra till en splittring mellan medlemsstaterna. Historiskt sett så har tidigare kriser som EU-samarbetet stått inför resulterat i en fördjupning av integrationen. Till exempel löste man den ekonomiska krisen i Europa på

1970- och 80-talen genom att påbörja ett fördjupat samarbete mellan länderna (Enhetsakten 1986). Ett annat exempel är kommunismens kollaps, Sovjetunionens upplösning och Berlinmurens fall som resulterade i Maastrichtfördraget samt EU:s utvidgning av antalet medlemsstater 1995, 2004 och 2007. Under slutet av 2010-talet upplever EU sviterna av den senaste finanskrisen och statsskuldskrisen i eurozonen. Dessutom behöver EU förhålla sig till medlemsländer som Polen och Ungern som utmanar rättsstatliga principer (se kapitlet av Moberg i denna bok). Andra typer av utmaningar som EU står inför är den ökande politiska extremismen, den högerpopulistiska våg som återfinns i många länder samt frågan om hur medlemsländerna ska kunna komma överens om flykting- och asylpolitiken.

Om differentierad integration ses som en lösning på ovannämnda kriser, vilken effekt skulle det få för ett framtida EU? Skulle det kunna hota samarbetet och unionen på lång sikt? En eventuell risk är att de medlemsstater som väljer att inte delta i ett fördjupat samarbete upplever att de hamnar i ett "B-lag" jämfört med de länder som går före. Sådana uppdelningar kan leda till att medlemsstaterna utvecklar än mer skilda intressen vilket i sin tur försvårar det övergripande europeiska samarbetet. Om medlemsstaterna i en allt större utsträckning kan välja både när det gäller inom vilka politikområden de ska samarbeta och till vilken grad skulle det kunna minska sammanhållningen inom EU.

Att lappa och laga i den europeiska integrationsprocessen?

Frågan som ställdes i början av kapitlet var hur europeiseringsprocesser kan förstås i en tid när pendeln i EU:s integrationsprocess går emot en ökad betydelse av nationalstaten. När 2010-talet går mot sitt slut står EU vid ett vägskäl där man måste hitta lösningar på aktuella problem men även fundera på hur de långsiktiga formerna för EU-samarbetet ska se ut. Är det så att den motsträvighet som vi ser i samarbetet mellan medlemsstaterna ska tolkas som en ökad försiktighet från nationella ledares sida när det gäller den europe-

iska integrationsprocessen? Har Storbritanniens beslut att lämna
EU resulterat i att det inte känns lika naturligt för medlemsstaterna
att möta kriser med ytterligare fördjupning av samarbetet som man
gjort tidigare? Frankrikes president Macron föreslår dock ett för-
djupat samarbete inom euroområdet som svar på statsskuldskrisen.
Macrons utsikter att lyckas driva igenom detta förslag hänger på
hur framgångsrik han är när det gäller att få med sig andra politiska
ledare och vilka eftergifter han är beredd att göra. Redan nu kan man
notera en eftergift till Hansagruppen då deras kritik mot ett fördju-
pat samarbete ledde till en revidering och försvagning av Macrons
ursprungliga förslag.

Frågan som väcks är hur långt de nationella ledarna är beredda att
ytterligare fördjupa det överstatliga samarbetet och om sådana refor-
mer har stöd bland EU:s medborgare. I opinionsundersökningen
(Eurobarometer) som utfördes av EU-kommissionen i mars 2018
svarade invånarna bland annat på frågan om fler beslut ska tas på
EU-nivå, det vill säga om fler beslut bör vara överstatliga. Resultatet
återfinns i figur 1.

I 20 av medlemsstaterna håller 50 procent eller fler av invånarna
med om att ytterligare beslut bör tas på EU-nivå. En möjlig tolkning
är att i dessa medlemsländer finns det alltså ett visst stöd för en

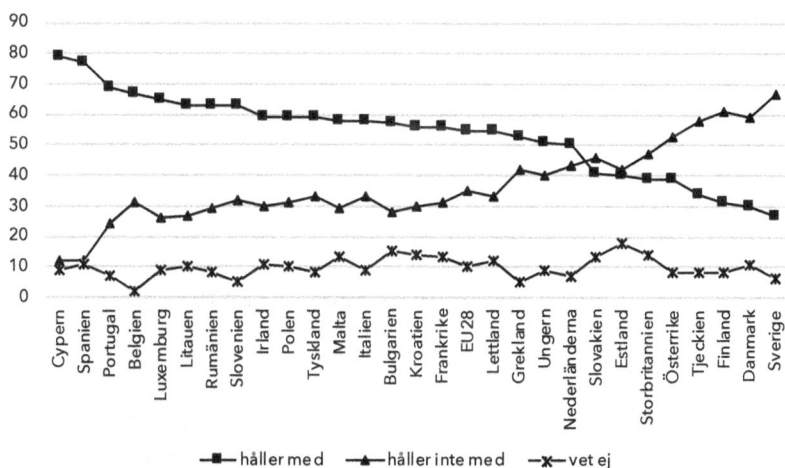

FIGUR 1. FLER BESLUT BÖR TAS PÅ EU-NIVÅ, %.

fördjupning av den europeiska integrationsprocessen. Resultatet från Italien är något motsägelsefullt i ljuset av den politiska utvecklingen i landet. Av de tillfrågade i Italien svarade 58 procent att de vill se fler EU-gemensamma beslut trots att de italienska högerpopulistiska partierna vill se ett minskat överstatligt samarbete. Till exempel vill företrädare för den italienska regeringen, inrikesministern tillika vice premiärministern Matteo Salvini (partiledaren för Lega Nord), skapa en allians av högerpopulistiska och EU-kritiska partier inför Europaparlamentsvalet 2019.

Om vi istället fokuserar på vad medborgarna i de medlemsländer som inte använder euron som valuta tycker om förslaget att fler beslut ska tas på EU-nivå (figur 2) framkommer det att president Macron kan få det svårt att få gehör för sina planer på ett fördjupat samarbete. Mindre än 50 procent av medborgarna i dessa medlemsstater vill se fler beslut på EU-nivå.

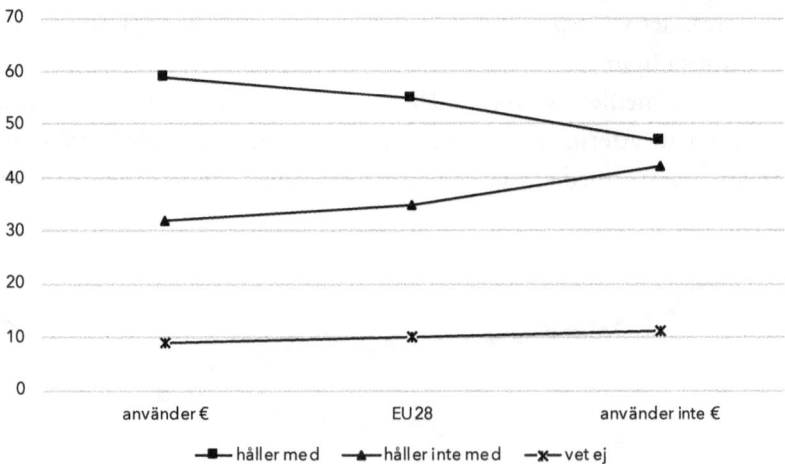

FIGUR 2. FLER BESLUT BÖR TAS PÅ EU-NIVÅ %, DEL AV EUROZONEN ELLER INTE.

EU har som ovan nämnts upplevt många olika typer av kriser. Det kan tyckas att EU har befunnit sig i ett konstant krisläge det senaste decenniet. Det började med finanskrisen, fortsatte med statsskuldskrisen i eurozonen och under mitten av 2010-talet har vi sett hur en flyktingvåg utan motstycke i modern tid sätter solidariteten mellan medlemsstaterna på prov. Inrikespolitiskt kan även noteras att de rättsstatliga principerna är hotade i flera europeiska länder, och att en högerpopulistisk och EU-kritisk våg drar över den europeiska kontinenten. Eftersom EU antingen har exklusiva eller delade befogenheter med medlemsstaterna i flera av dessa frågor kan medborgarna då inte förvänta sig att EU löser problemen?

En av dessa frågor som EU har haft svårt att finna en lösning på är flykting- och asylfrågan. Sedan Lissabonfördraget trädde i kraft 2009 ska ett gemensamt system för hela EU skapas på grundval att EU antar fem rättsakter. Den första rättsakten är skyddsgrundsdirektivet (2011/95/EU) som fastställer villkoren som ska vara uppfyllda för att tredjelandsmedborgare eller statslösa personer ska betraktas som flyktingar eller subsidiärt skyddsbehövande och vilket internationellt skydd de är berättigade till. Den andra rättsakten, mottagningsdirektivet, rör mottagningsvillkor (2013/33/EU) för personer som ansöker om internationellt skydd. Den tredje rättsakten, förfarandedirektivet (2013/32/EU), handlar om gemensamma asylförfaranden för beviljandet och återkallandet av internationellt skydd.

Den fjärde rättsakten är Dublinförordningen (nr 604/2013) som innehåller kriterier och mekanismer för att avgöra vilken medlemsstat som är ansvarig för att pröva en asylansökan som en tredjelandsmedborgare eller en statslös person har lämnat in i någon medlemsstat. Den femte rättsakten, Eurodacförordningen (nr 603/2013), innebar inrättandet av en databas med fingeravtryck från alla personer över 14 år som sökt asyl i ett EU-land. Syftet är att kunna fastställa om en asylsökande redan ansökt om asyl i ett annat medlemsland. Om så är fallet, ska personen hänvisas till det medlemslandet i enlighet med Dublinförordningens princip om första asylland. Vidare ska medlemsstaternas brottsbekämpande myndigheter få tillgång till Eurodacuppgifter med ändamålet att motverka brottslighet. Syftet med förordningen är att den ovan beskrivna Dublinförordningen ska kunna tillämpas effektivt och därmed förhindra att migranter söker asyl i flera medlemsländer.

EU:s förordningar och direktiv ska införlivas i medlemsstaternas nationella lagstiftningar, som tidigare diskuterats är detta ett tydligt exempel på när EU inverkar på den nationella politiken. När det gäller EU och asylpolitiken ska solidaritetsprincipen följas vilket innebär att det ska vara en rättvis ansvarsfördelning mellan medlemsländerna enligt överenskomna kriterier. Rättvis fördelning inkluderar omfördelning och omplacering av asylsökande och det är här spänningar mellan medlemsstaterna har uppstått. Trots att det finns gemensamma regler kring asylfrågor på EU-nivå (som de ovan beskrivna rättsakterna visar) så har EU inte kunnat lösa flykting- och asylkrisen som tilltog kraftigt 2015. Polen, Slovakien, Tjeckien och Ungern har deklarerat att de motsätter sig tvingande kvoter gällande omfördelning av flyktingar. Polen och Ungern har dessutom vägrat att ta emot asylsökande flyktingar tänkta att omplaceras från Italien och Grekland. Dessa fyra medlemsländer vill gärna se att en veto-möjlighet introduceras i EU-samarbetet när det gäller asylfrågor.

Detta är ett exempel på hur medlemsstater kan finna likasin-nade, bilda en koalition och bromsa samarbetet både när det gäller verkställandet av politiska beslut och när det gäller de pågående omförhandlingarna av Dublinförordningen. Polen och Ungern ver-kar anse att europeiseringen har gått för långt och att politikområdet ifråga bör åter-nationaliseras. Argument som har lyfts fram av de fyra medlemsstaterna är att asylfrågan är av starkt nationellt intresse då det i grunden berör ett lands suveränitet. Skulle differentierad integration vara en möjlig väg att gå för att lösa upp spänningar mel-lan olika medlemsstater i detta fall? Det får betraktas som relativt osäkert givet opinionsläget i unionen. Eurobarometern med fokus på integration och immigranter i EU (2017) visade att EU:s befolk-ning är splittrad när det gäller frågan om de ser immigranter med ursprung utanför EU som en möjlighet eller ett problem. Fyra av tio medborgare ser utomeuropeiska immigranter som ett problem, två av tio ser dem som en möjlighet och en tredjedel av befolkningen ser dem som både ett problem och en möjlighet.

Det finns även en tydlig skiljelinje mellan medborgare i olika med-lemsländer. Över hälften av respondenterna i Ungern (63 procent), Malta (63 procent), Grekland (63 procent), Slovakien (54 procent), Bulgarien (52 procent) och Italien (51 procent) ser immigrationen mer som ett problem än som en möjlighet. Detta kan jämföras med länder där en betydande minoritet ser utomeuropeisk immigration främst som en möjlighet, som till exempel Sverige (45 procent), Irland (36 procent) och Storbritannien (36 procent). Sannolikt skulle då lösningen på flykting- och asylfrågan inte blir fördjupat samarbete mellan några länder (differentierad integration) utan att frågan istället blir helt av-europeiserad. Med andra ord, politikområdet återförs till den nationella nivån och blir då en tydlig konsekvens av nationalstatens återkomst. En tänkbar förklaring till att en sådan åternationalisering sker är att europeiseringsprocesserna har blivit mättade. EU:s medlemsstater uppfattar inte längre fördjupat samarbete som lösningen på de politiska problem som man står inför. Istället väljer man att återföra beslutsbefogenheterna till medlemsstatsnivå.

I det här kapitlet framkommer att europeiseringsprocesser bör ses som förändringsprocesser. Frågan blir då hur framgångsrik en medlemsstat är när det gäller att få gehör för sina politiska förslag och därmed förändra EU:s gemensamma regler. Är medlemsstaten mindre framgångsrik i att överföra sina politiska preferenser till EU-nivå så kan den istället använda sig av strategin som illustrerats av exempelvis Ungerns agerande i migration- och asylfrågan, nämligen att bromsa samarbetet. Kapitlet har även gett exempel på vad differentierade integrationsprocesser innebär samt vilka problem de kan medföra. Att genom differentierad integration göra EU-samarbetet mer komplext skulle gå på tvärs mot försöken att förenkla EU:s beslutsprocess (t.ex. det ordinarie lagstiftningsförfarandet) som introducerades i Lissabonfördraget. Blir differentierad integration det normala sättet att utveckla EU-samarbetet kan detta istället minska transparensen. EU riskerar därmed att misslyckas i sin ambition att minska avståndet mellan EU:s politiska system och medborgarna.

När det gäller frågan om den europeiska integrationsprocessen har gått för långt alternativt för snabbt så bör man även fundera på vilka andra processer som kan påverka nationalstaters förmåga att agera självständigt. Det internationella politiska och ekonomiska systemets struktur innebär att det är nästintill omöjligt att inte bli påverkad av vad som sker utanför landets gränser. Än så länge har EU:s medlemsstater valt att möta dessa utmaningar genom att söka samarbete på överstatlig nivå. Är det så att europeisk integration – även om den har lett till vissa oönskade förändring av politiken på hemmaplan i medlemsstaten – samtidigt har reducerat de negativa konsekvenserna som följer av att länderna är en del av den ekonomiska globaliseringen?

Bevara transparensen och undvik att peka ut EU som enbart en syndabock

Politik i en liberal demokrati handlar om att hitta lösningar på komplexa samhälleliga problem. Politik är en konfliktyta där olika värderingar, normer och prioriteringar ställs mot varandra. Kärnfrågan är om, och hur, omfördelning av resurser bör ske. I politiken behövs samarbete för att nå de gemensamt uppsatta målen och i allt fler fall krävs det samarbete över landsgränserna. Politik bör därför även ta plats i diskussioner om europeiseringsprocesser.

Om medlemsländernas lösning på de problem som EU står inför är differentierad integration, det vill säga att olika medlemsstater samarbetar på olika sätt inom olika politikområden (t. ex. EMU och Schengensamarbetet), så bör de tänka på vilken form av differentierad integration som väljs. Vad som behöver tas i beaktande är vilken effekt som differentierad integration hittills har haft på den europeiska integrationsprocessen. En potentiell negativ effekt av differentierad integration är att EU kan upplevas som än mer komplext och svårförståeligt av medborgarna vilken gör att förtroendet för det politiska systemet minskar. Frågor som måste besvaras är exempelvis: Inom vilka politikområden ska överstatligt samarbete ske? Hur ska detta samarbete utformas?

Den politiska eliten i medlemsländerna och på EU-nivå, media och andra aktörer inom EU-politiken bör synliggöra för EU:s medborgare hur man kan påverka den europeiska integrationsprocessen. Medborgarna i EU:s medlemsstater kan vara med och påverka beslut som tas på EU-nivå, det vill säga en form av bottom-up europeisering. Medborgarna påverkar EU:s politik direkt genom Europaparlamentsvalen, men även indirekt genom nationella val då medlemsstatens representanter väljs. Att åstadkomma ett sådant synliggörande kan mycket väl stärka unionen på sikt.

Hur presenteras den europeiska integrationsprocessen och samarbetet på EU-nivå av politiker och media? Detta *hur* påverkar opinionen och är något som politiker, media och politisk intresserade medborgare behöver tänka på. Utpekandet av EU som en syndabock för impopulära beslut på hemmaplan var en av faktorerna som antas ha bidragit till det negativa utfallet i folkomröstningen om Brexit. Att systematiskt ge "EU" skulden för impopulära politiska beslut är inte detsamma som att ha ett kritiskt förhållningssätt till den politik som bedrivs på EU-nivå. Det är också viktigt att förmedla när samarbetet fungerar bra och ger positiva effekter. En mer nyanserad diskussion om EU behövs, med ett större fokus på politikbegreppets olika delar: sakfrågor *(policy)*, statsskickets organisering *(polity)* och politiska strategier *(politics)*. Som Linda Berg skrev i Europaperspektiv 2016 *Medborgarnas tillit till EU som politiskt system:* "[d]et är också viktigt att ta hänsyn till att människor kan hysa motstridiga känslor om EU. Exempelvis är det skillnad på att ta ställning till vad man tycker om EU-samarbetet så som det ser ut idag, och huruvida man vill att det ska förändras i någon riktning (mer eller mindre integration)". EU är med andra ord inte enbart ett politiskt system eller enbart en politisk fråga – EU har inverkan på nationell sakpolitik, den nationella politiska maktens organisering samt på hur den nationella politiken bedrivs. EU som politisk fråga bör därför diskuteras och dess föränderlighet tas med i framtida perspektiv om hur europeisk och nationell politik ska utformas.

Källor och litteratur

Litteraturen som lyfts i detta kapitel kan främst grupperas under rubrikerna europeisering och europeiseringsprocesser (engelskans *Europeanisation*) eller differentierad integration. Neill Nugent har skrivit många läroböcker om EU och det är från en av dessa som citatet har hämtats, *The Government and Politics of the European Union* (Macmillan Press Ltd, 4:e uppl, 1999). Det finns mycket skrivet om europeisering av policy, polity och politics. Här tar jag upp de som jag har hänvisat till i kapitlet. Karl Magnus Johanssons artikel "Varför är det nödvändigt att forska om Europeiska unionen?" (*Statsvetenskaplig tidskrifts* specialutgåva Kontraster och nyanser svensk statsvetenskap i brytningstid, 2010). Claudio Radaellis text *Europeanisation solution or problem* (European Integration online Papers, 2004 tillgängligt via http://www.eiop.or.at/eiop/pdf/2004-016.pdf). Tanja A. Börzels artikel "Pace-Setting, Foot-Dragging, and Fence-Sitting: Member State Responses to Europeanization" (*Journal of Common Market Studies*, 22 40:2). Darren McCauleys artikel "Bottom-Up Europeanization Exposed: Social Movement Theory and Non-state Actors in France" (*Journal of Common Market Studies* 49:5, 2011). Alex Warleigh-Lacks och min artikel "Europeanisation and the Uses of Discourse: Evidence from the Regionalization of Sweden," (*Journal of European Integration* 34:4, 2012) berör europeisering eller europeiseringsprocesser i Sverige. Följande publikationer har ett tydligt fokus på hur europeiseringsprocesserna har länkat samman de olika administrativa nivåerna till ett *multi-level* politiskt system: Magnus Blomberg & Torbjörn Bergmans bok EU *och Sverige – ett sammanlänkat statsskick* (Liber, 2005), Bengt Jacobsson & Göran Sundströms bok *Från hemvävd till invävd: Europeiseringen av svensk förvaltning och politik* (Liber, 2006) och Alex Warleighs kapitel "Conceptual Combinations: Multilevel Governance and Policy Networks" i Michelle Cini & Angela Bournes bok *Palgrave Guide to European Union Studies* (Palgrave 2006). Lisbet Hooghe & Gary Marks har bland annat skrivit *Multi-Level Governance and European Integration* (Rowan & Littlefield Publishers, 2001) som utvecklar multi-level governance perspektivet inom EU-studier.

När det gäller begreppet differentierad integration finns också mycket litteratur att tillgå. I sin bok *Flexible Integration Which Model for the European Union?* (Sheffield Academic Press) från 2002 så presenterar Alex Warleigh tre olika modeller av differentierad integration: multi-speed, à la carte och koncentriska cirklar. Warleigh hävdar där att differentierad integration skulle fungera om det är à la carte-modellen som används då denna tar hänsyn till medlemsstaternas olika konstitutioner. Han lyfter även frågor som berör transparens och komplexitet utifrån ett medborgarperspektiv. Benjamin Leruth & Christopher Lord argumenterar i artikeln "Differentiated integration in the European Union: a concept, a process, a system or a theory?" (*Journal of European Public Policy* 22:6, 2015) att differentierad integration bör ses som ett normalt tillstånd i integrationsprocessen samt att begreppet bör delas upp i aspekter som en process, ett system och en teoretisk ansats. För den som vill läsa mer om differentierad integration så rekommenderar jag Dirk Leuffen, Berthold Rittberger & Frank Schimmelfennings bok *Differentiated Integration Explaining Variation in the European Union* (Palgrave Macmillan, 2013) och *Which Europe? The Politics of Differentiated Integration* (Palgrave Macmillan, 2010 och 2016) som Kenneth Dyson och Angelos Sepos var redaktörer för. Dessa båda böcker lyfter olika aspekter av differentierad integration som t.ex. policy-, geografiska- och teoretiska perspektiv. Detta placerar diskussionen om differentierad integration i olika kontexter och visar hur det har utspelat sig i den europeiska integrationsprocessen.

EU:s olika rättsakter som kapitlet hänvisar till är tillgängliga via EU:s hemsidor, gällande fördrag hittas här https://eur-lex.europa. eu/collection/eu-law/treaties/treaties-force.html och andra rättsakter kan sökas här https://eur-lex.europa.eu/collection/eu-law/legislation/recent.html. Kommissionens *Vitbok om EU:s framtid och vägen dit tankar och scenarier för ett EU med 27 medlemsstater* och andra rapporter om EU:s framtid finns på kommissionens hemsida: https:// ec.europa.eu/commission/future-europe/white-paper-future-europe-and-way-forward_sv. Varje halvår utförs opinionsundersökningar i medlemsländerna på kommissionens uppdrag. Dessa opinionsundersökningar finns tillgängliga på följande hemsida http://ec.europa.eu/commfrontoffice/publicopinion/index.cfm.

Drömmen om nationalstaten
Är regional separatism ett hot mot europeisk integration?

av Niklas Bremberg

I kölvattnet av den brittiska folkomröstningen om utträde ur EU som hölls i juni 2016 och de senaste årens framgångar för högerpopulistiska och nationalistiska partier och rörelser i många länder runtom i Europa har förhållandet mellan nationell självständighet och europeisk integration fått en alltmer framskjuten position i den politiska debatten. Marine Le Pen i Frankrike, Geert Wilders i Nederländerna, Victor Orbán i Ungern och Matteo Salvini i Italien framställer ofta EU som ett hot mot de nationer de säger sig företräda, antingen på grund av att det sätt varpå politiska beslut fattas inom EU anses kränka nationalstatens suveränitet eller på grund av att den politik som förs inom EU sägs utgöra ett hot mot nationens överlevnad (se bland annat Bo Peterssons kapitel i *Europaperspektiv 2017: Tilliten i EU vid ett vägskäl* och Sofie Blombäcks kapitel i *Europaperspektiv 2018: EU i en världsordning under omvandling*). På så vis utgör dessa politiska ledare och de partier de företräder en direkt utmaning mot de principer och ideal som EU och den europeiska integrationen vilar på. Men det har under andra halvan av 2010-talet också uppmärksammats krav på nationell självständighet inom EU som visserligen utmanar *status quo* inom vissa medlemsstater men möjligen inte tanken om ett integrerat Europa. Dessa självständighetsanspråk förs fram av politiska partier och rörelser som verkar för självständighet för till exempel Katalonien och Skottland.

Katalonien och Skottland utgör idag delar av Spanien respektive Storbritannien med tydliga kulturella och språkliga särdrag samt ett förhållandevis stort mått av regionalt självstyre. För många medbor-

gare i Spanien och Storbritannien som stödjer katalansk och skotsk
självständighet är Katalonien och Skottland nationer på samma sätt
som exempelvis Sverige och Danmark, även om de inte har en egen
stat, och strävan efter katalansk och skotsk nationell självständig-
het anses i deras ögon lika giltig som svensk och dansk nationell
självständighet. Den huvudsakliga frågeställningen som detta kapitel
behandlar är således hur EU utmanas av att politiska företrädare och
medborgare i vissa regioner drömmer om att upprätta egna natio-
nalstater. På vilket sätt kan kraven om att upprätta en katalansk
eller skotsk självständig stat förenas med tanken om ett integrerat
Europa? Utgör i själva verket dessa krav ett hot mot den europeiska
integrationen? Vilken roll spelar EU i relation till frågan om nationell
självständighet för icke-suveräna regioner inom EU:s medlemsstater?
Vilka demokratiska och normativa problem aktualiseras i dessa fall
och hur skulle eventuella lösningar kunna se ut?

Det här kapitlet angriper dessa frågor på följande vis. Till en
början sammanfattas främst den statsvetenskapliga forskningen om
regional separatism, nationell självständighet och europeisk integra-
tion såsom den har utvecklats från 1990-talet och framåt. Två sätt att
se på frågan om den europeiska integrationens effekter på regional
separatism diskuteras därefter liksom olika tolkningar av hur EU-
rätten och EU:s utvidgningspolitik kan tillämpas och förstås ifall
en region skulle bli en självständig stat. Kapitlet analyserar sedan
två aktuella fall där frågan om självständighet och EU-medlemskap
dryftats: Skottland och Katalonien. Kapitlet redogör för den aktuella
utvecklingen i dessa fall med särskilt fokus på EU:s betydelse för de
aktörer som stödjer och driver kraven om katalansk och skotsk
självständighet. En jämförande analys av dessa två fall är av särskild
relevans i och med att ett eventuellt självständigt Katalonien av allt
att döma skulle behöva söka om EU-medlemskap trots att en över-
väldigande majoritet av medborgarna vill vara en del av EU medan
Skottland är på väg att mista sitt EU-medlemskap som en konsekvens
av "Brexit" trots att en majoritet av medborgarna i Skottland röstade
emot att Storbritannien ska lämna EU. Kapitlet belyser därpå de
politiska och normativa utmaningar som regional separatism stäl-
ler EU inför och avslutningsvis presenteras ett par förslag om hur

regionernas ställning inom EU skulle kunna stärkas och hur kraven om secession skulle kunna hanteras inom ramen för EU:s befintliga medlemsstater.

Regional separatism och europeisk integration: en tillbakablick

Europas moderna historia är i stor utsträckning präglad av national- statens historia. Den historiska process som leder fram till Europas nuvarande statsbildningar och som har studerats av flertalet statsve- tare, sociologer och historiker, däribland Stein Rokkan och Charles Tilly, kan inte till fullo förstås utan att ta hänsyn till de numera vitt spridda föreställningar om och vardagliga upplevelser av national- staten. Dessa kollektiva föreställningar och upplevelser kretsar i grunden kring idén om att nationer utgör mer eller mindre naturliga politiska gemenskaper baserade på etniska, kulturella eller språkliga särdrag och att dessa gemenskaper bör bestämma över sitt öde på sitt geografiska territorium inom ramen för sin suveräna stat. Därmed inte sagt att nationalstatens princip är en naturtrogen avspegling av hur statsbildningsprocesserna i Europa faktiskt gått till i och med att de europeiska staterna under århundradena uppvisat en stor mång- fald i termer av politisk organisering, alltifrån stora multietniska imperier till små stadsstater.

I själva verket har spänningen mellan centrum och periferi i politiskt, ekonomiskt och kulturellt hänseende utgjort en grundläg- gande dynamik i merparten av Europas statsbildningsprocesser. Enligt forskare inom historia och socialantropologi såsom Eric Hobsbawn och Ernest Gellner är nationella identiteter ett förhål- landevis modernt politiskt fenomen som eliter använt sig av i syfte att främja statens konsolidering inom ett givet territorium och på så sätt koncentrera makten och säkerställa befolkningens lojalitet mot staten. Stater med förmåga att framgångsrikt beskatta handel och befolkning samt omvandla dessa resurser till militära maktmedel i syfte att bekriga andra stater var också de med bäst chanser att överleva. Den historiskt sett nya föreställningen om att människor hör samman i nationella gemenskaper var dock en viktig ingrediens i kampen för allmän rösträtt och folkstyre i Europa under 1800- och 1900-talen, samtidigt som denna föreställning också ligger till grund för fascismen som politisk ideologi och har spelat en stor roll i de katastrofala konflikter och krig som utkämpas mellan och inom Europas stater allt sedan 1789.

I många hänseenden kan den europeiska integrationen efter det andra världskriget och det täta samarbete mellan merparten av Europas stater inom den Europeiska unionen (EU) till stor del sägas vila på lärdomarna från nationalstaternas motstridiga erfarenheter. Å ena sidan handlar det om att försöka knyta EU:s medlemsstater så tätt tillsammans att krig dem emellan inte längre är möjligt och därmed också möjligen upprätta en gemenskap som i någon mening går bortom nationalstaten, å andra sidan respektera att medlems-staterna är EU-fördragens "herrar" och att nationalstaten fortfarande är den grundläggande politiska organisation i och genom vilken medborgare utövar sina demokratiska fri- och rättigheter.

Suveränitet (alltså att en stat åtnjuter *de facto* och *de jure* kontroll över ett territorium) och secession (alltså att delar av en suverän stat bryter sig loss och upprättar en ny stat) kan i mångt och mycket ses som två sidor av samma mynt i Europas statsbildningsprocesser. Staters suve-ränitet utgör numera en hörnsten inom folkrätten men många europe-iska stater har inte bara ett utan ibland flera ekonomiska och politiska centra samt inte bara en utan ibland flera nationella identiteter och därtill flera språk. Vad som är centrum och vad som är periferi är inte alltid helt enkelt att avgöra även om man kan peka ut en europeisk stats huvudstad på kartan. Många europeiska staters konstitutioner återspeglar på olika sätt dessa politiska och sociala realiteter genom bland annat grundlagsfäst skydd för etniska och språkliga minoriteter, regionalt självstyre eller andra former av maktdelning. Men kraven på självständighet och därmed i praktiken secession från suveräna stater återfinns fortfarande i många europeiska länder såsom till exem-pel Skottland (Storbritannien), Baskien och Katalonien (Spanien), Flandern (Belgien), Korsika (Frankrike) och Padanien (Italien).

Regional separatism som politiskt mål behöver inte alltid innebä-ra secession, utan kan också betyda självständighet i bemärkelsen ett större mått av (regionalt) självstyre för en grupp eller ett territorium inom ramen för en befintlig stat. I detta kapitel är det dock fall av regional separatism som rymmer politiska partier som strävar efter självständighet i bemärkelsen upprättandet av en suverän stat för idag självstyrande regioner inom befintliga EU-medlemsstater som står i fokus. Begreppet "region" kan också referera till många olika saker men i detta kapitel avses främst politiska enheter på subnationell nivå som åtnjuter ett visst mått av självstyre, såsom till exempel Skottland, Wales och Nordirland i Storbritannien, Spaniens autonoma regioner (bland annat Baskien och Katalonien), Flandern och Vallonien i Belgien och delstaterna i Förbundsrepubliken Tyskland (såsom Bayern).

Efter Sovjetunionens sammanbrott och inbördeskriget i forna Jugoslavien som resulterade i att en mängd nya stater såg dagens ljus i början av 1990-talet framstod secession som ett tilltagande globalt fenomen. Detta framstod i sin tur som tämligen paradoxalt i en tid av till synes tilltagande globalisering och en allmän diskussion (åtminstone bland många samhällsvetare) om statssuveränitetens minskade betydelse för politisk och ekonomisk maktutövning. Statsvetaren Jason Sorens vid Dartmouth College har dock visat i sin forskning att secession egentligen är ett mycket ovanligt fenomen, om man ser till etablerade, välfungerande och demokratiska stater. Från 1945 och framåt finns det ytterst få konkreta exempel att peka på i Västeuropa och Nordamerika (egentligen kan man nog bara räkna Island som blev självständigt från Danmark det året) även om en rad nya stater onekligen har uppstått under samma period på många andra ställen runtom i världen ofta till följd av avkolonisering, väpnade konflikter eller sönderfallande stater.

Sorens framhåller också att i princip alla västerländska demokratier tillåter politiska partier och rörelser som verkar för regional separatism i betydelsen självständighet för icke-suveräna territorier men samtidigt tillåter i princip ingen stats konstitution att den egna statens territoriella integritet kränks. Annorlunda uttryckt kan man säga att i demokratiska stater får man argumentera för en regions självständighet men man får inte omsätta det i praktiken. Så sent som 2016 förkunnade till exempel den tyska författningsdomstolen i Karlsruhe att det inte får hållas någon folkomröstning om självständighet för Bayern i och av med att det strider mot den tyska förbundsrepublikens grundlag.

Men även om secession inte nödvändigtvis erkänns som en rättighet inom ramen för europeiska staters konstitutioner har spänningen mellan centrum och periferi gett upphov till politiska förändringar i många västeuropeiska länder. En allmän decentraliseringstrend kan skönjas allt sedan 1970-talet och framåt där alltfler av statens funktioner och kompetenser förts över till beslutsfattande organ på lokal eller regional nivå. Därtill har medborgarnas möjligheter till politiskt deltagande och maktutövning på lokal och regional nivå stärkts i många länder genom att lokala församlingar och regionala parlament getts utökade befogenheter. I många västeuropeiska länder har den här typen av reformer gjorts främst av effektivitetsskäl men i vissa länder har det också varit ett sätt att försöka stävja secessionstendenser.

Här kan nämnas två i detta sammanhang relevanta exempel. Som ett led i Spaniens demokratisering på 1970-talet återupprättades Kataloniens självstyre (*la Generalitat de Catalunya*) som består av regering (*el Govern de la Generalitat*) och parlament (*el Parlament de Catalunya*). De regionala statuter (*Estatut d'Autonomia de Catalunya*) som reglerar Kataloniens självstyre antogs efter en folkomröstning 1979 där 90 procent av de som röstade stödde statuterna (valdeltagandet låg på 59 procent) och det katalanska regionala självstyret har idag långtgående befogenheter vad gäller till exempel utbildning, sjukvård och polisväsende. Efter en folkomröstning i Skottland som hölls 1997 (74 procent röstade "ja" och valdeltagandet låg på 60 procent) godkände det brittiska parlamentet 1998 en lag (*the Scotland Act*) genom vilken en rad befogenheter fördes över (så kallade *devolved competencies*) till det skotska parlamentet i Edinburgh. Dessa överförda befogenheter har utökats vid senare tillfällen (2012 och 2016) och omfattar utbildning, sjukvård, jordbruk och rättsväsende men det brittiska parlament i Westminster uppbär fortfarande parlamentarisk suveränitet i hela Storbritannien.

Vid sidan av denna decentraliseringsprocess har europeisk integration och samarbetet inom EU inneburit att flera av EU:s medlemsstaters befogenheter och kompetenser antingen överförts till EU eller på andra sätt påverkas av det gemensamma beslutsfattandet inom EU eller EU:s lagstiftning. Främst handlar det om ekonomiska befogenheter (utrikeshandel, inre marknad, gemensam valuta) men även på miljöområdet och frågor rörande rättsligt och polisiärt samarbete har EU:s kompetenser stärkts sedan 1990-talet. Statsvetare och politiska filosofer som Simon Hix och Andreas Føllesdal har beskrivit ett grundläggande "demokratiskt underskott" inom EU som anses bero på en asymmetri mellan medborgare och beslutsfattare samt bristande ansvarsutkrävning i det komplexa flernivåsystem som EU utgör. Att Europaparlamentets ställning under senare år har stärkts inom EU:s lagstiftningsförfarande kan möjligen ses som ett tecken på att detta "underskott" minskar men det finns också statsvetenskapliga forskare som Andrew Moravscik och Giandomenico Majone som menar att EU inte alls lider av något underskott i och med att all makt i grunden är delegerad av medlemsstaterna och alla regeringar som företräds i EU:s ministerråd är demokratiskt valda. "Brexit" visar därtill med all önskvärd tydlighet att medlemsstaterna formellt sett är suveräna i förhållande till EU, även om det naturligtvis går att diskutera huruvida ett brittiskt utträde är önskvärt och lönsamt ur ett politiskt och ekonomiskt perspektiv (se till exempel Rikard Forslids och Sten Nybergs kapitel i denna volym).

Delvis i relation till diskussionen om demokratins utmaningar i ett alltmer integrerat Europa har utvecklingen inom EU också gett upphov till diskussioner om regionernas ställning. Statsvetare som Liesbet Hooghe och Gary Marks vid University of North Carolina at Chapel Hill har påvisat att politiskt inflytande och styrning utövas på flera nivåer (både "över" och "under" staten) inom EU och för forskare som Michael Keating och Juan J. Linz representerar politisk och ekonomisk integration inom EU en möjlighet att reducera och möjligen överkomma de spänningar som präglat relationerna mellan centralmakt och regioner i många europeiska stater. EU-kommissionen var exempelvis under Jacques Delors ledning på 1980- och 1990-talen en drivande kraft bakom "regionernas Europa" (*Europe of the Regions*) och 1994 upprättades den *Europeiska regionkommittén*. Kommittén är idag ett rådgivande organ som består av 350 ledamöter som i sin tur företräder lokala och regionala myndigheter i hela EU. Ledamöterna har antingen valts till ett regionalt eller lokalt organ eller är politiskt ansvariga inför en vald församling men det är viktigt att framhålla att det är EU:s medlemsstater (och alltså inte regionerna själva) som till syvende och sist beslutar hur de nominerar sina ledamöter i Regionkommittén.

Två sätt att se på förhållandet mellan europeisk integration och regional separatism

Givet att både decentralisering inom Europas stater och integration mellan dem såg ut att verka för att stärka regionernas ställning i EU:s medlemsländer förutspådde en stor del av den statsvetenskapliga forskningen för ett par decennier sedan att politiska partier och rörelser som strävade efter nationell självständighet för exempelvis Skottland, Katalonien, Baskien och Flandern med tiden skulle få svårare att mobilisera politiskt stöd för sin sak. Som Anwen Elias vid universitetet i Aberystwyth har visat i en forskningsöversikt antogs detta bero på i huvudsak två orsaker.

För det första; i takt med att fler politiska befogenheter och kompetenser flyttades "ned" från nationell till regional och lokal nivå skulle kraven på självständighet minska då ett förhållandevis stort antal medborgare antogs föredra utökat regionalt självstyre framför självständighet. Därtill antogs partier som tidigare enbart fokuserat på självständighetsfrågan nu också behöva positionera sig kring andra mer "praktiska" frågor såsom till exempel utbildning, sjukvård och regional infrastruktur och därmed skulle självständighet som politiskt mål minska sin attraktionskraft hos både medborgare och politiska eliter.

För det andra; i takt med att befogenheter och kompetenser flyttades "upp" från nationell till EU-nivå skulle kraven på självständighet minska i och med att statens makt och suveränitet nu "bäddades in" och delades med andra inom ramen för EU. Istället för att ödsla tid och kraft på att bryta sig loss från Spanien, Storbritannien och Belgien skulle man alltså kunna anta att företrädare för Katalonien, Baskien, Skottland och Flandern istället skulle koncentrera sig på att vinna politiskt inflytande i Bryssel och erhålla ekonomiska resurser från EU (genom till exempel EU:s struktur- och regionalfonder). Enligt detta perspektiv borde alltså EU-medlemskap och europeisk integration leda till att politiska eliter på regional nivå lägger om sina strategier och att medborgarna börjar bry sig om andra saker.

Men enligt den senaste tidens utveckling har dessa förutsägelser inte riktigt besannats. Om man till exempel ser till de senaste åren i Skottland och Katalonien verkar den tidigare forskningen om förhållandet mellan europeisk integration och regional separatism inte kunna förklara varför stödet för skotsk och katalansk självständighet inte avtagit. Även om nej-sidan vann en klar seger i folkomröstningen om Skottlands självständighet som hölls 2014 (55 procent röstade emot självständighet och valdeltagande låg på 84 procent) verkar stödet för självständighet ligga kvar på historiskt höga nivåer omkring 40 procent (se figur 1) och detsamma gäller i Katalonien (se figur 2). Därtill deltog omkring 42 procent av de katalanska väljarna i "folkomröstningen" om självständighet som anordnades 1 oktober 2017 (trots att Spaniens författningsdomstol hade ogiltigförklarat den) och av dem som deltog uttryckte en överväldigande majoritet sitt stöd för Kataloniens självständighet. Men varken i Skottland eller i Katalonien är det än så länge inte någon klar majoritet av befolkningen som stödjer självständighet.

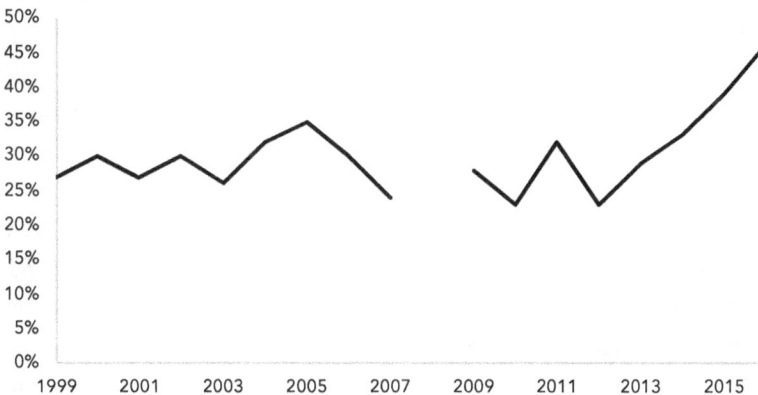

FIGUR 1. STÖD FÖR SKOTTLANDS SJÄLVSTÄNDIGHET 1999–2017.

Källa: Scottish Social Attitudes. Data för 2008 saknas.

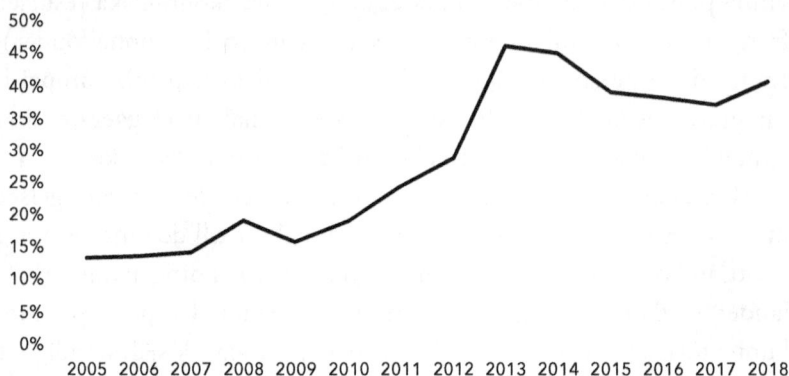

FIGUR 2. STÖD FÖR KATALONIENS SJÄLVSTÄNDIGHET 2005–2018.

Källa: Centre d'Estudis d'Opinió.

Det relativt sett stora stödet för självständighet framstår måhända som motsägelsefullt då kostnaderna för Skottland och Katalonien rimligen verkar överstiga nyttan i och med att det med största sannolikhet skulle innebära att både Skottland och Katalonien som självständiga stater skulle behöva ansöka om EU-medlemskap på nytt och därmed gå miste om bland annat tillgången till EU:s inre marknad. Efter "Brexit"-folkomröstningen 2016 är frågan än mer komplicerad i det skotska fallet i och med att en klar majoritet av väljarna i Skottland (62 procent) uttryckte en vilja att Storbritannien skulle fortsätta vara kvar i EU och den skotska regionregeringen i Edinburgh har vid flera tillfällen de senaste åren uttryckt missnöje med hur den brittiska regeringen sköter utträdesförhandlingarna. Både i Skottland och Katalonien säger merparten av de politiska företrädarna som strävar efter självständighet att de samtidigt vill vara fullvärdiga medlemmar av EU. Hur går detta ihop egentligen? Varför sträva efter nationell självständighet om man samtidigt är så mån om att vara del av en union som kraftigt begränsar sina medlemsstaters suveränitet? Vad kan förklara detta till synes paradoxala förhållande?

Ett perspektiv på förhållandet mellan europeisk integration och regional separatism som skiljer sig från det som beskrivs ovan har formulerats av statsvetaren Seth K. Jolly vid Syracuse University. Jollys forskning som baseras på data om regionala partier i flera

europeiska länder ger vid handen att EU inte nödvändigtvis motver-
kar attraktionskraften hos självständighetssträvanden för regioner
i EU:s medlemsstater. Tvärtom kan EU snarare ses som en faktor
som gör dessa strävanden än mer attraktiva. Detta på grund av att
EU och europeisk integration kan sägas göra mindre stater mer
"livskraftiga" i och med att de politiska och ekonomiska fördelarna
som kommer av att tillhöra en större stat minskar så länge man är
medlem av EU.

Enligt Jollys perspektiv (som han kallar *the Viability Theory*) har
framgången för den europeiska integrationsprocessen över tid gjort
att politiska eliter på regional nivå numera på ett trovärdigt sätt kan
argumentera för att deras regioner inte längre behöver tillhöra en
större stat då EU tillhandahåller en ännu större marknad och dess-
utom en gemensam valuta med tillhörande finansiella institutioner
samt långtgående samarbete kring utrikes- och säkerhetspolitik.
Att Storbritannien och Spanien tidigare tillhandahöll dessa fördelar
och resurser för regioner som Skottland och Katalonien behöver
således inte betraktas som något naturgivet utan som ett historiskt
tillstånd som nu är överspelat. Åtminstone är vissa politiska företrä-
dare beredda att argumentera för detta synsätt samtidigt som en inte
oansenlig del av medborgarna av allt att döma är beredda att stödja
dem. På detta vis menar Jolly att europeisk integration och regional
separatism inte alls står i motsatsförhållande utan att de i vissa fall
förstärker varandra.

Att förena krav på skotsk eller katalansk självständighet med
en positiv syn på EU och europeisk integration är enligt detta
perspektiv helt logiskt. Men även om eliter och medborgare på
regional nivå omfamnar detta perspektiv är det ju fortfarande så att
EU-medlemskapet inte nödvändigtvis kommer automatiskt om en
region skulle upprätta en egen stat. Hur kan man trots detta förklara
attraktionskraften hos föreställningen om ett självständigt Skottland
i ett integrerat Europa? Ett sätt att se på denna fråga är att det i grun-
den handlar om hur eliter och medborgare bedömer trovärdigheten
i de uttalanden som bland annat företrädare för EU-kommissionen
gjort om att nya stater i Europa måste ställa sig sist i kön om de vill
bli medlemmar av EU.

Kan regioner i EU bli självständiga stater och fortfarande vara medlemmar av EU?

Det råder alltså delade meningar bland samhällsvetenskapliga forskare som studerar den europeiska integrationen om hur denna process påverkar självständighetssträvanden för icke-suveräna regioner inom EU:s medlemsstater men det verkar åtminstone vara så att den inte nödvändigtvis dämpar attraktionskraften för dessa strävanden. Men teorin att EU skulle göra mindre stater mer "livskraftiga" och därmed öka attraktionskraften för skotsk och katalansk självständighet ser ut att krocka mot de påståenden som ledande företrädare för EU avyttrat i relation till frågan om vad som skulle hända om en region inom en av EU:s medlemsstater blev en självständig stat. EU-kommissionens tidigare ordförande Romano Prodi (1999–2004) formulerade på sin tid något av en doktrin som i princip slog fast att om en region blev en självständig stat genom secession så skulle den nya staten behöva ansöka om EU-medlemskap och att denna ansökan skulle behandlas i enlighet med artikel 49 FEU och det förfarande som alla medlemskapsansökningar behandlas.

Enligt "Prodidoktrinen" skulle EU-kommissionen alltså behöva säkerställa att den nya staten uppfyller de kriterier som ställs på stater som ansöker om EU-medlemskap och de befintliga medlemsstaterna måste enhälligt besluta att anta den nya staten som EU-medlem. Denna process kan så klart tänkas ta sin tid och man kan ju också tänka sig att vissa medlemsstater skulle motsätta sig att anta en ny medlem beroende på en rad olika politiska överväganden. Här kan man till exempel nämna Turkiet som blev kandidatland 1999 och medlemskapsförhandlingar inleddes 2005 men det är nog få bedömare som i början av 2019 tror att Turkiet skulle kunna bli EU-medlem i en närstående framtid (särskilt med tanke på den politiska utvecklingen i landet sedan den misslyckade statskuppen 2016). EU-kommissionen under ledning av både José Manuel Barroso (2004–2014) och Jean-Claude Juncker (2014–2019) har därtill vid flera tillfällen slagit fast att Prodidoktrinen fortfarande gäller och med tanke på att flera EU-medlemsstater (inte minst Spanien) fortfarande inte erkänner Kosovo som en självständig stat (och därmed i praktiken gör det omöjligt för Kosovo att inleda medlemskapsförhandlingar med EU eller ens erhålla kandidatlandsstatus) ligger det nära till hands att tänka att till exempel ett självständigt Katalonien skulle behöva lämna EU på obestämd tid.

Därmed borde väl saken vara utagerad kan man tycka. Daniel Kenealy (University of Edinburgh) framhåller dock att det trots allt inte är helt klart att Prodidoktrinen är den enda och självklara tolkningen av EU-rätten i relation till den här frågan. När exempelvis Barroso fick frågan av BBC om vad som skulle hända med Skottlands EU-medlemskap om Skottland skulle bli självständigt om det skulle bli ett "ja" i folkomröstningen 2014 sa han att Skottland skulle behöva ansöka om medlemskap igen medan övriga Storbritannien inte skulle behöva det (detta var alltså innan "Brexit). Det här sättet att se på saken kan sägas vara baserat på folkrättens praxis om hur statssecession bör hanteras, det vill säga att nya stater (i det här fallet Skottland) måste erkännas rättigheter medan gamla stater (i det här fallet övriga Storbritannien) behåller sina. Ett historiskt exempel som man kan lyfta fram här är Ryssland som erkändes status som "arvtagarstat" till forna Sovjetunionen (och därmed bland annat behöll dess permanenta plats i FN:s säkerhetsråd) medan övriga forna Sovjetrepubliker såsom till exempel Armenien, Ukraina och Uzbekistan sågs som nya stater som befintliga stater i sin tur behövde erkänna.

Men att applicera detta synsätt på frågan om regional separatism inom EU betyder att EU-kommissionen inte skulle ge EU-rätten försteg framför internationell rätt vilket kan ses som märkligt med tanke på att EU ofta framställs som varandes något mer än en "vanlig" internationell organisation och att den rättsordningen som byggts upp inom EU för att hantera och reglera relationerna mellan EU:s institutioner, medlemsstater, regioner, företag och medborgare kan antas gå bortom "vanlig" internationell rätt. Här kan det vara värt att påminna om att EU-domstolen vid tillfällen då internationell rätt och EU-rätt inte varit förenliga dömt till EU-rättens fördel och forskare inom EU-rätt såsom Joseph H.H. Weiler och Neil MacCormick menar att EU inte enbart kan ses som ett "vanligt" statsförbund utan som en *sui generis* politisk-juridisk gemenskap.

Det finns således olika tolkningar av relationen mellan folkrätten och EU-rätten i det här fallet och man kan därtill peka på att EU:s medborgare åtnjuter rättigheter (bland annat rätten till fri rörlighet inom EU och rösträtt i Europaparlamentsval samt i lokalval i det EU-land man bor även om man inte är nationell medborgare) som med största sannolikhet skulle kränkas om exempelvis Skottland och Katalonien skulle tvingas lämna EU om de skulle bli självständiga stater. EU:s fördrag (artiklar 20 FEU och 20(1) FEUF) slår onekligen fast att EU-medborgarskapet är en funktion av att en individ är medborgare i en medlemsstat (man kan helt enkelt inte vara EU-medborgare utan att vara medborgare i ett EU-land). Men Kenealy menar att EU-domstolen genom en rad domslut över tid har verkat för att EU-medborgarskapets status numera kan sägas existera i EU-fördragen som en sak men i EU-domstolens jurisprudens som något mer långtgående i den meningen att de rättigheter som EU-medborgare äger i kraft av EU-medborgarskapet har preciserats genom rättsfall och domslut.

Poängen här är att om man ensidigt slår vakt om medlemsstaternas intressen som EU-kommissionen verkar göra så riskerar man samtidigt att skapa en motsättning mellan föreställningar om "staternas Europa" och "medborgarnas Europa" som inte nödvändigtvis stärker den europeiska integrationen. Det finns också anledning att tro att EU-domstolen inte nödvändigtvis och oavkortat skulle stödja Prodidoktrinen om en region inom EU skulle bli en självständig stat, även om EU-domstolen säkerligen skulle lägga stor vikt vid hur en sådan självständighetsprocess faktiskt skulle gå till i praktiken.

Utöver detta kan man framhålla att EU-kommissionen enligt fördragen (se artikel 4(3) FEU) åläggs verka för att säkerställa att dess uppdrag uppfylls. Ett av kommissionens viktigaste uppdrag är att verka för att EU:s inre marknad upprätthålls och man skulle kunna argumentera att om man utesluter en region som tidigare varit fullvärdigt integrerat i EU på grund av att den regionen nu skulle ha blivit en självständig stat, och därtill en stat som också önskar vara medlem av EU, så skulle detta medföra en mycket allvarlig störning för den inre marknaden (om man ser till Katalonien skulle miljontals medborgare och konsumenter, tusentals företag och flera transeuropeiska transportnätverk påverkas).

Det märkvärdiga i detta sammanhang är att EU-kommissionen verkar göra en mycket snäv tolkning av EU-fördragen och därtill förutsätta en uteslutningsmekanism som egentligen inte finns. Tvärtom kan man hävda att den fördragsbaserade utträdesklausul som faktiskt återfinns i artikel 50 FEU (och som den brittiska regeringen använt sig av för att inleda förhandlingarna om "Brexit") snarare stipulerar att det inte går att kasta ut en EU-medlem över en natt i och med att den europeiska integrationen gått så långt i termer av harmonisering av regelverk och lagstiftning, ekonomisk aktivitet och andra typer av djupgående samarbeten. Artikel 50 FEU stipulerar, utöver det att utträdet bör ske i någon slags förhandlad övergångsperiod, att förhandlingarna om utträdet ska ta i beaktande den framtida relationen mellan EU och den medlemsstat som avser lämna unionen.

Att i ljuset av detta hävda att en region i EU som blivit en stat tvärt måste lämna EU, söka om medlemskap igen, ställa sig sist i kön och förhandla om medlemskap från "utsidan" verkar både opraktiskt och inte helt förenligt med EU-fördragens andemening. Det verkar ju inte orimligt att en region skulle kunna förhandla om secession och EU-medlemskap parallellt, samtidigt som man behåller sin status som EU-medlem och därmed tillgången till den inre marknaden och upprätthåller rättigheter som kommer av EU-medborgarskapet, åtminstone under en övergångsperiod.

Det tog exempelvis Grönland flera år att få till stånd det avtal genom vilket man 1985 lämnade det dåvarande EG och numera åtnjuter status som så kallat OCT-territorium (*Overseas Countries and Territories*) i förhållande till EU trots att Grönland fortfarande är en del av Danmark. När Väst- och Östtyskland förenades 1990 behövde den utvidgade Förbundsrepubliken inte på nytt söka om medlemskap i dåvarande EG och kommissionen agerade för att säkerställa att den inre marknaden inte skulle störas samt för att bistå Ministerrådet och Parlamentet att hitta lösningar för att anpassa EG till den "interna utvidgningen" som Tysklands återförening i praktiken innebar. Det finns alltså historiska exempel som tyder på att Prodidoktrinen inte fångar in de möjligheter till förhandling och kompromiss som EU-fördragen, EU-domstolens jurisprudens och EU-kommissionens egen praxis kan sägas öppna upp för.

Skottland och Katalonien: postmodern och proeuropeisk nationalism?

Ovanstående resonemang bör så klart inte tas som intäkt för att det skulle vara en enkel sak att avgöra vad som skulle hända om en region i EU skulle bli en självständig stat. Om det är något som står klart så är det väl att frågan är mycket komplicerad och mångbottnad. Denna komplexitet skulle man kunna se som en återhållande faktor i sig. Det vill säga att när medborgare och eliter bedömer sannolikheten för olika utfall av en eventuell självständighetsprocess för till exempel Skottland eller Katalonien så skulle man kunna anta att osäkerheten när det kommer till den framtida relationen till EU borde verka avskräckande enligt devisen "man vet vad man har men inte vad man får".

Men i politiken behöver det inte alltid vara så. Denna osäkerhet kan möjligen också inbjuda till ett visst mått av risktagande bland medborgarna och om därtill delar av eliten formulerar politiska budskap som mer eller mindre direkt antyder att man kan bli en självständig stat och samtidigt behålla statusen som EU-medlem så kanske vissa medborgare till och med bedömer självständighet som ett tämligen riskfritt företag. På så sätt blir trovärdigheten i Prodidoktrinen avgörande och den senaste tidens utveckling i både Skottland och Katalonien antyder att en inte obetydlig andel medborgare där kanske inte tror på den eller åtminstone är beredda att chansa på att EU skulle tänka om ifall unionen skulle bli ställd inför *fait accompli*. Det kan också vara så att EU-medlemskapet inte spelar någon större roll för de väljare som stödjer partier som verkar för skotsk och katalansk självständighet utan att de istället värdesätter andra saker högre.

De politiska partier i Skottland och Katalonien som verkar för skotsk respektive katalansk självständighet såsom till exempel *Scottish National Party* (SNP), *Esquerra Republicana de Catalunya* (ERC) och *Partit Demòcrata Europeu Català* (PDeCAT) skiljer sig delvis åt om man skulle placera dem på en traditionell vänster-höger skala. SNP och ERC står till vänster medan PDeCAT står till höger, enkelt uttryckt. Men partierna förenas i det att de förutom självständighet också kan sägas omfamna EU och europeisk integration (även om det i Katalonien finns ett mer radikalt vänsterparti *Candidatura d'Unitat*

Popular (CUP) som förespråkar att ett självständigt Katalonien läm-
nar både EU och NATO). Dessa partier företräder till synes en variant
av "postmodern nationalism" i den meningen att strävan efter
nationell självständighet inte i första hand finner näring i en våldsam
nationalism eller en exkluderande nationell identitet utan snarare
kan ses som ett uttryck för gränsöverskridande identiteter. Det kan
naturligtvis diskuteras huruvida den nationalism som förespråkare
för ett självständigt Skottland och Katalonien förfäktar verkligen
är mer inkluderande och tolerant jämfört med brittisk eller spansk
nationalism men i både Skottland och Katalonien framställs ofta
självständighet som ett medel att kunna forma en annan typ av poli-
tisk gemenskap än den som skottar och katalaner i början av 2019
delar med medborgare i Storbritannien och Spanien. Att upprätta en
självständig stat ses som ett nödvändigt steg för att kunna driva poli-
tik och genomföra reformer som gärna framställs som mer moderna,
progressiva, inkluderande och rättvisa än den politik som Skottland
och Katalonien kan driva enbart som självstyrande regioner.

SNP som suttit i regeringsställning i Skottland sedan 2011 fram-
håller gärna att Skottland och det skotska samhället i huvudsak är
socialdemokratiskt och har mer gemensamt i termer av politiska
värderingar med de skandinaviska länderna än med övriga Stor-
britannien. Sedan 2012 har regionregeringen i Katalonien kontrol-
lerats av partier som förespråkar självständighet men i Katalonien
uppvisar dessa partier en större ideologisk bredd. ERC företräder
en vänsterpräglad fördelningspolitik medan PDeCAT företräder en
högerpräglad marknadsvänlig politik. Men båda partier kan dock
sägas argumentera för självständighet just som ett sätt att göra det
möjligt att driva en annan, mer modern, typ av politik än vad som är
möjligt inom ramen för Spanien. En tongivande katalansk politiker,
Artur Mas (PDeCAT), har till exempel uttryckt det som att ett själv-
ständigt Katalonien skulle bli som ett "Danmark vid Medelhavet"
(det vill säga i hans mening ett litet, välfungerande och ekonomiskt
framgångsrikt land).

Ekonomiska aspekter spelar också en roll för hur dessa partier
framställer självständighetsfrågan och för SNP är bland annat kon-
trollen över intäkterna från Nordsjöoljan en viktig faktor medan det

för ERC och PDeCAT framstår som att Katalonien missgynnas ekonomiskt sett inom Spanien. I kölvattnet av den stora ekonomiska krisen som drabbade Euro-länderna 2010 och den åtstramningspolitik som Spanien och andra länder genomfört har slagord som "*Espanya ens roba*" (ung. 'Spanien stjäl från oss') blivit alltmer vanligt förekommande i de manifestationer som hållits i Katalonien till förmån för självständighet i slutet av 2010-talet (detta kan kanske få klentrogna betraktare att börja undra om den katalanska nationalismen verkligen är så annorlunda).

För dessa partier och deras företrädare är ett självständigt Skottland eller Katalonien i ett integrerat Europa inte någon motsättning utan snarare en politisk målsättning, i stort sett i överensstämmelse med teorin om att EU framstår som ett sätt att göra mindre stater "livskraftiga". I SNP:s fall är detta ganska anmärkningsvärt då partiet faktiskt propagerade för att Storbritannien skulle lämna EEG i folkomröstningen som hölls 1975. Intressant nog var också stödet för medlemskap högre i England (68 procent) än i Skottland (58 procent) vid den här tidpunkten. I början av 2019 ter sig positionerna vara omvända och i "Brexit"-omröstningen 2016 röstade en bred majoritet av skottarna för EU-medlemskap (62 procent) medan en majoritet i hela Storbritannien (52 procent) röstade för utträde. SNP:s partiledare Nicola Sturgeon och tillika regeringschef för den skotska regionregeringen sa strax efter folkomröstningen att Skottland hade röstat klart och tydligt för att vara kvar EU och att man nu var på väg att tvingas lämna EU mot sin vilja.

Detta har föranlett diskussioner om att en andra folkomröstning om skotsk självständighet kan komma att anordnas i en inte alltför avlägsen framtid, även om det kräver att regeringarna i London och Edinburgh måste komma överens i denna fråga vilket inte verkar troligt så länge som utträdesförhandlingarna med EU pågår."Brexit" har inte helt oväntat kastat om diskussionen om EU i Skottland. Inför folkomröstningen om självständighet 2014 handlade diskussionerna om hur ett eventuellt självständigt Skottland skulle kunna fortsätta vara medlem av EU (se ovan) medan det i början av 2019 snarare framstår som att Skottland måste bli självständigt för att kunna fortsätta vara medlem av EU.

Men frågan är hur starkt stödet för EU är i Skottland och särskilt då bland väljare som stödjer självständighet. SNP driver starkt linjen om ett självständigt Skottland i ett integrerat Europa men opinionsdata från 1999 och framåt antyder att EU-skepticismen faktiskt växer i Skottland (se figur 3). Om man slår ihop de grupper som antingen vill lämna EU eller reducera EU:s makt och inflytande så kan man se att den EU-skeptiska attityden har ökat från 40 procent (1999) till 67 procent (2016) bland de skotska medborgarna. Det finns också opinionsdata från 2016 insamlat av *NatCen Social Research (Scottish Social Attitudes)* som anger att omkring en tredjedel av de medborgare som stödjer skotsk självständighet inte vill att Skottland ska fortsätta vara medlem av EU. Med tanke på att SNP skulle behöva övertyga fler väljare än vad man lyckades med 2014 vid en eventuell andra folkomröstning om självständighet någon gång i framtiden är det inte säkert att partiet fortfarande bedömer att det är en framgångsrik politisk strategi att betona stöd för europeisk integration och skotskt EU-medlemskap. Möjligen ger detta en fingervisning om att även om partieliten anser att EU gör mindre stater mer "livskraftiga" så är det inte säkert att väljarna anser det och om så är fallet kan man förvänta sig att SNP kommer att tona ned sin EU-positiva hållning framöver.

Möjligen håller något liknande på att hända även i Katalonien. De katalanska självständighetspartierna både till höger och vänster

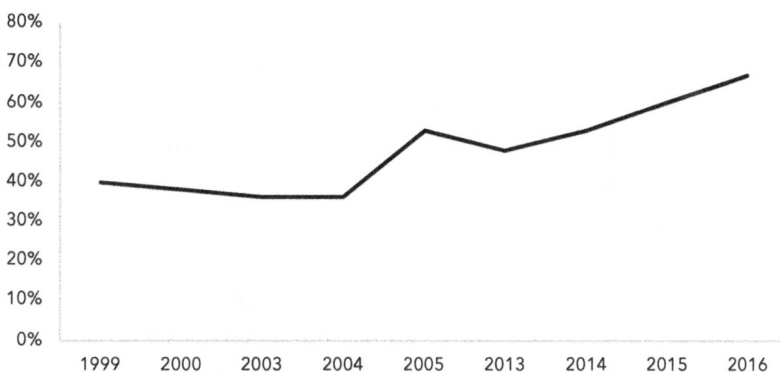

FIGUR 3. EUROSKEPTICISM I SKOTTLAND 1999–2016.

Källa: Scottish Social Attitudes. Data för 2001, 2002, 2006–2012 saknas.

291

brukar ofta framhålla att de är proeuropeiska (bortsett från CUP) och det bör i detta sammanhang också nämnas att Katalonien är mer integrerat med övriga EU än Skottland på grund av både Euron och Schengen. Det är svårt att se hur den katalanska ekonomin som brukar beskrivas som utgörandes ungefär 25 procent av Spaniens BNP skulle klara sig om den inte hade tillgång till EU:s inre marknad på samma sätt som i början av 2019. Delar av det katalanska näringslivet har också reagerat kraftfullt på de oroligheter som följt efter den ogiltigförklarade "folkomröstningen" och efter det att Madrid tillfälligtvis upphävde det regionala självstyret i Katalonien till följd av att den katalanska regionregeringen under ledning av Carles Puigdemont ensidigt utropade självständighet 2017. Bland annat har flera banker och företag flyttat sina huvudkontor från Katalonien till andra delar av Spanien.

Både Spanien och Katalonien har fått nya regeringar sedan oroligheterna hösten 2017 men den politiska konflikten kvarstår och flera ledande katalanska politiker är i början av 2019 antingen i landsflykt eller sitter fängslade i väntan på rättegång anklagade bland annat för förberedelse för uppror mot staten. För många självständighetsanhängare är en del av lösningen på konflikten att Katalonien tillåts organisera en folkomröstning om självständighet på samma sätt som Skottland gjorde 2014. För den spanska regeringen är detta otänkbart i och med att det anses oförenligt med Spaniens konstitution som slår fast att landets territoriella integritet inte får kränkas. Den socialdemokratiska regeringen i Spanien som tillträdde i juni 2018 under ledning av Pedro Sánchez menar att man är beredd att se över en konstitutionell reform och utöka Kataloniens självstyre men det är för många katalanska självständighetsförespråkare inte tillräckligt och så länge de kontrollerar regionregeringen i Barcelona ter sig situationen helt låst.

Under "folkomröstningen" 2017 utspelades dramatiska scener i Barcelona och på andra platser i Katalonien när spansk polis försökte förhindra människor att beträda de vallokaler som ställts till regionregeringens förfogande. Flera katalanska politiker och civilsamhällsorganisationer vädjade om ett internationellt ingripande för att stävja det man ansåg vara övergrepp från den spanska statens sida och man vädjade särskilt till EU. Företrädare för EU-kommissionen menade dock att detta var en "intern angelägenhet" för Spanien och därmed inget som EU har med att göra och från övriga EU-länders regeringar hördes i princip enbart fördömanden av polisens agerande men inget uttalat stöd för Kataloniens självständighet. Möjligen kom detta som en chock för många katalaner då avsaknaden av en reaktion från EU:s sida verkar ha bidragit till att EU-skepticismen har tilltagit bland de grupper som stödjer självständighet. Enligt opinionsdata från *Centre d'Estudis d'Opinió* som Ariane Aumaitre sammanställt har förtroendet för EU bland katalanska medborgare förändrats sedan 2013. Bland de katalaner som stödjer självständighet har förtroendet gått ned medan bland dem som anser att Katalonien bör förbli en region av Spanien (med eller utan självstyre) har förtroendet ökat (se figur 4).

Oavsett vad som får individer att svara på ett särskilt sätt (på en tiogradig skala) på frågan om de har förtroende för EU är det intressant att observera skillnaden över tid och mellan dessa grupper. Det verkar inte så särskilt långsökt att tro att de personer i Katalonien som stödjer självständighet känner sig besvikna på EU och dess företrädare efter oroligheterna hösten 2017, även om man naturligtvis kan ha delade meningar om de verkligen hade skäl att förvänta sig att EU skulle kunna göra något. Hursomhelst finns det tecken på att utvecklingen i Katalonien kan komma att likna den i Skottland på så vis att stödet för självständighet ligger kvar på relativt sett höga nivåer medan stödet för EU minskar. Om det visar sig stämma bör vi kunna förvänta oss att även ERC och PDECAT tonar ned sin EU-positiva hållning. Ett exempel på detta kan skönjas bland ledande företrädare för PDECAT. "Är detta det Europa ni vill att vi ska bygga? Hur länge ska Europa blunda för det som pågår i Katalonien?" tweetade Carles Puigdemont i november 2017 och han har vid flera tillfällen under sin landsflykt kritiserat EU-kommissionen och Europaparlamentet för att de inte står upp för de folkvalda katalanska politiker som frihetsberövats av spanska myndigheter.

I en intressant forskningsartikel som baseras på surveydata visar statsvetarna Diego Muro (University of St Andrews) och Martijn Vlaskamp (Institut Barcelona Estudis Internacionals) att risken att

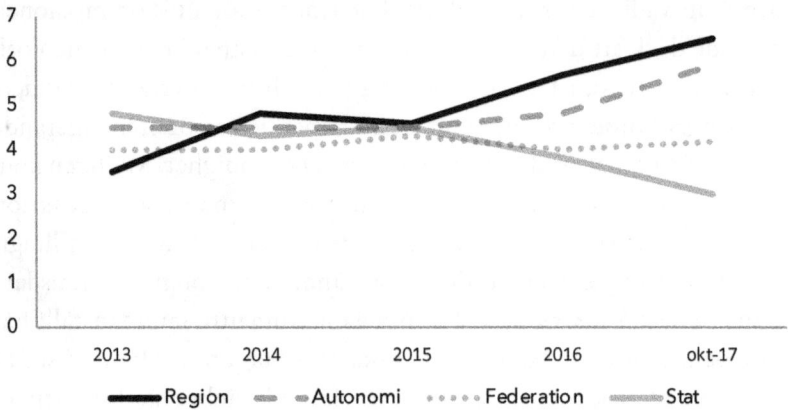

FIGUR 4. FÖRTROENDE FÖR EU OCH POLITISK PREFERENS I KATALONIEN 2013-2017.

Källa: Centre d'Estudis d'Opinió/Ariane Aumaitre. Förtroende för EU mäts på en skala från 0-10. Region: Katalonien utan självstyre. Autonomi: Katalonien med självstyre. Federation: Katalonien som spansk delstat. Stat: Katalonien som självständig stat.

uteslutas ur EU inte påverkar opinionen för eller emot självständighet i Skottland och Katalonien särskilt mycket. I båda fallen pekar data på att det handlar om hur pass stark tillhörighet individer känner med sin region (eller "statslösa nation") och hur pass stort förtroende individer har för EU till att börja med. Det är egentligen bara de individer som känner sig lika skotska som brittiska eller katalanska som spanska och därtill har stort förtroende för EU som tenderar att minska sitt stöd för självständighet om det kommer till priset av att man går miste om EU-medlemskap. De individer som enbart identifierar sig som skottar eller katalaner och därtill har lågt förtroende för EU påverkas inte alls eller de kan till och med stärka sitt stöd för självständighet om det innebär att Skottland eller Katalonien skulle lämna EU. Enligt Muro och Vlaskamp är denna typ av EU-skepticism mer framträdande i Skottland än i Katalonien, i vart fall innan 2017.

Politiska och normativa utmaningar för EU: från "regionernas Europa" till fördjupad regional självständighet i ett alltmer integrerat Europa?

Den europeiska integrationen och EU står 2019 inför omfattande framtida utmaningar. Eurokrisen må se ut att vara övervunnen men det ekonomiska stålbad som följde verkar av allt att döma bidragit till att medborgarnas förtroende för EU och dess institutioner, inte minst i södra Europa, har minskat (se bland annat Linda Bergs kapitel i *Europaperspektiv 2017: Tilliten i EU vid ett vägskäl*). Stödet för liberal demokrati, som i mångt och mycket utgör EU:s grundval, verkar också vara på tillbakagång både i Europa och i USA med tanke på de politiska framgångar som högerpopulistiska och nationalistiska partier rönt de senaste åren (se Sofie Blombäcks och Erik Wennerströms respektive kapitel i *Europaperspektiv 2018: EU i en världsordning under omvandling*). Med tanke på dessa utmaningar kanske frågan om regionernas ställning i EU kan framstå som efemär och något som främst berör välmående men missnöjda medborgare i hittills välfungerande stater. Baserat på min forskning ser jag det som är ett stort misstag att avfärda kraven på självständighet för till exempel Skottland och Katalonien som politiska randfenomen. Man behöver inte nödvändigtvis stödja dessa krav för att inse att de ställer EU inför en rad politiska och normativa problem som riskerar att försämra möjligheterna att skapa en "allt fastare sammanslutning mellan de europeiska folken, där besluten fattas så nära medborgarna som möjligt i enlighet med subsidiaritetsprincipen" som ingressen till Fördraget om Europeiska unionen slår fast.

EU-kommissionen gör säkert klokt i att även i fortsättningen bibehålla sin officiella hållning att EU:s medlemsstaters territoriella sammansättning inte är något som EU har befogenhet att uttala sig. Detta förhindrar dock inte att man försöker formulera politik som baseras på EU:s befogenheter och resurser i syfte att bidra med politiska lösningar på de problem som Spanien och Katalonien samt Storbritannien och Skottland brottas med. Ur ett normativt perspektiv kan den här frågan ytterst sägas handla om vilken typ av politisk och juridisk gemenskap EU strävar att upprätthålla i Europa och på vilka sätt man försöker besvara de problem som medborgare i EU upplever. I början av 2019 är det omöjligt att säga hur "Brexit"-förhandlingarna kommer att sluta och det är naturligtvis klokt att inte förekomma utfallet genom att exempelvis föreslå att Skottland (och Nordirland) skulle kunna ges en särställning vis-a-vis EU och den inre marknaden post-"Brexit". EU-kommissionen bör inte heller erbjuda sig att "medla" mellan Katalonien och Spanien i och med att detta skulle så klart ge sken av att Katalonien skulle vara ett folkrättsligt rättssubjekt på samma nivå som den suveräna staten Spanien, vilket naturligtvis inte är fallet.

Men enligt mitt sätt att se på saken handlar frågan om självständighet för dagens icke-suveräna regioner inom EU:s medlemsstater i grunden om den moderna demokratins former och praktik. I många europeiska länder känner medborgare i början av 2019 tillhörighet med både den nation som i många fall utgör grunden för staten men också med andra nationer och nationella identiteter som inte gör det, såsom i Katalonien där vissa medborgare kan känna sig som enbart katalanska medan andra upplever sig vara lika katalanska som spanska och ytterligare andra som enbart spanska. Att låta historiskt betingade nationaliteter och statsgränser styra i vilken stat man utövar sina medborgerliga fri- och rättigheter är förvisso helt i linje med dagens konventioner men det behöver varken ses som naturligt eller önskvärt. Att demokratiska stater erkänner att de vilar på flera olika men sammanvävda politiska gemenskaper och att det i slutändan är folket som måste få avgöra hur de vill bli representerade behöver inte leda till att Europas nuvarande stater faller sönder eller att vissa medborgares fri- och rättigheter erkänns på bekostnad av andras. Men det är samtidigt så att det vilar en tung bevisbörda på alla de som vill bryta loss ett territorium från en historiskt sett välfungerande och demokratisk stat i så måtto att de bör kunna visa på hur den nya staten skulle främja demokrati och medborgerliga rättigheter inte enbart för dem som stödjer självständighet utan också för dem som inte gör det (men som ändå skulle omfattas av den nya staten).

För att stärka EU som demokratisk gemenskap behövs nya sätt att föra samman region, stat och europeisk integration

Ett sätt att fördjupa ett demokratiskt styrelseskick på flera nivåer inom EU skulle kunna vara att ytterligare stärka regionernas ställning i EU. I början av 2019 är till exempel EU:s Regionkommitté ett rådgivande organ som företräder lokala och regionala myndigheter. Det är alltså inte ett organ som representerar självstyrande regioner inom EU. Här finns det definitivt utrymme att diskutera hur regioner i EU:s medlemsstater som har ett förhållandevis högt mått av självstyre och därtill egna demokratiska institutioner (såsom regionala parlament) skulle kunna ges större utrymme att påverka beslut som i sin tur påverkar dem. Det skulle kunna rör sig om frågor som rör regionalstöd, investeringar, infrastruktur och transporter.

Ett förslag som kan tyckas ligga nära till hands här är att upprätta något i stil med "Europeiska regionernas råd" som skulle ersätta Regionkommittén. Detta skulle antagligen kräva fördragsändringar vilket naturligtvis är svårt att få till stånd. En handlingsrekommendation som däremot framstår som mer realistisk är att EU-kommissionen skulle kunna initiera ett förslag om att utreda regionernas ställning inom EU med det uttalade syftet att undersöka om demokratin i EU skulle kunna stärkas genom att regionernas ställning förändrades. Detta skulle möjligen också föra det goda med sig att de som stödjer självständighet för regioner såsom Skottland och Katalonien måste ta ställning till varför självständighet skulle vara att föredra framför fördjupat regionalt självstyre i ett alltmer integrerat Europa.

En möjligen något mer radikal handlingsrekommendation (som förvisso ligger bortom EU:s befogenheter) vore att "konstitutionalisera" rätten till secession inom ramen för EU:s medlemsstater, såsom till exempel Jason Sorens har föreslagit i ett annat sammanhang. Med detta avses att medlemsstaters konstitutioner skulle, i de fall det behövs, ändras så att de anger att principen om statens territoriella integritet kan åsidosättas i de fall då en klar majoritet av en befolkning i en region uttrycker en vilja att bryt sig loss och upprätta en ny stat. Vad som kan sägas utgöra en "klar majoritet" kan så klart diskuteras likväl som frågan om folkviljan bäst uttryckas genom folkomröstning eller snarare genom val av politiska representanter. Det borde i vart fall vara långt mer än enbart hälften av befolkningen i en region och det är inte säkert att folkomröstningar alltid är det bästa sättet att få svar på vad medborgare tycker i komplicerade och mångfacetterade frågor som dessa.

Även om en konstitutionalisering av utträdesrätten kan framstå som ett orealistiskt förslag skulle det möjligen minska attraktions- och mobiliseringskraften hos självständighetskraven om fler medborgare upplevde att de faktiskt erkändes rätten att upprätta en egen stat. Måhända skulle det också öka förhandlingsviljan hos eliter på både nationell och regional nivå med avseende på formerna för och innehållet i det regionala självstyret i och med att secession skulle ses som både legitimt och legalt. Att däremot framhärda i positionen att secession är illegalt för att konstitutionen förbjuder det är förvisso juridiskt helt korrekt men ur ett politiskt perspektiv är detta ett cirkelresonemang som uppenbarligen inte löser problemet, utan snarare av allt att döma enbart förvärrar det. Istället för att se regional separatism som ett hot mot europeisk integration borde EU och dess medlemsstater försöka använda det som ett sätt att fördjupa demokratin i Europa och stärka sammanhållningen mellan de europeiska nationerna och medborgarna.

Källor och litteratur

Detta kapitel bygger på mitt pågående forskningsprojekt vid Utrikespolitiska institutet betitlat "National independence and European integration: Scotland's and Catalonia's democratic challenges to the political order in the European Union" och finansierat av Marianne och Marcus Wallenbergs Stiftelse. Forskningsprojektet bedrivs i samarbete med Prof. Richard Gillespie vid University of Liverpool. För den som särskilt intresserar sig för den politiska utvecklingen i Spanien och Katalonien rekommenderas min analys "Spanien: demokrati i kris" (*Världspolitikens dagsfrågor*, nr 2, 2018) samt Richard Gillespies och Caroline Grays antologi *Contesting Spain? The dynamics of nationalist movements in Catalonia and the Basque Country* (Routledge, 2015).

Bland de klassiska verken om Europas statsbildningsprocesser bör nämnas Stein Rokkans *State formation, nation-building, and mass politics in Europe* (Oxford University Press, 1999) sammanställd av Peter Flora, Stein Kuhnle och Derek W. Urwin, samt Charles Tillys *Coercion, Capital, and European States, AD 990–1992* (Blackwell, 1992). Ernest Gellners banbrytande verk *Nations and Nationalism* (Blackwell, 1983) om industrialisering och nationalism bör också nämnas här.

Den statsvetenskapliga forskningen om secession och regional separatism i Europa som detta kapitel till stora delar bygger på och refererar till innefattar Michael Keatings tankeväckande bok om demokrati bortom nationalstaten *Plurinational democracy: stateless nations in a post-sovereignty era* (Oxford University Press, 2001), Jason Sorens bok om secession som modernt politiskt fenomen *Secessionism: Identity, interest, and strategy* (McGill-Queen's Press, 2012), Seth K. Jollys omfattande studie av regionalist partier och regional separatism i EU *The European Union and the rise of regionalist parties* (University of Michigan Press, 2015) samt Anwen Elias forskningsartikel "Whatever happened to the Europe of the regions? Revisiting the regional dimension of European politics" (*Regional & Federal Studies*, 18:5, 2008) och antologin *New Challenges for Stateless Nationalist and Regionalist Parties* (Routledge, 2011) sammanställd av Eve Hepburn.

Bland de statsvetenskapliga verk som specifikt behandlar Skottland och Katalonien i relation till EU bör nämnas Daniel Kenealys "How Do You Solve a Problem like Scotland? A Proposal Regarding 'Internal Enlargement'" (*Journal of European Integration*, 36:6, 2014), Diego Muro och Martijn Vlaskamp "How do prospects of EU membership influence support for secession? A survey experiment in Catalonia and Scotland" (*West European Politics*, 39:6, 2016) och Glen Duerr *Secessionism and the European Union: The Future of Flanders, Scotland, and Catalonia* (Lexington Books, 2015). Janet Liables *Separatism and Sovereignty in the New Europe: party politics and the meanings of statehood in a supranational context* (Palgrave, 2008) bör också nämnas i detta sammanhang. För den som intresserar sig för regionalt självstyre i ett jämförande perspektiv rekommenderas det omfattande verket av Liesbet Hooghe, Gary Marks, Arjan H. Schakel, Sandra Chapman Osterkatz, Sara Niedzwiecki och Sarah Shair-Rosenfield *Measuring Regional Authority: A Postfunctionalist Theory of Governance* (Oxford University Press, 2016), och för den som intresserar sig för EU-rättens utveckling och EU som en *sui generis* politisk-juridisk gemenskap rekommenderas Joseph H. H. Weilers mycket välciterade artikel "The transformation of Europe" (*Yale Law Journal*, 100:8, 1991).

De figurer som förekommer i kapitlet baseras på opinionsdata från Scottish Social Attitudes (http://www.natcen.ac.uk/our-research/research/scottish-social-attitudes/) och Centre d'Estudis d'Opinió (http://ceo.gencat.cat/ca/inici). Opinionsdata om förtroende för EU i Katalonien är sammanställd av Ariane Aumaitre och publicerades i november 2017 via London School of Economics blog "Euro Crisis in the Press" (http://blogs.lse.ac.uk/eurocrisispress/2017/11/17/four-graphs-about-catalonia-and-citizens-attitudes-towards-the-eu/). Den tyska författningsdomstolens dom om huruvida det är förenligt med den tyska grundlagen att anordna en folkomröstning om bayersk självständighet kan nås här: https://www.bundesverfassungsgericht.de/SharedDocs/Entscheidungen/DE/2016/12/rk20161216_2bvr034916.html

Presentation av författare och redaktörer

FREDRIK N G ANDERSSON är docent i nationalekonomi vid Lunds universitet. Hans forskning ligger i gränslandet mellan makroekonomi och ekonomisk historia. Andersson har bland annat studerat hur strukturell ekonomisk förändring påverkar förutsättningarna för den ekonomiska politiken. Specifikt har han studerat hur förutsättningarna för penningpolitiken har förändrats över tid samt hur en framtida penningpolitik bör utformas. Han har även studerat förutsättningarna för en klimatomställning i en framtida digitaliserad ekonomi. Utöver forskningen har Andersson deltagit i Miljörådsberedningens ekonomiska referensgrupp, samt varit rådgivare till den isländska regeringen rörande Islands framtida penningpolitik. Hans forskning är publicerad i internationella tidskrifter såsom *The Journal of Economic History, European Review of Economic History, Explorations in Economic History, Journal of Environmental Management* och *World Development*.

ANTONINA BAKARDJIEVA ENGELBREKT är professor i europeisk integrationsrätt vid Stockholms universitet och tidigare innehavare av Torsten och Ragnar Söderbergs professur i rättsvetenskap (2015–2018). Hon är ordförande i Svenska nätverket för europarättsforskning. Hennes forskning är inriktad på europeiserings- och globaliseringsprocesser och deras inflytande på nationell rätt och institutioner, huvudsakligen inom områdena marknads-, konsument- och immaterialrätt. Ett flertal av hennes publikationer har behandlat EU:s östutvidgning och dess betydelse för reformprocesser i EU:s nya medlemsstater. Antonina har varit Fernand Braudel

Senior Fellow vid EUI Florens 2017/2018, Hauser Global Research Fellow vid NYU Law School 2010 och gästprofessor vid bl a Chicago Kent College of Law och Keio University, Tokyo. Bland hennes publikationer kan nämnas böckerna *The Future of Europe: Political and Legal Integration Beyond Brexit* (Hart Publishing, 2019, medredaktör Xavier Groussot) och *Trust in EU in Challenging Times* (Palgrave, 2018, medredaktörer Niklas Bremberg, Anna Michalski och Lars Oxelheim); bokkapitlet "Globalisation and Law: A Call for a Twofold Comparative Institutional Approach" i Neil Komesar (red) *Understanding Global Governance* (EUI Cadmus, 2014), samt ledarartikeln "20 Years Swedish Legal Integration in the EU: A Two-way Street" (*Europarättslig tidskrift* 4, 2015).

TORBJÖRN BERGMAN är professor i statsvetenskap vid Umeå universitet. Han forskar särskilt om kampen om regeringsmakten i parlamentariska demokratier och frågor som rör demokrati på två sammanlänkade nivåer, Sverige och EU. Bergman har också lett större forskningsprojekt som möjliggjort att han har kunna publicera, *open access*, ett större internetbaserat dataarkiv som bland annat innehåller information om samtliga demokratiska regeringar i de europeiska länder som varit stabila parlamentariska demokratier sedan andra världskriget. Detta dataarkiv finns tillgängligt via www.erdda.se. Bland publikationerna finns flera böcker på Oxford University Press och artiklar i tidskrifter som *European Journal of Political Research, Journal of European Public Policy, Comparative European Politics* och *Political Science Research & Methods*.

MAGNUS BLOMGREN är docent vid den statsvetenskapliga institutionen, Umeå universitet. Han disputerade på en avhandling om politiska partier och deras företrädare inom Europaparlamentet. Vad det framväxande flernivåstyret innebär för demokratin har fortsatt varit Blomgrens huvudintresse. Han har publicerat internationellt om politikers rolluppfattningar och teorier därom. Bland publikationerna märks *Parliamentary Roles in Modern Legislatures* (Routledge förlag, 2012) och *Political Parties in Multi-Level Polities: The Nordic Countries Compare* (Palgrave Macmillan förlag, 2013). Hans forskning finns även publicerad i internationella tidskrifter som *European Journal of Political Research*. Blomgren anlitas ofta som kommentator och föreläsare på teman som rör politiska partier, demokrati och EU. Han har tillsammans med Bergman redigerat en profilbok på området: *EU och Sverige – ett sammanlänkat statsskick* (Liber förlag, 2005).

NIKLAS BREMBERG är docent i statsvetenskap vid Uppsala universitet och seniorforskare vid Utrikespolitiska institutet. Han har varit gästforskare vid University of Toronto, University of Liverpool, Universitat Autonoma de Barcelona och European Policy Centre i Bryssel. Hans forskningsintressen omfattar EU:s utrikes- och säkerhetspolitik, säkerhetsgemenskaper och diplomatiska praktiker. För närvarande driver han i samarbete med Prof. Richard Gillespie (University of Liverpool) ett forskningsprojekt vid Utrikespolitiska institutet som heter "National independence and European integration: Scotland's and Catalonia's democratic challenges to the political order in the European Union" (finansierat av Marianne och Marcus Wallenbergs Stiftelse). Bland hans senaste publikationer som knyter an till bokens tema kan nämnas "Spanien: demokrati i kris" *Världspolitikens dagsfrågor*, nr 2/2018, *Trust in the European Union in challenging times* (redigerad tillsammans med Antonina Bakardjieva Engelbrekt, Anna Michalski & Lars Oxelheim, Palgrave, 2018), "The European Security Community: history and current challenges" i: Bakardjieva Engelbrekt, A., et al. (red.) *Security Issues in the European Union: Threats and Opportunities* (Edward Elgar, 2018), *European diplomacy in practice: interrogating power, agency and change* (samredigerad med Federica Bicchi, Routledge, 2018).

CÉCILE BROKELIND är professor i handelsrätt vid institutionen för handelsrätt vid Ekonomihögskolan vid Lunds universitet. Hon forskar om EU-skatterätt och internationell skatterätt. Specifikt intresserar hon sig för institutionella skillnader i skattesystemen som orsak till tvister mellan länder och EU-domstolens rättspraxis. Hon har följt upp och analyserat aktuella problem i internationell koncernbeskattning med fokus på utdelning, patenträttigheter samt skatteflykt och missbruk inom skatterätten. Hon är en av grundarna av GREIT

(Group for Research on European and International Taxation) som publicerar årliga forskningsrapporter om EU-skatterätten. Hon är programansvarig för Master of European and International Tax Law vid Lunds universitet. Hennes kapitel "Nationalstatens återkomst och EU-skatterätten" har skrivits i samarbete med M.A. Collège d'Europe Alice Brokelind.

RIKARD FORSLID har disputerat i nationalekonomi vid the Graduate Institute i Genève och är professor i nationalekonomi vid Stockholms universitet. Han sitter också i Riksgäldens styrelse. Han forskar kring effekterna av internationell handel och han har bland annat skrivit om handelns effekter på den ekonomiska tillväxten, handelns effekter för uppkomsten av industriella kluster och handelns effekter på miljön. Bland hans senaste publikationer finns "Sizing Up the Impact of Embassies on Exports" (*Scandinavian Journal of Economics*, 2018, tillsammans med Shon Ferguson), "Big is Beautiful when Exporting" (*Review of International Economics* 24, 2016, tillsammans med Toshihiro Okubo) och "Spatial sorting with heterogeneous firms and heterogeneous sectors" (*Regional Science and Urban Economics* 46, 2014, tillsammans med Toshihiro Okubo).

MAGNUS HENREKSON är professor och vd för Institutet för Näringslivsforskning (IFN) Han var t.o.m. 2009 innehavare av Jacob Wallenbergs forskningsprofessur vid Nationalekonomiska institutionen på Handelshögskolan i Stockholm. Han disputerade vid Handelshögskolan i Göteborg 1990 på avhandlingen *An Economic Analysis of Swedish Government Expenditure*. Under 1990-talet sökte han i flera projekt hitta förklaringar till varför den ekonomiska tillväxten varierar mellan länder. Sedan slutet av 1990-talet forskar han huvudsakligen om entreprenörskapets ekonomi och företagsklimatets bestämningsfaktorer.

ANNA MICHALSKI är docent vid statsvetenskapliga institutionen, Uppsala universitet och associerad seniorforskare vid Utrikespolitiska institutet. Hon har varit verksam vid Fudan universitet i Shanghai, statsvetenskapliga institutionen vid Auckland University, samt vid forskningsinstituten Chatham House i London, CERI i Paris, Clingendael i Haag och Sieps i Stockholm, samt i EU-kommissionens förutvarande tankesmedja Future Studies Unit. Hennes forskning är inriktad på EU som utrikespolitisk aktör, socialisering i internationella organisationer, och EU:s ekonomiska samordning. Bland hennes publikationer kan nämnas "Conceptualizing European security cooperation: Competing international political orders and domestic factors" (*European Journal of International Relations*, 22:4, 2016, med Ludvig Norman), "Europeanization of national foreign policy: The case of Denmark's and Sweden's relations to China" (*Journal of Common Market Studies*, 51:5, 2013), "Role Dynamics in a Structured Relationship: The EU-China Strategic Partnership" (*Journal of Common Market Studies*, 55:3, 2017, med Zhongqi Pan) samt *Unlikely Partners? China, the European Union and the Forging of a Strategic Partnership* (Palgrave Macmillan, 2017, med Zhongi Pan), "Conditions for socialization in international organizations: Comparing committees of national representatives in the EU and NATO" (*Journal of International Relations and Development*, juli 2018) and "Resistant to Change? The EU as a Normative Power and its Troubled Relations with Russia and China" (*Foreign Policy Analysis*, oktober 2018).

ANDREAS MOBERG är docent i internationell rätt verksam vid Juridiska institutionen på Handelshögskolan vid Göteborgs universitet. Sedan 2017 är han biträdande föreståndare för Centrum för Europaforskning vid Göteborgs universitet (CERGU). Hans huvudsakliga forskningsinriktning är konstitutionell EU-rätt och tidigare projekt har hanterat såväl EU:s externa relationer som EU-domstolen. Moberg har behandlat frågor kring maktdelning mellan EU:s institutioner och medlemsstater, grundläggande rättigheter och EU som aktör i världen i flera texter, såsom *Villkorsklausuler – om avtalsklausuler som utrikespolitiskt instrument* (Iustus, 2009), "The Legal Framework of the EU's Human Rights Strategy" i *Human Rights in Contemporary European Law*, SSEL 6 (Hart, 2015), "The Condition of Conditionality – Closing in on 20 years of Conditionality Clauses in EU-ACP Relations" i *Law and Development, Scandinavian Studies in Law* Vol. 60 (Stockholm Institute for Scandinavian law,

2015), "Member State Observations in the Preliminary Reference Procedure" (*Europarättslig Tidskrift*, 2015) och "See You in Luxemburg? EU Governments' Observations under the Preliminary Reference Procedure" (SIEPS, 2016).

STEN NYBERG är professor och prefekt på nationalekonomiska institutionen vid Stockholms universitet. Hans forskningsinriktning är tillämpad ekonomisk teori, ofta med fokus på olika externaliteter, och med tyngdpunkt på frågeställningar relaterade till konkurrens, omfördelning och sociala normer. Han har tidigare även varit chefsekonom på Konkurrensverket och ekonomisk expertledamot i konkurrensmål vid Marknadsdomstolen och Stockholms Tingsrätt. Tidigare publikationer inkluderar "Public Order and Private Payments: Evidence from the Swedish Soccer League". (*Journal of Public Economics*, 153, 2017, med Mikael Priks), "Every Viewer has a Price – On the Differentiation of TV Listings", (*Journal of Media Economics*, 25, 2012, med Jonas Häckner) och "Raising Children to Work Hard: Altruism, Work Norms and Social Insurance", (*Quarterly Journal of Economics*, 121, 2006, med Assar Lindbeck).

LARS OXELHEIM är professor vid Handelshögskolan vid universitetet i Agder, Kristiansand och vid Lunds universitet. Han är dessutom knuten till Institutet för Näringslivsforskning (IFN) i Stockholm och till Fudan University i Shanghai. Oxelheim grundade 1997 Nätverket för Europaforskning i ekonomiska ämnen och har sedan dess varit nätverkets ledare. Inom området integrationsforskning har han publicerat ett antal böcker på internationella förlag varav de senaste är *EU/Asia and the Re-Polarization of the Global Economic Arena* (World Scientific Publishing, 2012), *Oxford Handbook of Economic and Institutional Transparency* (Oxford University Press, 2015, medredaktör Jens Forssbaeck), *The EU's Role in Fighting Global Imbalances* (Edward Elgar, 2015, medredaktörer Antonina Bakardjieva Engelbrekt, Moa Mårtensson och Thomas Persson), *Bridging the Prospertiy Gap in the EU* (Edward Elgar, 2018, medredaktörer Ulf Bernitz, Moa Mårtensson och Thomas Persson), *The European Union – Facing the Challenge of Multiple Security Threats* (Edward Elgar, 2018, medredaktörer Antonina Bakardjieva Engelbrekt, Anna Michalski och Niklas Nilsson) och *Trust in the European Union in Challenging Times* (Palgrave Macmillan, 2018, medredaktörer Antonina Bakardjieva, Niklas Bremberg och Anna Michalski). Bland hans senaste artiklar på området kan nämnas "Resistance to Change in the Corporate Elite: Female Directors' Appointment onto Nordic Boards" (*Journal of Business Ethics* 141:2, 2017 med Aleksandra Gregoric, Trond Randøy och Steen Thomsen); "The Institutional Determinants of Private Equity Involvement in Business Groups (*Journal of World Business* 53:2, 2018 med Bruce Hearn och Trond Randøy); "Stranger on the Board: The Impact of Board Internationalization on Earnings Management of Nordic Firms" (*International Business* Review 29, 2019 med Reggy Hooghiemstra, Niels Hermes och Trond Randøy) samt "Optimal vs Satisfactory Transparency: The Impact of Global Macroeconomic Fluctuations on Corporate Competitiveness" (*International Business Review* 29, 2019).

JANE REICHEL är professor i förvaltningsrätt vid den juridiska institutionen, Stockholms universitet, samt ställföreträdande prefekt. Janes forskning är inriktad på den pågående globaliseringen och europeiseringen av rätten och dess påverkan på förvaltningsrätten, den juridiska disciplin som behandlar myndigheters uppgifter i samhället och deras förhållande till enskilda personer. Förvaltningsrättsliga frågor kan inom många områden inte längre hanteras enbart inom det egna landets gränser. I sin forskning har hon intresserat sig för hur myndigheters roll påverkas, liksom hur förvaltningsrättsliga regelverk tillämpas i ett internationellt sammanhang. Vilka grundläggande regler för offentligrättsligt maktutövande är tillämpliga när förvaltningsmyndigheter agerar helt eller delvis bortom staten? Hur kan nätverk av myndigheter som agerar bortom staten styras och kontrolleras? Ett område som hon har ägnat särskild uppmärksamhet är regler för informationshantering och dataskydd över gränserna. Fram till april 2018 var hon verksam vid juridiska institutionen, Uppsala universitet. Hon är fortfarande associerad till Centre for Research Ethics & Bioethics vid samma universitet.

TINO SANANDAJI är doktor från University of Chicago och forskare vid Institutet för ekonomisk-historisk och företagshistorisk forskning (EHFF) på Handelshögskolan i Stockholm. Han tog sin civilekonomexamen vid Handelshögskolan i Stockholm år 2003 och disputerade vid University of Chicago år 2011 med avhandlingen *Essays in Entrepreneurship Policy*. Avhandlingen behandlar problemet att definiera och mäta entreprenörskap. Han skrev 2017 boken *Massutmaning: Ekonomisk politik mot utanförskap och antisocialt beteende*, som behandlar flyktingpolitik och invandrares integration i Sverige.

MALIN STEGMANN MCCALLION är docent i statsvetenskap och verksam vid Karlstads universitet. Hennes forskning fokuserar på europeiseringsprocesser, subnationella regionaliseringsprocesser inom EU, paradiplomati, multi-level governance, differentierad integration samt awkwardness. Den del av hennes forskning som fokuserar på differentierad integration och awkwardness är utvecklad i samarbete med nordiska och internationella nätverk och har resulterat i en artikel "How to have your cake and eat it too: Sweden, regional awkwardness, and the European Union Strategy for the Baltic Sea Region (EUSBSR)" (*Journal of Baltic Studies*, 2017 48:4, tillsammans med Alex Brianson). Hon har även varit medredaktör för boken *Nordic States and European Integration Awkward Partners in the North?* (Palgrave Pivot, 2018), i vilken hon samförfattade introduktionskapitlet "Introduction: Awkward Partners in the North?" (tillsammans med Alex Brianson) och bidrog med kapitlet "Swedish Awkwardness à La Carte? The Difference a Question Mark Can Make". Hon har författat bokkapitlet "Bang-a-Boomerang: Sweden, Differentiated Integration and EMU after Brexit" (tillsammans med Alex Briansom) som kommer ut i boken *Differentiated (Dis)integration and 'Brexit': What future for European integration* under Stefan Gänzle, Jarle Trondal & Benjamins Leruths redaktörskap (Routledge, kommande). Hennes forskning med fokus på europeiseringsprocesser och multi-level governance har resulterat i bland annat följande publikationer "A 'Europe of the Regions': Swedish Regions as the Undead" (*L'Europe en formation* 2016, 57 *spring*) och "'Usages of Europe' and Europeanisation:

Evidence from the Regionalisation of Sweden" (*Journal of European Integration*, 2012, samförfattad med Alex Warleigh-Lack).

ÖZGE ÖNER disputerade i nationalekonomi vid Internationella Handelshögskolan i Jönköping år 2014 med avhandlingen *Retail Location*. Därefter har hon arbetat som forskare vid Institutet för Näringslivsforskning (IFN) i Stockholm. Sedan 2018 är hon Lecturer i Spatial Economics vid Department of Land Economy, University of Cambridge, samt även fortsatt knuten till IFN. Hennes forskning behandlar urban och regional ekonomi. Efter disputationen har hon huvudsakligen forskat om etniska enklaver och segregation, invandrares integration på arbetsmarknaden, entreprenörskapets geografi och lokala väljarmönster. Hon är kolumnist i *Svenska Dagbladet*.

www.ingramcontent.com/pod-product-compliance
Lightning Source LLC
Chambersburg PA
CBHW020337270326
41926CB00007B/222